中国工程院院士
是国家设立的工程科学技术方面的最高学术称号,为终身荣誉。

中国工程院院士传记

屠基达自传

屠基达 著

航空工业出版社
人民出版社

内 容 提 要

屠基达是中国工程院院士，我国著名飞机设计师。作为一位百折不挠、锲而不舍的航空专家，一个坚韧顽强的航空事业的拓荒者，他为祖国的航空事业的发展做出了杰出贡献。

本书汇集了大量由屠基达本人亲自撰写的珍贵文稿，其中包括了许多值得借鉴的历史资料、回忆、纪念文字等，内容丰富、精彩，情感真挚动人。从叙述的内容中，我们不但可以认识屠基达，认识中国的一位歼击机设计师，还可以从一个侧面了解到新中国航空工业艰难曲折、不断前进的发展历程。这对我们今天从事和关注中国航空工业发展的人们来说，无疑具有深刻的启迪意义。

图书在版编目（CIP）数据

屠基达自传 / 屠基达著. --北京：航空工业出版社，2014.1（2019.1重印）
（中国工程院院士传记系列丛书）
ISBN 978-7-5165-0322-5

Ⅰ. ①屠… Ⅱ. ①屠… Ⅲ. ①屠基达（1927~2011）—传记 Ⅳ. ①K826.16

中国版本图书馆 CIP 数据核字（2013）第 288689 号

中国工程院院士传记　屠基达自传
Zhongguo Gongchengyuan Yuanshi Zhuanji　Tu Jida Zizhuan

航空工业出版社出版发行
（北京市朝阳区北苑2号院　100012）
发行部电话：010-84936597　010-84936343

三河市金轩印务有限公司印刷	全国各地新华书店经售
2014年1月第1版	2019年1月第2次印刷
开本：710×1000　1/16	印张：27.25　插页：22　字数：401千字
印数：3001—3500	定价：98.00元

中国工程院院士屠基达

在汶川"5·12"大地震震中映秀镇漩口中学遗址与电子科学研究院童志鹏院士(1947年交大电机工程系毕业生)合影(2009.5.21)

与高云、女儿征音及外孙女高阳同游深圳东部华侨城(2009.2.8)

女儿陪我们游澳门(2009.1.17)

儿子征星、儿媳妇渝勇陪我游绍兴大禹陵 (2008.11.8)

在杭州西湖边
(2008.11.4)

高阳陪我们在丽江黑龙潭
(2008.1.14)

家人在长江第一湾 (2008.1.13)

女儿、外孙女陪我们游
长江源头虎跳峡 (2008.1.13)

在二哥去世前夕，我在沪会见堂弟
世昌及诸侄 (2007.9.11)

应邀去广州作科普报告，顺
访大侄女新阳、黄济福夫妇
在广州置的新别墅，从楼上
往外看，很开阔 (2007.4.26)

在沈阳601所与领导和老同事相聚,左二为李天,左三为顾诵芬,左五为管德,左六为李明院士(2006.3.29)

香港维多利亚港边的星光大道上,儿媳妇杨渝勇(右一)同游(2006.春节)

三个侄女新阳、新华、新山,两个侄女婿李治良、黄叉峰集合在一起来深圳看望我们(2005.2.5)

我在南航新校区亲手植的桂花已盛开了（2004.10.13）

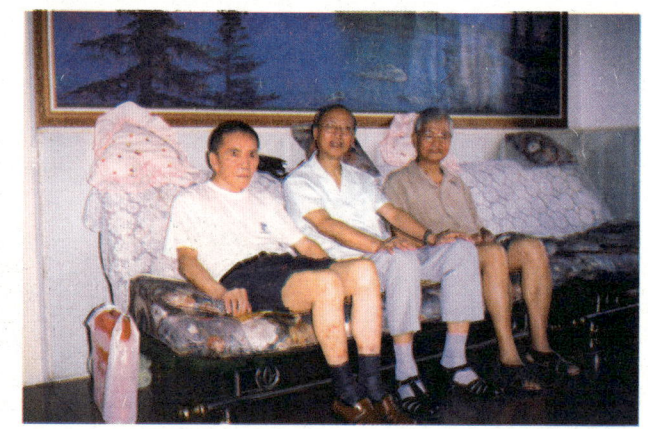

看望在成都的老同学麦肇泰（右）、苏肇璞（左）（2002.8.25）

应南航邀请去讲大课（2002.4）

去越南路过下龙湾，此处有"海中盆景"之称 (2001.5.11)

访湖南湘潭刘少奇故居 (1999.9)

中组部组织去张家界休假 (1999.9)

在青岛休假
(1999.8)

成都去剑阁的路上，古驿道，相传为张飞所建，沿途均为古柏，代代相护，保留至今，石板道宽约3米，名翠云廊
(1999.5.12)

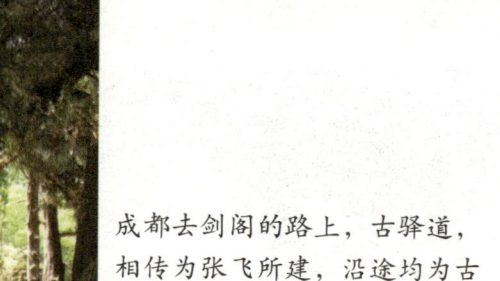

在珠海航展期间与段子俊副部长（左三）相遇 (1998.11.16)

在黑龙江镜泊湖畔度假村
(1998.7)

游俄罗斯海参崴金角湾
(1998.7.10)

孙子宇鹏将由其父母带出国学习，离成都前一天留影 (1998.5.10)

西北工业大学40周年校庆期间，成飞代表唐川平（左三）、刘松柏（左五）、帅朝林（左六）摄于乾陵墓道 (1997.10.7)

西北工业大学40周年校庆，有幸与老师季文美校长(左四)等同登台(1997.10.5)

在香港航展中，向特首董建华介绍国产战斗机，后立者为试飞大队长钱学林(1997.4.5)

香港航空工业成就展期间，朱育理总经理(左一)、副总经理王昂(左五)陪同董建华等前来参观(1997.4.5)

与马真（左二）、崔光炜（左三）副部长摄于成飞公园 (1996.5)

上海交大百年校庆，50届老班长王允昌（前排右二）宴请老同学，右一为南航乔新 (1996.4.9)

上海交大百年校庆，51届老同学中有45年来未曾相见者，前排右一为我的入团介绍人王金玺 (1996.4.9)

拉萨布达拉宫前
(1995.11.12)

1995年我当选院士后开院士大会归来，公司党政工团领导同志张才华书记（左二）、薛炽寿总工（左三）、欧阳竹筠工会主席（左五）、王懿团委书记（左六）去双流机场隆重接我(1995.7.19)

中国工程院第二次院士大会期间，与刘大响（中）、关桥（左）院士同摄于会场(1995.7)

谒江西共青城胡耀邦墓 (1994.12)

再访山东成山头胡耀邦同志题"天尽头"处 (1993.9.24)

中国航空学会在北京召开会员代表大会期间,高镇宁(左四)请几位老朋友聚餐 (1993.5.3)

1993年春节后,在成都家中团聚。同年底,子女分别调往北京、深圳工作 (1993年春节)

英国范堡罗航展，与老同事卢开仁（运12总设计师）同游伦敦(1992.9)

俄罗斯米高扬设计局总设计师别里雅柯夫访问成飞(1992.12.24)

我们三兄弟在上海大哥家中(1992.3.27)

航空工业部设计顾问组总结会后，部分顾问途经宁波时合影，左起第一为余俊民，依次为孔繁训、屠基达、谢明、沙正平、张仲秋、朱培申 (1990.6.27)

航空工业部老部长吕东（左二）来访，我陪同观看歼7M型飞机，左一为王满仓书记 (1990.5.10)

全家游成都杜甫草堂 (1990.5.2)

1989年9月在贵阳，左起第四为齐志焜

《飞机行业史》编委审稿会在贵阳召开，前排左四为徐昌裕副部长，左六为孙志端副主任，后排左一为主编周砥中，左二为张金波局长，依次为冯玉麟、冯旭、屠基达、谢明 (1989.9)

孙子宇鹏和外孙女高阳（1988.春）

中国工程院院士传记系列丛书

领导小组
　　顾　问：宋　健　徐匡迪
　　组　长：周　济
　　副组长：谢克昌　黄书元　辛广伟
　　成　员：白玉良　董庆九　任　超　沈水荣　于　青
　　　　　　高中琪　阮宝君　王元晶　杨　丽　高战军

编审委员会
　　主　任：谢克昌　黄书元
　　副主任：于　青　高中琪　董庆九
　　成　员：葛能全　王元晶　陈鹏鸣　侯俊智　王　萍
　　　　　　吴晓东　黎青山　侯　春

编撰出版办公室
　　主　任：侯俊智　吴晓东
　　成　员：侯　春　贺　畅　徐　晖　邵永忠　陈佳冉
　　　　　　汪　逸　吴广庆　常军乾　郭永新　李　贞
　　　　　　王晓俊　范桂梅　左家和　王爱红　唐海英
　　　　　　张　健　张文韬　李冬梅　于泽华

总 序

20世纪是中华民族千载难逢的伟大时代。千百万先烈前贤用鲜血和生命争得了百年巨变、民族复兴，推翻了帝制，肇始了共和，击败了外侮，建立了新中国，独立于世界，赢得了尊严，不再受辱。改革开放，经济腾飞，科教兴国，生产力大发展，告别了饥寒，实现了小康。工业化雷鸣电掣，现代化指日可待。巨潮洪流，不容阻抑。

忆百年前之清末，从慈禧太后到满朝文武开始感到科学技术的重要，办"洋务"，派留学，改教育。但时机瞬逝，清廷被辛亥革命推翻。五四运动，民情激昂，吁求"德、赛"升堂，民主治国，科教兴邦。接踵而来的，是18年内战、8年抗日和3年解放战争。恃科学救国的青年学子，负笈留学或寒窗苦读，多数未遇机会，辜负了碧血丹心。

1928年6月9日，蔡元培主持建立了中国近代第一个国立科研机构——中央研究院，设理化实业研究所、地质研究所、社会科学研究所和观象台4个研究机构，标志着国家建制科研机构的诞生。20年后，1948年3月26日遴选出81位院士（理工53位，人文28位），几乎都是20世纪初留学海外、卓有成就的科学家。

中国科技事业的大发展是在新中国成立以后。1949年11月1日成立了中国科学院，郭沫若任院长。1950—1960年有2500多名留学海外的科学家、工程师回到祖国，成为大规模发展中国科技事业的第一批领导骨干。国家按计划向苏联、东欧各国派遣1.8万名各类科技人员留学，全都按期回国，成为建立科研和现代工业的骨干力量。高等学校从新中国成立初期的 200 所增加到 600 多所，年招生增至 28 万人。到 21 世纪初，大学有 2263 所，年招生 600 多万人，科技人力总资源量超过 5000 万人，具有大学本科以上学历的科技人才达 1600 万人，已接近最发达国家水平。

新中国成立 60 多年来，从一穷二白成长为科技大国。年产钢铁从 1949 年的 15 万吨增加到 2011 年的粗钢 6.8 亿吨、钢材 8.8 亿吨，几乎是 8 个最发达国家（G8）总年产量的 2 倍，20 世纪 50 年代钢铁超英赶美的梦想终于成真。水泥年产 20 亿吨，超过全世界其他国家总产量。中国已是粮、棉、肉、蛋、水产、化肥等世界第一生产大国，保障了 13 亿人口的食品和穿衣安全。制造业、土木、水利、电力、交通、运输、电子通信、超级计算机等领域正迅速逼近世界前沿。"两弹一星"、高峡平湖、南水北调、高公高铁、航空航天等伟大工程的成功实施，无可争议地表明了中国科技事业的进步。

党的十一届三中全会以后，改革开放，全国工作转向以经济建设为中心。加速实现工业化是当务之急。大规模社会性基础设施建设、大科学工程、国防工程等是工业化社会的命脉，是数十年、上百年才能完成的任务。中国科学院张光斗、王大珩、师昌绪、张维、侯祥麟、罗沛霖等学部委员（院士）认为，为了顺利完成中华民族这项历史性任务，必须提高工程科学的地位，加速培养更多的工程科技人才。中国科学院原设的技术科学部已不能满足工程科学发展的时代需要。他们于 1992 年致书党中央、国务院，建议建立"中国工程科学技术院"，选举那些在工程科学中做出重大创造性成就和贡献、热爱祖国、学风正派的科学家和工程师为院士，授予终身荣誉，赋予科研和建设任务，指导学科发展，培养人才，对国家重大工程科学问题提出咨询建议。中央接受了他们的建议，于 1993 年决定建立中国工程院，聘请 30 名中国科学院院士和遴选 66 名院士共 96 名为中国工程院首批院士。1994 年 6 月 3 日，召开了中国工程院成立大会，选举朱光亚院士为首任院长。中国工程院成立后，全体院士紧密团结全国工程科技界共同奋斗，在各条战线上都发挥了重要作用，做出了新的贡献。

中国的现代科技事业比欧美落后了200年，虽然在20世纪有了巨大进步，但与发达国家相比，还有较大差距。祖国的工业化、现代化建设，任重道远，还需要数代人的持续奋斗才能完成。况且，世界在进步，科学无止境，社会无终态。欲把中国建设成科技强国，屹立于世界，必须持续培养造就数代以千万计的优秀科学家和工程师，服膺接力，担当使命，开拓创新，更立新功。

中国工程院决定组织出版《中国工程院院士传记系列丛书》，以记录他们对祖国和社会的丰功伟绩，传承他们治学为人的高尚品德、开拓创新的科学精神。他们是科技战线的功臣、民族振兴的脊梁。我们相信，这套传记的出版，能为史书增添新章，成为史乘中宝贵的科学财富，俾后人传承前贤筚路蓝缕的创业勇气、魄力和为国家、人民舍身奋斗的奉献精神。这就是中国前进的路。

前　言

学者人格　院士风采

——记中国工程院院士、著名飞机设计师屠基达

中航工业成都飞机工业集团有限责任公司

1909年9月21日，"冯如一号"飞机，完成了中国人的首次载人动力飞行，这一年，也被称为中华民族中国航空史元年。从那以后的百年中国航空史，有人说：前40年，旧中国依附性发展；后60年，新中国自主发展。

提及新中国航空工业自主发展，屠基达是个绕不过去的人物。作为中国工程院院士、著名飞机设计师，作为一位百折不挠、锲而不舍的航空专家，一个坚韧顽强的航空事业的拓荒者，他的名字总能勾起我们对新中国航空工业的历史记忆：我们会想到新中国航空工业初创时期的艰难、曲折坎坷、酸甜苦辣；想到中国歼击机、教练机事业波澜壮阔的发展历程；想到新中国航空工业改革开放，排除干扰，杀出"血路"，追赶世界先进技术的步伐；想到中国航空产品迄今为止，所获得的三个国家质量金奖以及自主发展三个产量上千架的机型；想到新中国航空工业自主发展中一位飞机设计师无可替代的作用。

屠基达最重要的成就，就是与新中国歼击机、教练机的发展密不可分。在歼教1、初教6、歼5甲、歼教5、歼7系列及超7等诸多飞机研制中，都有屠基达躬身设计、艰苦奋斗的身影。屠基达为新中国歼击机事业的发展，朝斯夕斯，心无旁骛，无比深沉地倾注了自己大半生的心血，给中国的航空工业注入了一抹璀璨的光亮。

一

幼年的屠基达目睹了日本飞机在中国天空"大摇大摆"地飞过，"平生第一次接触到的战争"就是日本飞机在中国"似乎无人抵抗的轰炸"，这"永生难忘"的记忆，决定了屠基达学航空、造飞机来救国的思想。深受家庭和地下党员大哥的影响，屠基达确立起了追求进步、报效祖国的思想。1946年，屠基达考入有"东方的MIT（美国麻省理工学院）"之称的上海交通大学航空系。上海交通大学注重书本理论和工程实际相结合，培育了屠基达严谨、求实、规范、细致、深邃的治学功底和作风，使他能有高瞻远瞩的思考，打下了他执着的事业基础。年轻的屠基达决心献身中国航空事业，这成了他坚强的信念。

1951年，屠基达从上海交通大学航空系毕业，被分配到哈尔滨飞机厂工作。在哈尔滨的5年，屠基达参与了轰炸机和强击机从飞机到特设、仪表的所有修理设计。1954年5月，屠基达加入中国共产党，同年当选哈尔滨市劳动模范，成为当时唯一的知识分子劳模。1955年，屠基达被任命为设计科科长。

1956年，屠基达被指名调往沈阳飞机厂飞机设计室，担任机身组组长。屠基达承担的第一个任务就是喷气式教练机歼教1机身的设计，开始了自行设计飞机。仅仅1年9个月的时间，1958年7月26日，歼教1首飞成功。

中国飞行员没有一个不熟悉自己飞行事业的摇篮——初教6飞机，屠基达就是初教6飞机的设计师。

1958年初，屠基达和林家骅受命担任初教6飞机主管设计师。初教6是年轻的中国设计人员自行设计并成功投入批生产的第一个机种。初教6机身、机翼以及前三点起落架都没有原准机，在保证飞机强度的前提下，屠基达提出"为减轻每克重量①而奋斗"。初教6从设计第一张工作图纸到第一架原型机上天，总共72天。1958年8月27日，初教6首飞成功，现已生产交付了2000多架。1979年，初教6获国家质量金奖。初教6问世至今50多年了，仍在生产和服役，是一个长寿命的机型。

1960年，因搞导弹，屠基达被调入正在建设中的成都飞机厂。后担任设计科科长兼任全天候歼击机歼5甲飞机主任设计师。歼5甲没有设计图纸和技术资料，只有两架实物飞机和全套歼5图纸和工装，屠基达亲自执笔"测绘总方案"，主持制定了"设计文件制度""制图规范""强度计算原则"等文件。在三年困难时期，屠基达率领一批年轻人，经过15个月的艰苦奋斗，1962年10月，发出了全套歼5甲设计图纸和资料，试制工作全面开始。1964年11月11日，歼5甲首飞上天，年底通过国家定型，投入成批生产。因歼5甲的成功，1964年成为成都飞机厂建厂史上的一个里程碑。歼5甲飞机是为满足当时国防急需而生产的机型，也是国内第一架测绘设计的飞机，因质量好，受到空军的好评。

1963年5月，屠基达正式提出自行改型设计歼教5飞机。正是屠基达的这一建议，使歼教5飞机被列入了国家计划。屠基达亲自主持设计了歼教5飞机，同时兼任飞机试制领导小组副组长。整个飞机的研制只花了100多万元。1966年5月8日，我国第一架改型教练机歼教5在成都首飞上天。"文革"（"文化大革命"）中，按照周恩来总理歼教5"要赶快定型"的指示，屠基达一边挨批斗，一边主持歼教5试飞和定型工作。歼教5在20多年中，共

---

① 本书"重量"指"质量"概念，单位为千克。

生产了1000多架，至今已培养15000余名飞行学员，成为我国空海军、航校的主要教练机和空军"八一"飞行表演队首用表演机，并出口援外十多个国家。这个机型苏联没有，后被苏联列入米格-17系列飞机里。

1969年末，在"文革"中刚"解放"出来的屠基达就开始收拾被"文革"砸坏的"烂摊子"，他担当起歼7改进改型的重任。改进的歼7Ⅰ型飞机在1973年试制成功，1975年4月设计定型。同时，屠基达又主持了含救生系统大改的歼7Ⅱ型飞机。1979年歼7Ⅱ型飞机被批准定型。改进后的救生装置在国内外使用过程中多次弹射救生均获成功。1985年歼7Ⅱ型飞机火箭弹射救生装备荣获国家质量金奖。歼7Ⅱ型飞机成为当时的主战机型并开创了歼7系列飞机改进改型的局面。

1979年初，航空工业部决定由屠基达主持由20个厂所单位组成的专家组与英国马可尼公司谈判，引进电子火控设备改装歼7飞机。经过一年时间的十多轮谈判，与外商谈妥了100个左右的问题，最后终于签订了合同。这是我国第一个与西欧军工签订的飞机合同。已担任成都飞机厂总工程师的屠基达先后兼任了歼7ⅡA、歼7M型飞机总设计师。后来，上级决定撤销该引进项目，屠基达积极和领导机关研究保住合同的办法，他认为，这不仅仅是保住合同，引进技术，避免因撤销合同造成航空工业部赔偿的巨大损失，更是为了保住国家信誉。经过艰苦奋战，引进合同和2亿多美元的歼7M出口合同保住了。从1987年起，改装的歼7M又开辟了向其他国家改型出口的途径，成为我国在国际军机市场上最具有竞争力的飞机。歼7从Ⅰ型、Ⅱ型到通过出口发展成M型，实现了周总理提出的一切引进工作要走"引进、消化、吸收、改进、出口"的方针。屠基达主持下的歼7飞机走了这个完整过程。1985年歼7M飞机与歼7Ⅱ型飞机一起荣获国家科技进步一等奖。1988年又荣获我国第一个大型复杂武器装备国家质量金奖。

在中国航空界，迄今为止仅有三枚国家质量金奖：初教6、歼7Ⅱ型飞机的火箭弹射座椅和歼7M型飞机，三枚奖牌上都镌刻着屠基达的名字。

1984—1993年间，屠基达主持了歼7CP、"佩刀"Ⅱ、超7的国际合作设计，为超7项目的发展奠定了坚实的基础。没有屠基达等前辈的努力奋斗，"枭龙"飞机的前身——超7早就夭折了，也就没有今天的"枭龙"。

从1958年起，屠基达即全面主持飞机机型的设计，先后主持设计成功了5种机型；其中2种机型获得全国科学大会奖，2种机型获得国家科技进步一等奖；3种机型（系统）获得国家质量金奖。

1986年，屠基达成为航空工业部有突出贡献的专家；

1991年，屠基达享受国务院政府特殊津贴；

1994年1月18日，屠基达从国务委员宋健手中接过了中国航空工业个人最高荣誉奖——"航空金奖"；

1995年5月，屠基达当选为中国工程院院士。

二

作为新中国航空工业飞机设计事业的开拓者之一，屠基达与新中国航空工业的历史关系格外醒目，他的身上带着鲜明的历史印记，这些印记又以他独特的人格、智慧、贡献，成为新中国航空工业历史发展中具有人文和文化价值的专家。

屠基达做了一系列具有开创性和填补国内空白的工程技术工作，是一位富有创造性的飞机设计师。屠基达长期在工厂第一线从事飞机设计的技术工作，这样"扎根在工厂"的院士在中国是不多的。屠基达一生坚持和实践着实际经验与书本知识相结合，无常规可循，无样板可依。1957年，屠基达独创性地设计成功了国内首架两侧进气道下单翼传力的机身结构；而立之年设计的初教6飞机，首创了小飞机全铝合金半硬壳结构设计；作为主任设计师测绘试制的歼5甲飞机，满足了国防建设急需，且高质量地一次研制成功，当年被罗瑞卿总参谋长评价为"是和宝成铁路并列的大事"，其政治、经济上的意义和分量，可见一斑。为攻破歼7Ⅱ原型机的弹射救生装置座高较低、结构复杂、锁的开闭环节多、易导致弹射救生失败这一技术关键，屠基达和同事们自行研制了敞开式火箭弹射座椅，改进了座舱盖，组织有关技术试验人员先后进行了多种试验，获得成功。歼7M型飞机是歼7系列中改进最成功的一种，它集歼7所有改进成果之大成，改装了从国外引进的7项电子设备，具有平视显示、高精度快速射击和对地攻击，雷达探测距离大并能抗多种干扰，通信电台先进等多种功能，并开始能携带近程格斗导弹，总体性能比歼7Ⅱ型飞机跨进了一大步。

  屠基达始终坚守献身航空的一份执着，任其艰难而不改志向，是一位有高度使命感的飞机设计师。共和国航空工业的发展决定了屠基达这一代航空人的"特殊使命"——在最艰苦的条件下，默默无闻地担负起推进中国航空工业发展的历史使命。屠基达以他的实践真实地写出了"创业维艰"四个大字。20世纪60年代初经济困难时期，屠基达带领着平均年龄只有24岁的设计队伍，忍受着饥饿，试制出了"成都飞机厂的发家机"——歼5甲；"文化大革命"的浩劫日子里，屠基达竭尽所能，主持了歼教5飞机试飞和定型工作，在定型会上，他一人作研制报告、回答提问，一人代表工厂在鉴定书上签字（这在飞机的研制史上，仅此一例），终于在1966年底前完成歼教5飞机定型。在那个"打倒一切"的动荡年代做出如此成绩，这本身就是一个奇迹。1970年，刚从"牛棚"里解放出来时，屠基达抛开了一次次受到"打倒""批斗"和"劳改"的屈辱，立即投入领导歼7系列飞机的改型工作中，在一般人来说，这简直不能想象，但对于屠基达来说，却是顺理成章的事情。从1979年起，他主持了我国第一个与西方国家军工合作的技术和合同谈判。在歼7M型飞机的改进研制中,由于从国外引进电子设备又向国外出口整机,时间没有空当,屠基达和全体研制人员一道,打破国内新机研制的程序惯例,破釜沉舟、背水一战,严格试验,避免差错,通过10架飞机的试验和制造,做好了1300多项新零件的工艺鉴定工作,硬是取得了改型工作一次成功的胜利,保全了引进合同和2亿多美元的出口合同,并且从此开创了陆续引进300多套份航电设备、出口300多架改型飞机的局面,写下了我国航空工业发展史上浓重的一笔。所有传奇背后都是百倍的辛劳与磨砺,都是决不放弃的执着。这就是一种境界,是我们国家、我们民族千呼万唤的毫无浮躁之念的知识良心!

屠基达以敏锐务实的眼光、高瞻远瞩的思考,为祖国航空工业和成都飞机厂的发展争取和赢得了支持和关注,是一位具有远见卓识的飞机设计师。为了国家需要,为了军队需要,为了企业需要,将压力变成动力,这是理解屠基达人生历程的钥匙。当年,屠基达提出了以歼5甲为基础,改型设计为国产歼击教练机歼教5。他建议改用伊尔-28的发动机和减少航炮来增加储油空间等,将大量闲置起来的工艺装备用在教练机上,这对工厂的发展带来极大的经济效益。这一建议得到时任航空工业部部长孙志远的高度首肯,孙部长激动地说:"我看,这就是我国自己的喷气式教练机,这就是自行设计。"如果没有歼教5,成都飞机厂(简称成飞)的发展就会出现空当。歼教5是计划经济时代一个飞机设计师主观能动性的结果。歼教5的设计定型得到了周总理的亲自批示,前后生产了1000多架,支撑了成飞20多年的发展。有成飞干部评价屠基达的这一贡献是——"歼教5使132厂旱涝保收"。屠基达的努力为成飞发展带出了一支设计队伍,奠定了坚实的基石。20世纪80年代起,歼7M飞机在第一个出口合同签订,飞机出口之后,不仅创造了向其他多个国家改型出口的历史,而且开始了面向世界的国际合作。从"佩刀"Ⅱ国际合作到"枭龙"飞机,都是没有国家预算拨款、缺乏公司雄厚财力支持、需要广泛国际合作的出口飞机。这一切，都是与屠基达的开拓、努力、坚持分不开的。

屠基达自始至终认为中国航空工业不仅要"建设"，还要善于在"建设"的同时算经济账。屠基达是一位具有开拓精神的军用飞机设计师。屠基达的思维触角总能向设计之外延伸，突破了飞机设计师的范围，向"设计与成本控制""设计与开拓市场交融"的广阔空间延伸。在歼教5设计时，屠基达提出了总的设计指导思想是：在满足教练任务的前提下，尽可能降低成本，提高质量。在设计现场，屠基达强调最多的是设计员笔下有黄金，一点一线都连系着飞机的制造成本。正是在这一理念指导下，屠基达使歼教5试制又快又省，国家对整个飞机的研制费只花了100多万元，而飞机生产的总产值却高达6亿多元。屠基达是最早认识飞机出口战略价值的人，在上级决定撤销马可尼引进项目时，出于对国家利益的高度责任心，屠基达不惧风险，顶着巨大压力，与同事们一起，走出了一条飞机出口的路子，不仅避免了赔偿，不要国家的投资，而且出口创汇10多亿美元。许多影响深远的举措，由激情设想到推向现实的过程艰难而琐碎，没有一点"拗劲""韧劲"是不行的。屠基达是一位谨厚宁静的恂恂君子，在谨厚宁静的后面，他还拥有激荡的情感，这情感与他内心深处"航空报国"的情怀是分不开的。屠基达曾多次宣传和建议改革军工（含军用飞机）定价采购体制，引进西方"按费用设计"的办法，从制度和体制上解决军工浪费严重的问题。屠基达认定中国现代航空工业将面临市场和战场"两个方面的较量"，其根本出路应是发展民用飞机，民机产业的发展反过来还能促进和提高国家的国防能力、国际政治地位，应列为国家的战略举措。为此，他用实际行动，向有关上级积极陈说民用飞机与国家振兴之利害关系，为促进发展民用飞机尽其所有努力。

三

屠基达在自己所处的年代、在自己承担的飞机设计领域当属一流水平，他对我国歼击机设计的杰出贡献和不可取代的历史地位，使他成为我国航空界一位成就卓著、影响恒久的工程院院士。

《中国工程院院士传记　屠基达自传》里，屠基达叙写了自己丰富的人生经历，回溯了自己与新中国航空工业建设发展同行的人生经历，细数了自己50年甘苦备尝的飞机设计历程、研制道路和经验，特别是十分详尽、十分传神地记述了超7飞机一波三折的发展历程，让我们领略了一代航空事业的开拓者、建设者们，"位卑未敢忘忧国"，为了祖国航空工业的自强和壮大，承担着中国航空人希望与艰辛、遭际与奋斗，将精神和意志的根脉根植于大梦想大追求之中，着重于人的生命价值与祖国命运的相联相系，以知其不可为而为之的精神，坚守理想、勇于担当；筚路蓝缕，深谋远虑；韧性坚守，不懈践履。除此之外，再无他求，最终收获大作为大成就，令人肃然起敬。

《中国工程院院士传记　屠基达自传》让我们看到了屠基达对自己选择的航空事业，始终是真诚的。中国古人认为：诚者，天道也，诚之者人之道也，不诚无物。这就是说真诚是应该提高到天道的高度。唯其真诚，而非一己之功利的驱动，屠基达为中国航空工业发展、为成飞的发展竭尽全部心智，最艰难的"文革"劫难，也无法改变他的赤子之心。只要能工作，只要有工作，什么委屈、磨难他都能承受。举重若"重"，源于敬业，何尝不是一种由真诚滋养而成的性格和禀赋？淡泊名利、淡定从容，唯事业为重，坚持实事求是，"己所不欲，勿施于人"，不欺骗，不撒谎，说的话一定要办成，把真诚贯穿于生命和事业的整个历程，何尝不是一种人格之魅力？屠基达把自己对中国航空工业的热爱，经久不息地燃烧60多年，这样的人生，可谓日久功圆，又是多么精彩！

《中国工程院院士传记 屠基达自传》是以专业设计师的眼光撰写的权威"信史",它记载了多个型号飞机研制的发展脉络,是多个飞机诞生之初艰难推进的全景图,是中国航空工业艰难走过的历史。特别是第十一章"为发展超7飞机的奋斗"是屠基达在原《超7史话》的基础上改写的。《超7史话》几百页手稿,蝇头小楷,整整齐齐,有橡皮擦过的痕迹,有红笔留下的修改、批注,曾在《航空档案》连载7期,有读者竟专为看《超7史话》而购买《航空档案》杂志,可见其具有很高的文献价值和航空史学价值。屠基达的写作,坚持让事实说话,少有润饰;为大始于细,于细微处发力;平易中有洞察,朴素间传真谛,其中精辟的见解,独到的缕析和判断,穿越时空的思考和属望,为中国航空工业发展的历史保存了一份充满细节的记载,为今天的我们留下了一个精彩的期待,故而弥足珍贵,必将成为中国航空工业记忆中十分重要的一部分。《中国工程院院士传记 屠基达自传》让我们相信,总有一些卓越沉着的声音,它们终将冲荡庸常芜杂的覆盖,连带着自己的人生经验,真情实感地做出了经得起历史检验的深刻言说。

《中国工程院院士传记 屠基达自传》让我们看到了一个性格丰富的屠基达。事业心和求知欲贯穿了屠基达的一生。屠基达在相当长的一个时期,只是一个中层干部,但他想的却是全局。他的经历,可以用"激情燃烧的岁月"来概括,他和他的同事在"一张白纸"上画出了一幅幅新中国航空工业瑰丽的蓝图。他一生在飞机设计中都能自由不羁地发挥,思路之清晰,判断之准确,对中国航空事业的开创性努力,其建设意义是非常明显的。屠基达坚持科学道德,怀有慈爱体贴的心。他爱事业,爱家庭,更关心和提携年轻人,工作中他创造条件让年轻人挑重担,总是谆谆告诫年轻人,虽然做的是局部工作,但一定要有全局观念。他不搞技术封锁,即使发现工作上有差错,他也坚持将差错告诉大家,让大家一起吸取教训。在几十年的岁月里,他甘做无名英雄,他心中只有事业,没有名利。唯其如此，才有此贡献。学者的严谨，师者的平易，坦荡的胸怀，无所不在的严谨和科学精神，显示出屠基达高洁的学者人格、院士风采。

在中国，曾经很长一段时间，人们只知道中国的歼击机，却不知道歼击机设计师的名字，对为新中国国防建设做出巨大贡献的歼击机设计师知道得太少太少。那么，请你阅读《中国工程院院士传记　屠基达自传》吧，认识屠基达，认识中国的一个歼击机设计师，也由此从一个侧面了解新中国航空工业艰难曲折、不断前进的发展历程吧！

出版说明

中国航空工业的院士群体是航空技术领域的学术权威和资深专家，他们为中国航空工业的振兴和发展建立了卓越功勋，做出了巨大贡献，是中国航空工业的宝贵财富。

为了弘扬院士群体报效祖国、激情进取、创新图强的精神，2009年中国航空工业集团公司企业文化部开始组织编写《中国航空工业院士丛书》，该丛书记录了院士们的成长足迹，不懈追求科学真理、自强不息、孜孜不倦的奋斗精神，淡泊名利、爱党报国的民族精神，以及为中国航空工业的发展做出的杰出贡献。时任中航工业总经理林左鸣为丛书作序，2010年以后陆续出版。丛书出版以后在全国公开发行，读者反响强烈，受到了广泛好评。

2013年中国工程院下发通知，要求首先为资深院士编写出版院士传记，在2014年6月中国工程院成立20周年之际出版。由于航空工业在这方面的工作走在了前头，中国工程院与我们合作，将《中国航空工业院士丛书》加以改编，纳入《中国工程院院士传记系列丛书》出版。传记的编写出版得到了中国航空工业集团公司企业文化部的支持，得到了各位院士和院士所在单位、传记作者的支持和帮助，在此表示崇高的敬意和衷心的感谢！

中航出版传媒有限责任公司
2013年11月

墨 梅

(元) 王冕

我家洗砚池头树　朵朵花开淡墨痕
不要人夸颜色好　只留清气在乾坤

目 录

第一章　儿时在绍兴 ………………………………………（001）
第二章　我在上海的学校生活 ……………………………（019）
第三章　奔赴遥远北国的五个大学生 ……………………（035）
第四章　飞机设计室的初创 ………………………………（051）
第五章　自行设计初教 6 飞机 ……………………………（067）
第六章　132 厂的发家机
　　　　——忆歼 5 甲全天候歼击机研制 ……………（079）
　歼 5 甲仿制迈出第一步 ……………………………………（082）
　设计队伍的组建成长 ………………………………………（084）
　艰苦奋斗的测绘岁月 ………………………………………（087）
　态度与责任：测绘工作的两大基石 ………………………（089）
　广受赞誉的发家机 …………………………………………（093）
　附：西南第一个机型——歼 5 甲首飞 ……………………（094）
第七章　诞生于乱世的歼教 5 飞机 ………………………（099）
第八章　让歼 7 飞机有一双好眼睛 ………………………（115）
　歼 7 改型在"文革"中艰难前进 …………………………（118）
　划时代的襄樊会议 …………………………………………（122）
　出国考察 ……………………………………………………（129）
　中央要求大上歼 7 …………………………………………（135）
　第二次国外考察 ……………………………………………（139）

  中央急要1000架歼7大改 ………………………………… (145)
  成立歼7系统工程设计室 ………………………………… (151)
  要到了两架样机 …………………………………………… (154)
  分歧从此开始 ……………………………………………… (158)
  矛盾公开化 ………………………………………………… (164)
  撤销飞机设计室 …………………………………………… (170)
  尾声 ………………………………………………………… (171)

第九章　逼上梁山背水一战
  ——歼7M型飞机诞生记 …………………………………… (173)
  第一次和魔鬼打交道 ……………………………………… (176)
  令人烦恼的十轮谈判 ……………………………………… (178)
  风云变幻 …………………………………………………… (184)
  绝处逢生 …………………………………………………… (188)
  背水一战 …………………………………………………… (194)
  柳暗花明 …………………………………………………… (201)

第十章　润物细无声
  ——记亲切关怀航空工业的小平同志 ………………… (205)

第十一章　为发展超7飞机的奋斗 ………………………… (213)
  闻风而动　歼7CP出世 …………………………………… (216)
  巴空军要求我方与美国合作"佩刀"Ⅱ飞机 …………… (224)
  美国承包商的竞争 ………………………………………… (242)
  中巴美三方艰苦谈判 ……………………………………… (256)
  三方合作"佩刀"Ⅱ可行性研究 ………………………… (273)
  格鲁门公司撤换他的总设计师 …………………………… (298)
  巴方正式退出之后改由中美双方合作超7后遭美国政府制裁 … (322)
  东方不亮西方亮　改与俄罗斯合作 …………………… (347)
  再次打开与巴方合作的大门 ……………………………… (372)
  代后记 ……………………………………………………… (381)

第十二章　一生飞机情 …………………………………………（387）
附录 ……………………………………………………………（395）
　　父亲领我的人生轨迹 ……………………………………（397）
　　我童年印象中的老爸 ……………………………………（408）
　　八十华诞徐匡迪贺信 ……………………………………（410）

第一章
儿时在绍兴

第一章 儿时在绍兴

绍兴火车站建成通车不久，就遭到了日寇的轰炸。那是 1937 年秋天，当时我正在绍兴县的第二小学上五年级。东洋鬼子在上海发动 8·13 战争以后，就西向南京、南向杭州进攻，绍兴危在旦夕。父亲和大哥远在上海谋生，祖母和母亲准备带着我们去乡下逃难。那一天，凄厉的空袭警报声才响过不久，嗡嗡嗡的日本飞机就到了。我和二哥不懂事，就跑到屋外去看，忽然看见东郭门上空那边朝城里飞过来两架日本飞机。飞机飞得很低，机身上涂着太阳旗的双翼飞机中，每架上一前一后有两个飞行员，都戴着有大眼镜的飞行帽，上身露在机身外边，几乎连鼻子和嘴巴也看得清。不一会儿，飞机朝北飞去，轰轰几声，飞机扔炸弹了，然后它大摇大摆地飞走了。我们怎么没有飞机呀？不说高射炮，连步枪也打得下来呀，怎么没人打呢？不是去年全国还掀起向蒋介石献机祝寿吗？飞机呢？我平生第一次接触到的战争就是这种似乎无人抵抗的轰炸。这永生难忘的一幕是我后来有机会上大学去考航空工程系要搞飞机的思想种子。

1927 年农历十一月十八，我妈妈戴琴声生日的第二天，在山清水秀、鱼米之乡的绍兴城里，一个平凡的家庭里一个平凡的男孩出生了，没有欢呼和喝彩，也没有铺红地毯的路等着他。但绍兴那甘甜肥沃的水土、勤劳朴实的民风，以及加饭酒样醇厚的乡情，滋润了他幼小的心灵，使他一辈子为自己是一个绍兴人而庆幸和自豪。这个男孩就是我。

我们家住在绍兴东郭门内，当时叫孟家桥 13 号，新中国成立后，这条东西方向的街道有幸改称鲁迅路了。我家隔壁是姓孟的大户人家，而 13 号则是一个破败的台门，里边有几套屋子，我们开始住在离台门最远的那一套房子里，有一个很小的天井，天井里有一株石榴树。记得小时候往外走时，在中间屋的走廊里，每次都能闻到住在那里钱家大妈烂屁股的臭味和她的呻吟声。再往外走的弄堂里有两只露天敞开着的粪缸，当然是终年发臭的。后来我们搬到靠

绍兴市鲁迅中路孟家桥，孟家桥已经改建

近台门一些的那套房子里，那是台门外开小店的陈家住过的屋子，他们在外边又盖了新房，这旧房就租给我们住了。这套房子有一间"客厅"，地上就是压平的泥地，黑漆漆的，夏天铺上席子睡午觉倒是挺凉快的。左右两侧各有一间地板房，是我父亲和三叔这两房儿媳住的，外边一个天井，边上侧屋则是祖父母住的。

我1927年出生时，父亲屠开沅经亲戚介绍到上海做事去了，按现在的话说，父母过着两地分居的日子。祖父屠大荣（又名平海）是绍兴城里一个小纸店的管账的店员。纸店的纸是用稻草作原料的，是当时绍兴的传统手工业锡箔纸的半成品。父亲小时候念过几年私塾，识得一些字，十几岁时，去一家米店当学徒，后来因能写字打算盘，就当了账房（小店里记账的）。1927年经亲戚介绍去上海，在一个内河轮船公司的船上当职员，那是由上海经苏州河上游方向去苏州无锡的船，后来调到汉口路惠中旅舍去当职员，那个内河轮船公司和惠中旅舍是同一个老板。惠中旅舍是五层楼，有阳台、有电梯的旅馆，客房里都有电风扇和红木家具，当时在上海租界也算中等水平了。职员见到老板都要立正点头问好，管理上是老式的，如父亲管账等就是用毛笔写的。父亲他们十几个职员，就住在一间锅炉房楼上的大房间里，双层床上下铺，蒸汽管道经过这房间，24小时都是嗡嗡响的，夏天当然很热。后来我们在上海有了家之后，父亲仍经常在那里住，因为旅馆日夜两大班，父亲经常有夜班，而且从来没有星期天。

1919年，父亲在绍兴，时年25岁

我有两个哥哥，大哥基远比我大7岁，二哥基道比我大4岁。我5岁的时候，就被送到住家附近的一个私塾去念书，读《三字经》《百家姓》《千字文》。我父亲从小没有更多的书念，到了上海工作后见了些世面，感到在社会上没文化出不了头，所以主张孩子要多念书。祖母担心我太小，对送我去私塾念书很不忍心，说，才摘下奶头的孩子就要去念书,多可怜。到了1933年夏天,我未满6岁时,大哥就让我去考在塔山下的绍兴县立第二小学(简称县二),因为念过私塾,所以进小学时考上了一年级下学期的插班生,哥哥们还为此高兴了一阵子。那时大哥已从县二毕业,考进了稽山中学,二哥则还在县二念书。从东郭门走到塔山下是有一段路的,我就每天背个母亲用布为我缝制的小书包,跟着哥哥们去上学。

在县二念书,中午来不及回家吃饭,有钱的人家,由佣人提个搪瓷饭盒天天送,我们就在学校吃包饭,八个人一桌,一般都是素菜,最好的是有一碗蒸的鸭蛋,八个人每人一瓢羹,也就没有了。有一次菜实在不够吃,厨师给大家添加了一碟酱油泡的生萝卜丝,其美味我至今还记得。

以祖父母为首的全家福(1931年),后排左起:叔父(仁卿)、父亲(开沅)、姑父;中排左起:大表姐、堂弟(基深/世昌)、婶母、祖母、祖父(大荣)、姑母、母亲(戴琴声);前排左起:二表姐、二哥(基道)、大哥(基远)、基达

我念小学的县二，就在塔山附近

学校老师中，记得起的有一位姓沈的教务主任，戴眼镜瘦高个，常常主持全校的周会，很和善的。还有一位矮胖的音乐老师，姓陆，很严厉，要大家记住哆、唻、咪、发的简谱，大家一时记不熟，他就制了几张大卡片，叫学生一个个站起来抽着让你念，大家好怕他。

念小学二年级时，母亲带着我去上海探亲，住在舅父家，我就因此留了一学期，那时似乎无所谓。这是我和母亲第二次去上海了。在我4岁的时候，母亲冲破大家庭的束缚，带着我和二哥去上海，父亲在上海租界外宝山路商务印书馆附近租了一间亭子间，算是在上海建立小家庭了。却不料好日子才过了几个月，上海局势突然紧张起来，在日军于1932年初发动一·二八事件前夕，母亲带着我们匆匆逃离上海返回绍兴。后来那租用的房子毁于战火，买的一些家具都烧光了，父母在上海第一次建家就失败了。当时租界内房租贵，租界外便宜些，却不料碰到了战争。也就是这第一次做上海人，我按上海话叫母亲为姆妈，一直到老，与两个哥哥按绍兴话叫娘不一样。

我们台门外南边平行着有一条小河，东郭门是一个水城门，河流流过城墙后，进城有南北分支，向西继续流的一条就经过我们这里。河不大，但水还可以，反正我们家里除吃的是天落水以外，用的全是那河水，洗菜、洗米、洗衣、洗马桶等，只是马桶在另一台阶洗而已，水仍是那河水。我们没有井水喝，天落水是用半根大竹头挖通作槽，接住屋顶下来的雨水再用竹管引到缸里存起来的，落雨时开始水脏先不接入水缸，落一阵子以后才引水。有时天好久不下雨，水缸里的水用完了，当干旱时河水也不好，就用明矾打一打，使水中的杂质沉淀下来，吃上边清的水。

卖鱼、虾的小船也从那河里进城来，卖者一边划一边叫"鱼呀、虾呀"。鱼、虾就养在小船的舱里，船底有个木塞，拔开，就放活水进来，鱼、虾出不去。看着舱里没有多少鱼、虾在游，但要买时，他用竹篓一兜，真还不少，当然总共也就几斤吧，我们这种小户人家也就买半斤甚至四两虾而已，只是只只都是鲜活的。

绍兴东湖的乌篷船，过去叫踔桨船

那时绍兴交通很多依靠水路，所以小划船、乌篷船常常经过我们那里。我们邻居中就有一个靠划踔（音"淑"）桨船为生的大伯。这种踔桨船恐怕只有绍兴才有，船很小，但有移动的篷，人坐在垫草席的船底里，有一块小横板当桌子，船夫坐在船尾，背靠在后边的木靠背上，用前伸的双脚操纵一支较大的桨，使船前进，手中一支小桨则主要是起把舵作用的。那双脚很灵活，往前蹬时也很有力，而且奇怪的是桨在右边远远地划水，船却能直线前进。不知道这种绝技现在是否已失传。当时，母亲带我们去阜埠、湖塘等地方走亲戚，都是雇踔桨船去的。城里交通则有黄包车，即人力车，那较贵，有一次母亲带我晚上回家坐过一次。有钱人家的少爷则有包车坐，即自己家里的车雇常年的车夫拉，那种车装饰当然不一样，擦得雪亮，后边插一根鸡毛掸，前边脚下有一个用脚踩的响铃；叮当叮当一路响过去，要人让路，还有一条毛毯盖在大腿上挡风，好不威风。

绍兴市鲁迅中路孟家桥河沿，小河依旧

小时候在绍兴最有趣的是清明节去上坟。全家租一条乌篷船到乡下去上坟，那是祖父带着去的。大人带的祭品我们不注意，只是总有些吃的零食带去，一路上好吃，如发芽豆、甘蔗之类。甘蔗是台门外小店里买的，小店的陈大妈给我们刨了皮，再用铡刀切成半寸多长的一小段一小段，用竹篓盛好拎着走。船一路过去，当然一路可看风景，如过东湖，当时好像还有人在叮叮咚咚地开石头；还可看到拉纤的埠船，它比我们摇的船快得多；还有比较高级的明瓦船，甚至还有小火轮。那时河里有养鱼的竹篱笆，水道中间有较矮的齐水面的缺口，我们的船摇过去，犹如给船底挠痒，每次哗哗地从船底挠过，我们小孩便欢呼一次。河的两旁都种了乌桕树，听大人说，它结的乌桕可榨出油来，做蜡烛。反正新鲜事情很多。到了上坟的地方，那叫东堡，我们上了岸，那里有两座山，叫大屠家山、小屠家山，是过去老祖宗买下来的，屠家子孙死了，都可免费葬在这山上，因此我的太爷爷就葬在这里。山上松树很多，山风吹得松树都不停地沙沙作响，城里人也听不到，当然特有意思。到坟上拜过以后，我们就去采映山红，碧绿的山上，东一丛西一丛的映

绍兴市八字桥（宋朝建的），景物未变（全国重点文物保护单位）

山红，好看极了。这时不仅我们小孩高兴，连祖母、母亲等大人也高兴，难得有机会来啊。

上坟以外，还有游夏禹陵，好像也在春季。记得有一次是三叔带我们去的，坐的是埠船，印象里夏禹陵的夏禹菩萨好高大呀。庙前一带全是摊贩卖吃的东西和玩具等，三叔给我们买了一张蝴蝶鸢，我们在回来的船上一路放过来，真是好玩极了。东湖也是三叔带我们去的，记得要坐着船才能玩，船进到里边，峭壁很高，三叔告诉我们，这都是开石板（采石）开的，而且越是往地下开，石板越好，所以底下开得很深。原来这峭壁不是天然的，对大自然的形容词里有"鬼斧神工"，而这里却是人斧神工，千百年间，一锤一锤凿出来的——众志成城的人是很伟大的，这能不能说是绍兴人的象征呢？

那时东郭门内还有很多田，我们台门对面就是一大片田，叫十三亩头。从台门前向南边远远望去，有一座大山，叫香炉峰，那香炉峰我们小孩没有去过，据大人说好高，只有祖父每年要去一次；是拜菩萨还愿时去的。说到没见到过的，还有大蜒蚰螺，那是端午节，一些男人喝了雄黄烧酒以后，脱了衣服醉卧在塔山上，妇女们都不敢看，远远望去好像大蜒蚰螺，据说还是一景呢。

夏天，大哥还带我们到河里去学游泳，他已学会，我和二哥不会，扑通扑通地玩玩水罢了，现在想起来，那河水虽是活水，还是比较脏的，但那时没那么讲究。春天河里蝌蚪很多，抓些来养，则是最简单的玩具了，这黑色的小动物也很有意思，慢慢地会长出脚来。

父亲在上海大码头做事，也算穿长衫的先生了，但不见得每年都能回来探一次亲，但不管回不回来，他每年夏天都要买一些红膏药和"十滴水"托人带回家里，交给祖母和母亲做好事。一盒一百个红油纸的中药黑膏药是贴疮疖的外科药，用火柴烤化，揭开贴在疮疖上，有脓拔毒无脓消肿，还真有些用处。那时绍兴卫生条件差，一到夏天生疮的人较多，邻居们来要，给一两个，贴了就好；"十滴水"则是内科药，一小瓶一小瓶的中药水，治肚子痛、发痧、头晕甚至对牙痛都有用，邻居们来要一两瓶去，可解决大问题。祖母说花些钱，为邻舍隔壁做好事，是积阴德的。我们那时大家好像有小毛病都不大看病的，到县二去上学，要路过福康医院，那洋医院我从来没有进去过。只记得抗战前有一年绍兴流行霍乱，那时绍兴人叫它瘪螺痧，因全身急性脱水，手指也都瘪了，我堂弟染上了这吓人的病，送进福康医院治了才好的，这时小孩当然不能进去。

  说起积德，还有布施讨饭的。我小时候是用铜板和银角子的年代，一块大洋记得可换三百多个铜板，而且兑换比率是逐日浮动的。为了布施上门来的讨饭者，祖母把铜板换成铜钿，一个铜板可换两个铜钿。讨饭的来了，祖母就给他一个铜钿。其实我祖母自己也是节约得一个铜板掰成两半用的，一天好几次用一个铜钿布施讨饭者，也是存心积德了。绍兴的婆婆是出名的，我们家当然是祖母当家，母亲没有发言权，当儿媳妇的，烧饭养孩子吧。

  绍兴当时除了有名的绍兴酒以外，有一个占优势的手工业：做锡箔和银锭。银锭是用锡箔纸成形后的最后成品，即用纸做的银元宝吧，较硬的纸糊的，用线串成串后出售；用锡箔纸自己摺，自己家里用，作忌日祭祖先时烧给祖先的阴间通货。锡箔纸由极薄的锡箔和草纸压结而成，锡箔在绍兴叫镴箔，用锡的合金，用手工一次次锤打成一沓沓多层极薄的金属箔，一毫米厚有几十张。打镴箔是一种很辛苦的体力活，白天黑夜都可听到沿街的镴箔师父在作坊里锤打。有时半夜里可听到石板路上一两个人边走边唱绍兴大戏，母亲说这是镴箔师父做夜工后回家，路上在壮自己的胆。而压结锡箔纸则几乎是绍兴城里家家户户（大户人家除外）的妇女们的家庭副业，当时这叫揩纸。我祖母、母亲、婶母她们家务劳动之外都揩纸——去包工那里领来草纸和镴箔，先用骨针细心地把镴箔挑开分成一张一张的，然后用"卧头"把镴箔揩到草纸上，用力磨压。揩完后，按张数交工，再换一叠来揩。这副业好像工钱并不多，也没有进度要求，倒是利用节约的办法，总可多出几张成品来做赚头。在大家庭里，这种揩纸赚来的钱归自己所有，是公开的私房钱，所以绍兴这副业很普遍。母亲就用这种钱买些鞋料、刨花（刷头发用）之类，还给我们作零花钱，每人两个铜板。在绍兴还有一种家庭副业是拣茶叶，绍兴出绿茶，但茶中混有小树梗，要用手工把它挑去，工钱按挑出来的梗的重量计算，也吸收妇女去拣，但这活要集中做，我们家里没有人去做。

小学生活中，课后活动除跳绳、踢毽子、踢皮球外，还有踩高跷。器具是两根长木棍，中间镶嵌有踩脚的踏挡，两只手持木棍的上头，脚踩在踏挡上，不停地走动以保持平衡，与艺术表演只绑在脚上的那种不一样。年纪大一些后，大家都会踩，一下课，就去抢高跷玩。我离开绍兴后，从未见过这种高跷。60年之后，1996年春节我在深圳民俗文化村中才又见到它，我试着踩一踩，还能保持平衡，现在的小孩从来没有见到过，当然不会了。

小学里，学生还当童子军，至今我还记得当时学的绳结方法中的平结和油瓶结。有趣的是组织去远足和露营。我大一些后，曾去过兰亭，那是著名书法家王羲之作"天下第一行书"之地，他喜欢养鹅，有一块大石碑上面写了一个大"鵞"字（注：实际即"鹅"字）。

我母亲娘家住在覆盖桥侧，她记得小时候看到过隔壁周家台门里来过洋鬼婆，引起了全城的轰动。后来方知周家台门是鲁迅老家，鲁迅兄弟去日本留学，其弟周作人娶了一个日本老婆，曾带着她回过绍兴。在一个小县城里，这当然是大事了。鲁迅从日本留学回来后曾在绍兴中学教过书，但她已无印象了。我的外祖父是做帽子的手工业者，绍兴出名的是羊毛做的毡帽，那是把羊毛放在水里一边煮一边敲打，羊毛就粘在一起成了毡，但外祖父做的是布料缝制的那种帽。外祖母早死了，外祖父认为绍兴的晚娘（后母）厉害，就又当爹又当妈地把母亲和一个舅舅拉扯大。那时女孩小时候都要裹脚，绍兴人说，女儿脚大了会嫁不出去，但裹脚是很痛苦的，实际是很残酷的，母亲小时候裹脚怕痛，老是哭，外祖父后来就让她"解放"了，所以母亲的脚有点变形，小脚趾变过来往下垫了，但脚仍是较大的。母亲幼时不可能上学，她弟弟在私塾里读了几年书，就帮着大他4岁的姐姐自学识些字，所以后来母亲能够看信看书，在那个环境中，这似乎已不容易了，我婶母就不识字，祖母更不识字。当然所谓看书也就是看一些木刻线装的唱本吧。遇到不认识的字，后来就可以问大哥了。念唱本往往是在睡前床上点着煤油灯抱着我低低地有调子地念，七字一句，内容是一些戏文，如《碧玉簪》《三笑姻缘》等，好像白天在祖母面前是不能念的，也没有时间念。

原绍兴县立第二小学现已合并为成章小学

　　过年是小孩们最高兴的事，家里要包粽子、买年糕。粽子有白米粽、红枣粽、赤豆粽，母亲和婶母把粽子包好了，由三叔在天井里架起一个临时炉灶,用洗干净的洋油箱当锅子,架起来煮。我们平时煮饭是用稻草,烧粽子时间要久,故要用木柴,三叔往往用不知从哪里弄来劈不开的树根来烧,烧得又经久。有时一边下雪一边烧,粽子香气扑鼻,一派过年的景象。粽子烧好了,少不得大家都尝一个。年糕,我们自己不会做,到大街里去买,买时除订一些"福礼"外,还要给我们做一些带有小豆眼睛的小猪、小兔玩儿。吃年糕除正常的烧的、炒的当饭吃以外,还可在稻草余火里煨着,吃煨软的煨年糕。它表面又焦又粘了稻草灰,看起来很脏,所以绍兴人说小孩不洗脚,很脏,形象说像个煨年糕。还有街上卖面粑粑的来了,拿出几块年糕,请他做年糕面粑粑。有时,因为舍不得吃,泡在水里的年糕发臭了,那叫臭年糕,臭年糕最后都是要吃掉的。过年要请"祝福"菩萨,求得一年好运吧。鲁迅小说《祝福》就说过这事儿。"祝福"菩萨是用土纸印的,胖胖的脸上有两大块红胭脂,所以有时给小孩打扮,脸上胭脂擦得过分时,就有人说像个"祝福"菩萨。还要用两根竹签撑在纸里,才能把"祝福"菩萨立起来,这两根竹签叫马张签,染过红颜色,也是专门买来的。每年这时在大街上有一个人一边敲一个唱道情的手鼓,一边反复叫卖:"买我阿寿的马张签,荣华富贵万万年"嘭嘭嘭!大家为讨吉利,就都买他的。这"祝福"菩萨和马张签,请完菩萨就一起烧了,上天去吧,所以每年都要买。请"祝福"菩萨,都必须在晚上请,桌上放的有一只煮熟的鸡、一尾活的鲤鱼,还有年糕做的福礼,当然还有绍兴酒,点一对较大的蜡烛。拜"祝福"菩萨是男人们的事,女的、小孩都不拜,拜完之后,要"散福",阖家男女老幼都可以吃到一碗鸡汁汤白菜煮年糕,这是我们最开心的事,但多数是我们睡了以后被叫醒后在床上吃的。过年还有压岁钱,到了初一早上,给祖父母、叔父母、母亲都要拜岁,说恭喜发财,他们就给一个小红包,里边装个银角子或镍币,母亲的那个,三十晚上已经用红纸包好压在枕头底下了。我们拿到的压岁钱,实际都是母亲收起来了，我们自己从来没有当做自己的，何况银角子或镍币，我们也没有使用过。给邻居、亲戚也要拜岁，但他们没有给过压岁钱。

靠近东郭门头，有一座坐北朝南的土地庙，供的土地菩萨。本来一般说城里城隍庙，城外土地庙，但这座土地庙却在城内。庙的对面有一座永久性戏台，台下只有几根柱子，是空的，台的上面有屋顶，台前有匾额，两旁柱子上有对联。平时那里是冷冷清清的，但记不清什么日子，就有戏看。祖母她们得知要"做戏文"了，早上就与邻居们约好，拿了长凳去土地庙里边占个好位置，庙里地面比外边路上要高。戏文要下午演，但演出前，戏台下老早就很热闹了，人挤在戏台前，路都走不通。好多小商贩摆摊卖吃的：面粑粑、线粉头、毛摘佘佘、油炸豆腐干、茴香豆、甜酒酿、馄饨等各种小吃都有。面粑粑，是把冷麻花（油条）在熬盘上熬扁，然后用一张春卷皮在熬盘上烫热，抹上甜酱，放几颗葱花，把麻花裹入卷制而成。线粉头是碎断的粉丝在汤水里烧出来的，其特点是它的汤水用虾头虾壳熬过的，很有些虾鲜味，虾头虾壳是馆子店里挤虾仁的剩余物资。毛摘佘佘，佘佘在上海叫小圆子，讲究的要搓圆，毛摘即不搓了，而是把湿糯米粉直接摘入滚水里。油炸豆腐干，好像仅绍兴有，不是臭豆腐干，豆腐干在麻油里用慢火煎，然后用竹签穿起抹上甜酱，一边煎一边卖，半里外都可闻到麻油香。茴香豆一个铜板几颗，小贩手一抓，颗数很准确。大家在看戏文的同时，吃些小点心，似乎是一种习惯。后来我到上海在戏院里看戏，戏场中也卖各种小吃。戏台上演的主要是绍兴大戏，的笃班（越剧）好像都在戏馆里演。除了绍兴大戏外，还演木莲戏，可能是七月十五演，是演给菩萨看的，木莲戏也是绍兴大戏，但主要演鬼，是不是由"木莲救母"演化出来的，就弄不清了。我们小孩看木莲戏，又怕又想看，木莲号头嘟嘟嘟嘟吹起来，我们怕得鸡皮疙瘩都起来了，台上活无常、死无常、牛头马面、男吊（吊死鬼）、女吊纷纷上场，最可怕的是女吊，披着头发上场，看不到面孔，到台前一甩头发，现出了可怕的脸。有时那鬼和追捕的无常故意跑到台下人群中来串，更怕人。反正一场戏文下来，祖母她们总有好几天以戏文为话题，难得的享受呀。

1937年底，一个偶然的机会，母亲得到一家亲戚的鼓励，她们马上要途经宁波从海上坐船到上海租界去，邀母亲同行。抗日战争打起来以后，绍兴和宁波还未沦陷，杭州则已被日军占领，钱塘江大桥已断，母亲担心与父亲隔开后，生活费用无着落，就鼓起勇气，征得祖父、祖母的同意，带我和二哥去上海和父亲一起住。前一年，大哥16岁在念高中一年级时，上海商务印书馆公开招考学徒，父亲看到这个机会难得，就让大哥辍学赴上海考进商务印书馆去工作了，他们父子两个都在上海。现在打仗了，很快会打到绍兴来，到时候奸淫烧杀，还不知道乱得怎么样，母亲带我们经海路去上海租界，一路上还没有日本人，确是最佳选择。这一招，说明母亲是很能干的。

于是我们离开了绍兴，此时，我已满十周岁。

离开绍兴去上海后，我这辈子再没见到过祖父、祖母（我们叫爷爷、娘娘）。他们在绍兴城被日本人占领之后，几年中都先后得病去世了。爷爷去世时，叔父给我们来信说，爷爷生的只是小病（拉肚子），不愿花钱看病吃药，就死了。我们两天前还收到过他的亲笔信。父亲含着泪告诉我们时，我说太奇怪了，我昨晚做了一个很少有的梦，爷爷拿着一个出门的箱篮，到了我家，像往常一样，坐在床沿上和外祖父谈家常，不料他却去世了。我自己至今还感到奇怪，难道亲人间真有一种感应吗？爷爷在世时，经常住在他们纸店里，不常回家。爷爷给我留下的印象是他一回家，就拿起扫把或鸡毛掸子打扫卫生。他识一些字，会写信、会记账，特别爱惜字纸，家里专门挂有一个竹篓，我们写坏的字都要存起来，不能扔。连路上碰到写过字的纸，他都要拾回存起来，到时一起烧掉。

另外，在夏天，蚊子叮他，他只用嘴来吹，不打死它，说，它也是生命。现在想起来，他的这种哲学思想，似儒似佛，很少听到。爷爷去世前，曾给父亲来信，给五个孙子又起了一个名字（我们用基字辈，是族中的辈份定的），给长孙（大哥）起名其昌，取"五世其昌"的意思，五代都兴盛。然后根据过去有位皇帝御玺有"其寿永世同"的赞词，给五个孙子分别起名其昌、寿昌、永昌、世昌、同昌。我们三兄弟后来其实并未用过，但两个仍在绍兴的堂弟都用了。大堂弟基深后来来上海，新中国成立后参军，就改名为世昌，一直至今。这也是爷爷给我们孙辈留下的祝福吧。

接到爷爷去世的噩耗，父亲不敢请假，母亲代表全家去绍兴奔丧，申请办过江（钱塘江）证，耽误了几天，赶到绍兴，爷爷已经在做头七了。

爷爷、娘娘他们以及我的父母、叔叔、姑姑辈，都有一种说法，即一个人的"福气"是个定数，不能乱花，有的人有福就享，提前花完了，只能早死或晚境凄凉，所以要节福。这种哲学思想可能来自佛教，但却影响我至今。我并不认为人生是前世注定的，但大富大贵享尽人间"福气"而对人类社会有所贡献的人是不多的。

父亲在上海惠中旅舍工作，一辈子都兢兢业业，唯恐惹老板不高兴。也听他谈起某某同事被老板辞退后，找不到工作，全家生活如何惨的情况。抗日战争前，父亲在上海过独身生活时，通过自学，已能写一些小文章，去报上投稿，自己起了笔名叫易佛。大哥到上海后，也跟着起名叫幼佛。抗日战争爆发后，虽生活在上海租界，但生活越来越困难，上有在绍兴的老父母，下有我们一家的柴米油盐，也就没有当年的闲情逸致了。爷爷死后，父亲自己迫于生计，不能去奔丧，他为此难过了相当一阵子。

（1996 年 7 月 17 日）

第二章
我在上海的学校生活

第二章 我在上海的学校生活

1937年七七事变抗日战争爆发后，8·13上海抗战开始，以后日寇占领了钱塘江以北的杭州一带，眼看绍兴也危在旦夕。1937年底，母亲带着我和二哥随着亲戚一起自绍兴坐木船到宁波，然后坐海轮出海到上海租界。我们坐的是四等舱，就在船舱下层的货舱里，没有座位抢个空地挤着就地坐下。半夜上的船，没见到什么大海，只是听到烦人的轮机声。我靠着母亲睡着了，等到早上船靠上海十六铺码头时，我才醒了。母亲和其他大人实际上一夜都未合眼，因为提心吊胆地生怕一路上碰上日本兵。

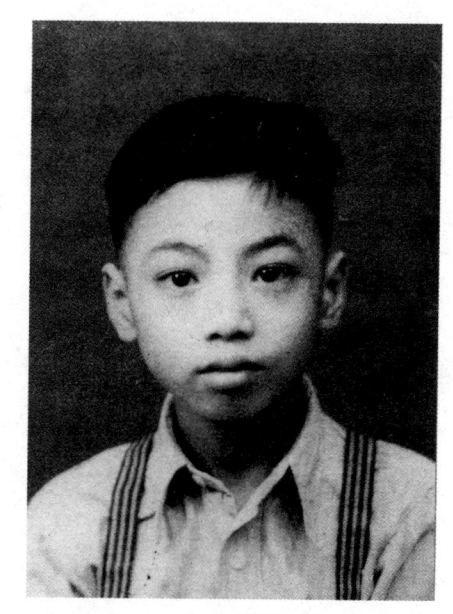

1939年我上初中了

上海租界里一切都是正常的，远离战争，当时称为"孤岛"。租界分为两个部分，一个是公共租界，实际上是英国人在管理，又叫英租界，一个是法租界是法国人管理，除都有驻军外，还分别雇佣他们的殖民地的印度人和越南人（当时叫安南人）当警察。租界四周用铁丝网和日军占领的沦陷区隔开。租界里安全，但住房很贵，父亲在天潼路租了一间弄堂房子的"客堂间"，安了家。1938年初我就在竞立小学插入五年级上学了。

这时听到的战争，一是四行孤军谢晋元团长率带八百壮士在苏州河畔的四行仓库里坚守阵地，一名勇敢的女学生不怕枪林弹雨给他们送去一面国旗；二是陆续从远房亲戚那里逃进租界的人嘴中听到的战争惨相；一家在南京的亲戚幸好早已逃离，但住房全被烧了；一家在无锡的亲戚，有两个大姑娘被日军抓住送给当官的强奸，其中一人试图从内河轮船上逃跑，淹死了；三是从报章杂志上看到日军残杀中国人民的照片，提着军刀拎着人头哈哈大笑的……

1939年夏，我小学毕业后，就考入育德中学。学校离家比较远，当时大哥听说那是政府秘密在租界新办的三所中学之一，教育比较正统些，就让我去了。上下学都要走半个多小时，所以中饭不能回家吃，只能在学校附近买碗面条吃，还要利用路上走的时间，背课文。

1939年，我们家迎来了我的小妹妹，她降生了，比我整整小了12岁，都属兔，成为我们家里的老四，而且是女孩，大家都很高兴。父亲为她起乳名叫惠生，纪念父亲在惠中旅舍工作10年多了，惠字也带有一些女性味。我们兄弟三个都有乳名，大哥叫庚生，二哥叫癸生，我叫幸生，大概1927年我出生前父亲从绍兴到了上海这大城市感到了幸福吧，平时习惯都叫我阿幸。很可惜惠生几个月即得病亡故了，有病当然找医生，那是一家私人西医诊所，打针吃药，治不好，父母也就认命。现在我分析，小妹妹得的是脑膜炎，头颈强直，那时家里没有常识，医生的水平也低，如果经济条件好，送大医院，也许她不至于夭折。给我留下深刻印象的是一口小棺材和母亲的抽泣。

1941年底，日军偷袭珍珠港，太平洋战争爆发了。上海租界则是一夜之间被日军占领了，英、法驻军没怎么抵抗就投降了。我去学校上课，正像过去学过的法国人写的《最后一课》那样，老师含着泪给我们上最后一课，以后，不少老师和一些高中同学，纷纷秘密离开学校到内地去了，学校也由育德中学改名为博文中学，其中细节，我也没有弄清楚。

我们家也起了大变化。大哥在上海商务印书馆的中共地下党支部遭到了破坏，日军把经常来我家的姓姜的支部书记抓走了（后来在狱中牺牲了），大哥是支委，当天即撤离上海，秘密转移去苏南。后来才知道中共商务印书馆地下党支部是个历史悠久的工人运动战斗团体，1927年前后大革命时期支部书记是陈云同志。大哥逃走后，留下不少进步书籍和他主编出版过的刊物资料，由父亲和二哥整理后送到父亲单位的暖气锅炉里烧掉。二哥的学校上海苏州工业学校也停课了，让毕业班提前毕业，父母让17岁的二哥非常仓促地随一个亲戚逃离已经沦陷的上海租界，去了浙西内地暂时工作，免遭迫害。由于大哥的事，父母在家日夜提心吊胆，晚上听到楼梯响，都会惊醒。幸好这位老姜宁死不屈，没有出卖组织和同志，但我们当时是不知道的。

1942年夏，我（后排左6）初中毕业于上海育德中学

我们中学开始有了日文课。虽然没谈政治，老师还是位年轻的女教师，但是同学们总是有当亡国奴的感觉，很反感，只是对付着学。苏州河桥头等要害地方，都有矮个子的日本兵端着上了刺刀的长枪站岗，还有沙袋和铁丝网，走过那里都觉得阴风惨惨。

生活每况愈下了。一方面市面经济萎缩，物价飞涨，父亲在旅馆做小职员的工薪相对越来越少；另一方面在日寇统治下控制越来越紧，如粮食按户口配给，叫户口米，质量不好不说，还常常缺货，一来了米，就要排长长的队去买，而且硬性搭配上海人不喜欢吃的面粉，老百姓叫苦连天，后来电也限制用，每户每月几度，我常常只能在小油灯下做功课。每学期学校要交学费，父亲负担不起，就让我到社会上打听申请助学金来交，记得常去申请的有《申报》助学金、绍兴同乡会助学金等，我硬着头皮怯生生地自己去奔走，总算一个学期一个学期地过来了。

后来博文中学维持不下去停办了，我转到住家附近的正中中学上学，那已是高中了。在高中我遇到了一位书教得很好的数学、物理老师，叫施汉章。他是浙江大学土木系的毕业生，江苏人，没找到对口的工作，就在学校里当老师。在他的影响下，我的数学和物理成绩在班上均名列前茅，打下了我以后有机会上大学时学工科的基础。

这时我家早已搬到北海路的荣寿里的一幢弄堂房子里，住的是间在亭子间上层的晒台搭出来的房子，用层板隔成两小间，中间过堂没有门。楼下各家生煤球炉子，木柴烟气全往我家跑。这幢二楼二底的石库门房子里大约住着10家住户，原来的灶间早租给人住了，炉子都放在走廊里，所以也没有新鲜空气可言，只是烟更呛人，我们就在门框上挂个草席挡一挡。有一个星期天，一个同学来找我，在满是柴烟中憋着呼吸，跑楼梯上来，掀开草席找到我家，他的脸憋得通红，我的脸也一下子全红了。贾谊的《过秦论》有句"陈涉瓮牖绳枢之子，氓隶之人"，我特别理解，陈涉家的门没有轴用绳子系着，恐怕是木柴门，我们虽然在上海大城市里却连木柴门也没有。抗日战争胜利后，父母才出钱请人用层板做了一个没有油漆的门。

大约1944年初，大哥的一个同志杨炎的妻子扮成卖菜的人，找到我母亲，说上海又有一位大哥熟悉的同志被日本人抓走了，要我们想法子尽快通知大哥。这时大哥已在苏州葑门外住下，我去过，于是这个担子落在我肩上。第二天，一早我就坐火车去苏州通知大哥，正好大哥的同志张琪也在他家，他们对我的勇敢很是称赞。当晚我即返回上海,返回时发生了惊险的一幕。苏州火车站站台上人挤得不得了,车到后,大家都往车门挤。对我来讲,挤不上车,不仅车票作废了,大哥家离车站很远,晚上也走不回去,而且母亲在上海肯定不睡觉等着我,所以非上不可。但我力气小又没有经验,只踩上了一节车厢门口的脚踏板,手拉住把手,半个身子悬在车门口。那时火车门都不可能关的,因为每节车厢门口都吊悬着人,就这样火车开了,过了几个站,挤着的人群动都不动,原来车厢里坐的全是日本鬼子,中国人一个都不让进去。就这样,我在呼啸的寒风中,坚持拉着把手站到了上海,手脚都僵木了,稀里糊涂地在半夜到了上海,不知道站了几个小时,事后想起来还很后怕。

1943年摄于大哥在苏州为父亲庆祝50岁寿辰时,大嫂朱介瑾怀抱者为我长侄女新阳

1945年初,美国飞机开始飞到上海来轰炸,是四个发动机的"空中堡垒"轰炸机,可能是炸市区外的军事目标,所以市区没有受到轰炸,我们是又高兴又担心。我们家住得比较高,可以看到高射炮烟火,因为市区里有高射炮阵地,只是飞机飞得高,高射炮一团团爆炸烟火够不上它。这时,市民开始紧张了,菜场里黄鱼比较

便宜，母亲和邻居们都开始腌黄鱼，以防以后没菜吃。

那年暑期前我高中毕业了，上海正是乱糟糟的时候，根本不可能找什么工作。我在亲戚的小糖果店里做了一阵子店员，又做了一阵子评弹剧场的售票的，都不是长远之计，正好舅父的一些朋友要到浙西内地去做生意，又听说内地考上大学可以有公费，于是父母决定让我跟舅父一家走，既可能有些出路，又可逃离即将到来的战乱。临别前，虽然谁也不说，但似乎有种生离死别的气氛，母亲早坐在床边上抽泣了，本来不大讲话的父亲，更是紧闭着嘴，只在提着行李送我到楼下上三轮车时，呜咽地叮嘱说："一路上要自己小心。"50多岁的父亲，把孩子全送离了身边，那时我17岁。

坐火车到杭州，再出发坐船到桐庐，步行一天穿过封锁线，我们终于摆脱了日寇的阴影。我们一行在浙西淳安住下后不久，日寇无条件投降了，大家真是欣喜若狂，没有想到抗战胜利那么快。不久，我随舅父他们离开淳安，坐船回到杭州，之后又回到上海家中。混乱之中，时机错过了，便考入了上海临时大学先修班复习，准备1946年夏天考大学。1946年夏各大学分别招考，为保险计，我在上海先后报考了上海交通大学（简称上海交大、交大）航空系、清华电机系，去杭州考了浙大化工系。那年考生特别多，报考交大的有上万人，因为是抗日战争胜利后第一年招生，小日本被赶跑后，历年积压失学的学生有了转机，纷纷寻求继续复学。我在三个学校都发表录取后，毫不犹豫地决定进交大，因为我家在上海。这一年交大共录取了800名学生，我们航空系学生即有40名。

交大是穷学校，上边给的经费少，新生入学，住的宿舍花钱盖起来，要收学生的钱，我家没钱，就走读。好在国立大学不收学费，而且航空系属于建训班之一，每月还给学生发几块钱公费，够我作为上学的电车费。到了第二年，才免费住入了学生宿舍电讯斋。宿舍里一个房间八张双层铺，住16个同学，空处挤满小桌子，供每晚做功课。

交大历来以功课紧著称。除作业必须认真做好以外，大小考试严而多是一大特色。我原来念的是私立弄堂中学，基础差，学起来很吃力，只有加倍努力。交大当时实行学分制，每学期三分之一学分不及格要留级，二分之一学分不及格要退学，而有的教授考试不是百分制，是按一定比例的学生不让及格作基准的，目的是为了有意淘汰一些学生，以提高学校的水平。如有一年季文美先生的应用力学一次小考，我竟考出了120分，全班大惊，原因是他是不按满分100分来计分，而是卡多少百分比不及格来计分的。四年交大我身经几百战，过来以后，还有些心有余悸，多少年后，好几次碰着焦心事，晚上做梦，都觉得似乎在临考前夕，功课没有准备好，愁情万千，心急如焚，也算是一个后遗症吧。当然，由于多年的考试锻炼，久经沙场，也就掌握了临场不慌、谨慎认真、先易后难、自我检查等方法。

正如校园执信西斋门前小池中的"饮水思源"校徽所象征的那样，交大的校风是书本理论知识和工程实际紧密相连而又以工程实际为源头的。按陈石英先生的说法，我们是搞手艺的。在学校实习课中，老师就要求我们学好基本功，从做好一名钳工、一名车工开始，如何用榔头，如何用錾子，如何用锉刀，如何车丝扣，一直到如何和水泥，如何烧安瓿瓶等，反正要会动手。

在诸多课程中，我感到最难的是微分方程，课本很薄，一个学期即学完，老师讲的只点到为止，习题很难。我最感兴趣的是听季文美先生讲应用力学。他讲得深入浅出，概念清楚，至今仍感到受益匪浅。学得最马虎的是经济学，一厚本英文原版教科书，当时感到与我们学工程的关系不大，老师讲得也马虎，我连课本也未认真念一遍。学的最终生受用的是机械制图，老师从要求我们认真画一点一线写工程字开始，一直到如何削好一批备用铅笔，如何保持图面整洁等，这些规范化的做法，正是做好一个工程师的基础。我的毕业设计是杨彭基先生教的，既设计一架完整的飞机又设计一个机体部件，把过去所学的全用上了。按杨先生的说法，现在学生是按一个总工程师的目标来培养，但参加工作是从设计一个部件开始的。他的教学至理名言，令我记忆犹新。曹鹤荪先生给我们讲应用空气动力学，王宏基先生给我们讲热力学，没用课本，全是笔记，不仅教了我们具体课程，而且由于上课时思想高度集中，锻炼了我们边听边记边分析理解的能力，这对我后来的工作帮助很大。

当时交大曾有"东方的 MIT"（MIT，美国麻省理工学院）之称，有的教授是从 MIT 留学归来，令我对这全世界的理工科圣殿心向往之。40 年之后我曾两次去波士顿夜访 MIT，某种程度上是带着交大学子的特殊感情去朝拜的。

我在上海上小学及中学时，都没有体育场地，故对体育没培养出兴趣。进了大学，学习紧张，体育活动更少了。交大有个体育馆，二楼是室内篮球场兼体操室，底层是游泳池，从当时讲，条件还是可以的，但我没有去活动过。小时候在上海弄堂里踢小皮球，所以还可以踢几脚足球，交大没有足球场。有一次，我和同学王允昌、叶蕫闻等到一所中学去踢足球，不巧一脚把球踢到了叶蕫闻的眼眶下，叶叫痛不已，这一脚也就成了我终生的最后一脚球。

穷学生生活，也有很值得回味的事。我住过一阵子上院二楼的宿舍，墙壁上石灰很多已剥落，走路时地板嘎吱嘎吱作响，拥挤的房间里，你拉你的胡琴，他打他的桥牌，我做我的功课。学校不收学费，但书和笔记本报告纸总要自己买，于是有的旧教科书读过后就转让掉，一年一年往后传，上院和中院之间的墙壁也就成了贴满出让广告的市场，除出让旧书外，还有出让计算尺的，出让生活用品的，很是热闹。学校里吃的伙食差，难得有时到校门口外边小店吃一碗牛肉面，或到校内小餐厅吃一次"西餐"，这所谓西餐，除两片面包外，就是两个荷包蛋和一碗罗宋汤，但当时也吃得有滋有味，算是打牙祭了。1947 年、1948 年那时，交大的伙食极差，8个人一桌，没多少菜，荤腥极少，连饭也不够了，吃饭如上战场，有的同学采取第一碗盛少一点儿，快点吃完，以便可盛到第二碗饭的战术。我在家里吃惯了，相比之下，吃饭比较斯文，也就经常吃亏。有一阵子我每周从家里带一瓶猪油炼大酱，以补充无菜可吃的局面。

我和同学王传裘、谢基伟、王金玺、卢德钧等在同学杨篦延家里打门球（1950年春）

学习紧张、营养不良、体育活动少，这种种因素，造成了当年交大流行的话：第一年成近视眼，第二年生胃病，第三年生肺病，第四年进棺材。却不料到了第二学年，我即超前完成，只是没进棺材。

1948年5月，我在学校胃大出血。这是一个可能经历生死的惊人一幕，谁也没有经验啊，我母亲和二哥有胃病，可我从来没有感觉和迹象。5月的一天上午，我在学校大便，发现拉的全是黑油油的半稀大便，以为自己吃了什么拉的。中午、晚上照常吃饭，下午还在一个同学家吃了一碗馄饨。第二天早上，我感到头晕，起不来了，请同学请了假，躺在床上休息。上午又要大便了，便起来下楼去厕所，却不料便后便晕倒在厕所旁不省人事。经同学发现扶起来，雇一辆三轮车送我回家。家里父母也不知道我生了什么病，既不难受也不发烧，躺一会儿再说。下午吃了几个枇杷，就吐了，吐出来的竟是半凝成块、黑中带红的血块，而且坐起来即晕倒，于是父母急了，要送我去医院。正好我的一个比我大哥还大的远房侄子传洙来了，商量之下，背着我下楼要车，去找我大哥的一个同志沈孟先，他在上海红十字会医院工作，我就住进了医院。我这时出血过多（我估计至少1000毫升以上），站着照X光时就晕倒失去知觉了，只好躺着照。医生说是十二指肠溃疡，紧急止血以外，当晚输了400毫升血。在X光检查时，又发现我右肺上尖部有肺结核纤维化病灶，只是已不是活动期了。那时肺结核是十分可怕的不治之症，医生说，全世界都知道，Once T. B Always T. B（一旦生结核病，终生是结核病者），这对我真是双重的打击。

病房里有8张病床，住得满满登登的。我先后眼看到边上一床和对角一床的病人死去，那时内科住院似乎是不分科的。边上一床的年轻人生的是心脏方面的病，我看着一米多外的他，嘴唇由红变黑，最后医生来抢救翻身时，身体已经硬了。住在医院里，白天黑夜，人进人出，的确很恐怖。我住了一个月院出院后，期末大考是来不及了，申请了补考。过了暑假，去上大三的课，不到一个月，又发现黑便了，只是量不大。家里商量，干脆申请休学一年，在家休息。

1948年下半年，在香港从事党的地下工作的大哥秘密回到了

十年后屠传洙来沈阳看我
（1957年8月）

上海。做准备迎接上海解放接收上海市政府的工作。我们不知道他住什么地方，只是他常突然来家。好的是我们知道解放上海会很快了。我休息在家，就帮他保管一些文件，邮寄一些以上海工人协会（"上海总工会"是当时半公开的名称）名义发给有关人士的公告等。他还经常来家开一些会，同来的人有老周（新中国成立后知道他叫毛齐华，曾任中央劳动部副部长）、王粲（真名纪康，新中国成立后曾任上海市电力局副局长）等，还有一位送材料的姚英女同志，她常带着一名小男孩做掩护。

进交大第一学年，1947年5月，学生会组织了五四晚会，在体育馆开，我虽走读，也去参加了。同学们演出了《袁世凯》《茶馆小调》等节目，《袁世凯》用窃国大盗袁世凯影射蒋介石搞独裁卖国，《茶馆小调》则是从不谈国事引起的对国家大事（反内战）的议论。晚会上钟兆琳先生还上台独唱了毕业歌，至今给我留下深刻的印象。《你是灯塔，照耀着黎明前的海洋》《山那边呀好地方》那几首歌，似乎也是那晚会上唱出来的。之后，交大学生开始了护

1947年5月交大护校运动，我和同学们一起坐卡车去火车站

校运动，反对教育部要停办航海、轮机两个专科，谈判不成，学生会发动同学去南京请愿，我从家里带了铺盖去参加。在校园坐一大队卡车出发到北站，我坐的这一辆被当时的市长吴国桢拦住了，学生纠察队好不容易把他拉开，才浩浩荡荡到了火车站，以后同学自己调了机车开火车，在路上自己接上被临时卸掉的钢轨，一路开到了真如，目睹了朱家骅、吴国桢来谈判……紧接着，交大学生响应南京中央大学的反饥饿运动，开展了反饥饿反内战的宣传活动。《团结就是力量》《跌倒算什么》这些进步歌

1947年上海交大护校运动，学生自己动手开火车

曲，鼓舞着每一个进步的交大同学。这年冬天，我又参加了救饥救寒运动和1948年全市学联在交大大草坪召开的五四营火晚会等。我作为一个群众不断地接受了形势教育。我病倒休学的那一年，正是上海解放前夕学校斗争最激烈的一年，我十分焦急。1949年5月上海解放后，我尚未办复学手续，即主动联系去参加了下厂实习，那是一个已经军管接收的军用吉普车修理厂。复学不久，我参加了青年团，以后又参加了支部和总支的工作，从一个死读书的学生成了系级干部。

我入学时，航空系一班共40名同学，到了毕业时只剩下10名同学，这变化是很大的。这中间有淘汰退学的，有各种原因离校的，也有解放后（1950年）参干的，但大多数是中间转系的。为什么那么多转系的呢？原因是进校时正值抗日战争胜利后，从形势

1947年上海交大护校运动，火车开至真如被阻，我们与河对面的政府、校领导谈判

看来，似乎航空事业需要也应有大的发展。我报考航空系就是有感于抗日战争时亲眼看到的日本鬼子的飞机空袭轰炸我们的惨状和后来抗战胜利后美国飞机的威力，笼统自觉到中国没有自己的航空事业是不行的。但是1947年、1948年那两年，蒋介石只管打内战，没有搞自己的航空工业，航空系的毕业生，毕业后最好的出路是进两个航空公司（中航和央航），大部分是毕业即失业，或去找一个中学教书，没有什么前途。再加上交大进步学生运动出了名，后来两航宣布说不要交大的学生。这样，在校正在学航空的纷纷转系，改学机械、电机、造船等去了。留下了死心眼地执着要学航空的就不多了。

我原来的50级同学，1950年毕业时十几人全部参了军被吸收到人民空军去了。我1951年毕业时，正好航空工业局（四局）成立了，于是我们成为新中国成立后第一届国家分配至航空工业局的大学生，有幸成了行业的见证人。只可惜的是，我的这两个班的同

1947年参加上海交大护校运动向南京进发

学,虽然都受到交大四年严格的培养,在以后各自的工作岗位上个个能力都是很强的,但由于种种原因,不少人没有机会为祖国的航空事业做一番应有的贡献,从航空事业这个局部来看,太可惜了。回忆往事,能不感慨万分?

(1993年及1999年初稿,2009年8月修改)

第三章

奔赴遥无北国的五个大学生

1951年9月，我们一行五人，新中国成立后第一批国家统一分配的大学生，来到了北国风光的哈尔滨平房的国营121厂。这里的气温明显比南方凉多了，对我们这些南方人来说，第一次到了"北满"，一切都显得新鲜。

为了接待我们，厂里已事先为我们在北厂安排了一间较好的宿舍，房子里甚至有一个用暖气管烧热水的小浴池，对比于那时不少家属宿舍没有暖气而是烧炕的，我们这间宿舍，可能是第一流的了。当晚到了北厂宿舍，我们打开自己随身带去的行李，带着终于到了新家的踏实感，很好地睡了一觉。第二天起来走20多分钟到南厂食堂吃了早饭，就到厂里去报到。人事科的同志首先带我们去见了工厂厂长兼总工程师汤钦训，他是一位和蔼可亲的知识分子老干部，见了我们来厂，有着发自内心的高兴和欢迎，亲自向我们介绍了工厂的情况，然后说你们五位都到技术科去工作。厂长办公室和技术科办公室都是小平房，相距不远。到了技术科，有两位副科长，为首的是年已40多岁的工程师徐坚副科长，另一位是部队修理厂过来的年轻的张万庶副科长。他们已事先知道我们的情况，就当场把我们五人一分为二，三个人在飞机组，两个人分到发动机组，而且立刻由徐科长郑重其事地把我们带到技术科的苏联专家办公桌前，向他介绍，指着我们三人用洋泾浜俄语说："ЭТО САМОЛЕТ"，指着另外两人说："ЭТО ДВИГАТЕЛЬ"。我们第一次见到苏联专家，就一一与他握手并用才学的俄语单词向他问候。看来，苏联专家也早知道要来五个大学生了。

1951年12月14日摄于哈尔滨，庆祝自己24岁生日

121厂于几个月前才成立,由原来在平房区的炮弹引信厂和原在哈尔滨马家沟的飞机修理厂合并成立的。马家沟过来的人大部分还穿着军装,显然带着一些优越感。

我们五人,徐学榘和我是上海交大航空系毕业的,芮荫棠是清华大学航空系毕业的,周峙衡是武汉大学机械系毕业的,何寿轩是浙江大学航空系毕业的。芮、何二位分到发动机组,徐、周和我分到飞机组。

我和小徐等同学是8月下旬离开上海,由国家统一分配到了中央重工业部的。为了搞好全国大学生首次统一分配,上海市办了一个大型学习班,把全上海的大学毕业生集中起来学习,进行形势教育和政治教育,然后让大家表态。那时正值抗美援朝,青年学生政治热情高涨,早已把自己的全部交给了组织,到祖国最需要的地方去。所以办完学习班,绝大部分同学就按分配目的地分批出发。上

1951年夏上海交大航空系部分同学留影,前排左一为王允昌,左三为屠基达,后排左一为徐学榘,左二为王金玺,左三为张渺

海交大航空系同学都分到中央重工业部,我们直接从学校出发,集体坐火车去北京。小徐等外地同学都没有回家。到北京后住在东黄城根街的华北大学工学院里。各地分来的学生集中起来以后,就由重工业部何长工部长做了一次动员报告。除再一次动员大家服从分配以外,还介绍了重工业部的任务、现状和组织机构。我们第一次听说有个航空工业局,真是十分兴奋,"苏联的今天就是我们的明天"呀。之后,部人事司又分批用卡车送我们到北海公园、颐和园等名胜,让我们首次领略了首都的风光,几天之后,我们20多人就分到航空工业局了。

当时航空工业局在沈阳,在北京有个办事处,我们先到办事处朱主任那里报了到,过了几天才坐火车去沈阳。到了航空工业局,我们见到的第一位领导是段子俊局长,他召我们20多人,在大食堂的一个大饭桌旁集体谈的话;第二位是一位保卫处长,他向我们

1951年8月摄于北海公园九龙壁,自左至右分别为
麦啟泰、陈淦堂、屠基达、郁文洪、苏肇璞、顾诵芬

进行了保密教育,这位处长身材魁梧,随身带一只大狼狗,很有些保卫的味道。我们住的是一个朝鲜旅馆,离局里不远,睡的是榻榻米,也别有风味。过了几天,即宣布分配方案了,人事处的同志把我们五人找到一起,指定由我带队,分到哈尔滨的121厂,并说在几个厂里,哈尔滨的厂是重点,因为离朝鲜前线较远且靠近苏联。

哪里都一样!离开上海的家时,南北东西,不知道中央重工业部会把自己分配到什么地方,反正绝对服从组织安排,没有任何个人的打算。分定以后,只知道哈尔滨更北一些,要冷一些,到了哈尔滨,国庆以后才知道原来还有这样冷的地方。

安顿下来以后,生活中的第一件事是集体由工厂借钱买衣服。我们离开家时,除带走平时在学校中用的铺盖和随身衣服、毛衣外,什么也没有准备。那时我们同学间谁也没有想到要依靠家里做什么离家远行的准备。到了厂里,才听同事们说,哈尔滨的冷天来得快,一直会冷到小便时要带一根棍子,不小心会冻掉耳朵等。虽然对此半信半疑,但是我们还是听从劝告立即动手,第一个星期天就坐了火车到市里买了夹衣、皮帽、皮鞋。至于棉衣,则是工厂里集体做的标准东北装,一身黑布棉衣裤,并且在国庆节前即发下来了。年底,我在外边过第一个生日时,还专门带了皮帽去市里照了一张相,寄给父母,骄傲地表示,我已经是独立生活的东北人了。

我们技术科,这时已有60多人,当然大部分是年轻人。业务上,什么修理技术都管,从飞机到发动机,设计、工艺(那时叫施工)、冶金(热表处理、理化试验)全在内,而飞机还包括特设仪表。除了理化试验的瓶瓶罐罐和一个小图书室,在另外两间小房子外,全科都挤在一间旧平房的大房间里,包括科长和苏联专家。飞机大组的组长是英国回来的胡昌寿工程师,我的顶头上司是齐志焜同志,大家都叫他齐工程师。他分配给我的第一个任务是测绘一个金属油箱。当时科里有不少工程师,我们是怀着尊敬的心情叫他们工程师的。但察觉得出来，一部分部队修理厂过来的同志，包括还未学得技术的实习生、年轻人，则认为老工程师们（实际也就30多岁吧）是留用人员带有统战的味道，包括对待徐坚科长。我作为第一批来的大学生代表，很快就被选为团支委，并被吸收进入科里的评薪委员会，应该说，开始时是比较受重视的，哪里知道后来转化成了对立面了。

我们在学校学的主要是基础知识、书本知识，见的飞机也不多，究竟飞机是怎么造出来的，不甚了解。工厂开始修理的是雅克－18教练机和图－2轰炸机，苏联的一套，从图纸的画法、文件制度、标准，一直到公差、材料、热表处理，对我们来讲全都是新的，需要自己摸索。厂里有一部分修理用的苏联原文图，但不全，修理需要制造配件，有的需自己测绘，修理图更需要自己设计。让我终身难忘的是我当设计员时发的图出过两次废品，一次是焊接在铝油箱上的接管嘴，材料弄成中碳钢了，另一次是磁罗盘上的铍青铜弹簧，我弄成钢弹簧，当一堆我设计的废品放到我的图板上的时候，我的压力真是大呀。

工厂的生产和抗美援朝的前线是连在一起的，有的来修的图－2飞机在朝鲜战场上被打穿了机体，有的还喷有朝鲜人民军的军徽。眼看来的一架架破旧飞机修理后飞返部队，我们在宿舍里常常自豪地议论，我们实际上是不穿军装的战士。而且的确，厂里也有些半军事化的味道。为了庆祝1951年国庆，下了班以后，由科工会主席喊口令，我们认认真真地练了一个星期的立正稍息、列队前进，迈着整齐的步伐，唱着"五星红旗，迎风飘扬……"的歌练国庆游行，十分认真。到了国庆那天，我们凌晨两点即起床了，按照通知，一律穿上新发的黑棉袄，带上干粮，用半个多小时走到平房火车站，集中坐运货车皮的专列到了哈尔滨参加游行，那个劲头真大呀。

图-2 轰炸机

在大食堂吃饭,我们五个新来的单身有点特殊化,早上吃高粱米、发糕,我们还买来黄油抹上,其实我们过去也没有吃过黄油,只是发现哈尔滨黄油便宜,宿舍里又有双层窗中间的天然冰箱可存放。吃饭时,我们每餐买肉菜吃,而好多本地同志就吃五分钱的土豆丝。老一些的干部和技术人员大都有家,不在食堂吃,听说活鸭子几毛钱一只,也不贵。到了星期天,特别是天冷以后,我们懒得走几里路到南厂大食堂吃饭,就事先带一些馒头,在宿舍里自己烧肉吃。我们五个人中,芮荫棠年纪最大,且在老家结了婚,烧肉的本领最大;周崎衡是湖南人,爱吃辣的,那时就只能戒了,没有辣的吃;何寿轩一贯沉默寡言,不挑剔;小徐年纪最小,但倒是积极分子。那时在平房只有南厂火车站附近有吃饭的小馆子,而北厂宿舍区连小商店也没有,天不冷时,还有些小摊卖毛子壳(葵花子)之类,天寒地冻之后,室外待不住了。有的星期天我们还找到老乡的小土屋去喝一碗唯一的甩袖汤:有些鸡蛋、黄花菜,用淀粉勾芡,热腾腾的,挺好喝,名称也贴切极了,那鸡蛋真如京剧里的水袖一甩,一片片一丝丝,看得见拿不住。还有那黑不溜秋铁蛋似的冻梨，看起来吓人，冷水解冻后吃起来倒真好吃。

过第一个哈尔滨的冬天是很兴奋的，很有些革命的诗意。戴了皮帽子，一路走到工厂，帽边和眉毛都结成了白霜，大家见了禁不住哈哈大笑。徐学榘他们为了保暖，除了皮帽子还戴个口罩，罩外全是霜，说话的权利当然没有了，我和芮荫棠都戴眼镜，连戴口罩的福气也没有。办公室内是20多摄氏度，室外是零下20多摄氏度，内外差50摄氏度，而且那时暖气是蒸汽的，一来气，热得毛衣都穿不住，温度可能达到30摄氏度，但是对不起，棉裤总不能脱，还得穿着。最有意思的是厕所在外边。小便虽还用不着用棍子打，但尿水堆积成的冰，两三尺高，很是奇观。大便时则得有些勇气，我们称之为屁股淬火，必须速战速决。在上海，我原来对雪的概念是一片片慢悠悠积成团随风飘下来，在地上屋顶上树上逐渐积厚起来的，从懂事的小孩时到长大，对下雪总是有些神往的。但是在哈尔滨，雪是面粉一样的，干得很，不黏，在地面上也随风吹，被风吹过的地面或屋顶可以一点积雪也没有，但兜风的地方则可以好几尺厚，下雪时又常常伴着风，没有飘飘然慢悠悠的天女散花似的诗情画意，与南方下雪大不一样。特别是在风刮得厉害时，棉衣、毛衣似乎全被吹透了，这时才感受到赶大车的老乡，臃肿地穿着老羊皮大衣，脚蹬毡靴是多么的必要了。国庆以后开始下雪时，我们在上下班的土路上，还常兴致勃勃地唱起《白毛女》中那个歌"北风那个吹，雪花那个飘……"表现出勇气，可到了真冷以后，大家只有闭起嘴一路无话，急忙赶路的份了。

平房北厂东边原来是日本帝国主义731部队的细菌工厂，培养了很多老鼠繁殖鼠疫菌，日本投降前夕，为了掩盖罪证，炸毁了细菌工厂，许多老鼠跑出来在野地里繁殖，所以每年要发动群众到野外挖地洞打耗子。1952年春天解冻后，打耗子开始了，并且全厂每人发一双白布长袜，套在裤脚外边，以防止跳蚤咬人，而且男女都一样，一律要穿上才能进厂，这个景象，后人很难想象了。

1952年4月，121厂分为122厂和120厂了，122厂新来了厂长马真和、总工程师晋川。技术科也一分为二，留在122厂的我、徐学榘、周峙衡，就和芮荫棠、何寿轩分开了，但单身宿舍里，我们还一起住了一阵子以后直到他俩住到南厂去了才分开的。

　　分厂时，122厂才1000多人，以后才从四面八方来人猛增的。1952年秋天，大中专生分配来厂特别多。因为1953年要开始第一个五年计划，中央决定，除今年正常毕业的大学生以外，下一届的学生也提前毕业。9月份他们一来，我们真有人丁兴旺之感。其中有一部分上海来的中专生，提前于6月份就到厂了。他们比较年轻，不满20岁，来了后一下子两地生活差别比较大，而且从学校直接来这里，思想准备不足，有些人闹情绪。因我也是上海来的同乡，新来的李秋乐同志向我反映了这个情况，我就和另一个团支委系统组长徐学榘同志一起找他们谈谈心，做些思想工作。不料这竟捅了马蜂窝！我们科的党小组认为这是团支部工作闹独立性，莫须有地说我们煽动青年闹事，不容分辩地突然袭击组织批判，厂团委书记还来宣布改选团支委，稀里糊涂地把我们处理了。好在我心底无私天地宽，没有在这一打击下倒下去，除了抓紧飞机结构组长本职工作外，就和小徐二人积极为青年工人义务上夜校课，给他们讲看图纸、飞机的常识等，以后这批好学上进的青年见到我都叫我屠老师。

　　事后才知道，当时新的科里当权人物提出应怀疑我是国民党三青团分子，是有意打进来的破坏分子，并且由厂保卫部门组织了专案调查，欲置之死地而后快。幸亏我没有任何辫子可抓，否则，这一下很可能从此跌入深渊，一蹶不振，可怕啊！事情怎么会变得那么严重呢？原因是我的锋芒毕露，冒犯了一些同志。比如他们把新中国成立前毕业的技术人员看做是资产阶级的旧人员，虽有技术，但政治上不行（他们也的确夹着尾巴做人），而我常流露出不同意见。分厂以前，有一次他们在大会上发动小青年乱批徐坚科长，我看不过去，感到太欺侮人了，就站起来公开提出谈问题要优缺点一起提，不能把人看得一无是处，如此等等。我们五个是新中国毕业的大学生，虽是少数，但是兼有技术上和政治上的两种优势，政治理论也学了一些，敢于说真话，日积月累，就犯忌了。分厂以后成立了新技术科，部队来的新科长上任三把火，要树他的权威，枪打出头鸟，我第一个被打哑了。

我任组长的设计一组当选1953年全厂先进集体留念。后左起第五人为屠基达，后左起第一人为卢开仁（后为运12总设计师），第三人为刘毅（后为372厂总工程师），第四人为李广恕（后为122厂总工程师）。照片拍摄于1954年

后来，不知什么原因，那位权威科长调走了。1953年，工厂成立设计科，科长是齐志焜同志。有了独立的党支部，来了车工出身的支部书记陈正义同志，情况才有了彻底的变化。

1954年5月，在设计科我被第一个吸收入党。感谢兼职支部书记陈正义同志和解放军骑兵排长转业来厂的资料员王兴库同志（他身材高大，我们大家习惯叫他大老王），是他们二人介绍我入

党的。我可能是全厂知识分子中第一个入党的。第二年是全厂唯一一个知识分子干部当上了哈尔滨市劳动模范。后者我想这主要是齐科长的推荐。这时全国调集一些地方地县级干部支援国家144项重点建设，设计科里来了一位曾是县委副书记兼公安局长的马天巡同志担任副科长。1955年5月我和金娥相恋4年后结婚了，下半年走上了设计科的领导岗位，1955年底我正式任设计科长。1956年3月我和徐学榘一起被航空工业局批准为助理工程师（北京的9级工程师），进入了高级知识分子的行列。

1951年8月19日屠基达和金娥离开上海前夕留影。1955年5月结婚未留影

　　122厂除了继续修理图-2俯冲轰炸机、YTB轰炸教练机，仿制图-2后机身等部件之外，还修理了不少伊尔-10强击机。伊尔-10是第二次世界大战时专门打德国坦克的，从机头到整个前机身，全由防弹钢板做蒙皮，有两门向前的航炮，炮弹与螺旋桨有同步机构，还有一名向后的机枪手。应空军的要求，我们自行改装了若干架伊尔-10的教练机，我分工设计了把向后的射击舱改为向前的教员舱的活动舱盖。1955年开始为部队试修40号新机（伊尔-28喷气式轰炸机），主持复制了全套设计图纸。此外还仿制了歼5的副油箱、40号机的发动机延伸管等。1956年10月，航

空工业局下达了工厂要仿制米-4直升机的任务，我正在消化刚到厂的俄文资料，11月航空工业局要调我去沈阳飞机设计室的调令来了，12月我离开122厂。以后才知道，1958年周峙衡和芮荫棠二位分别被错划为右派。徐学桀也在1958年被调离设计工作岗位，在政治上、工作上、生活上都大大地倒了一阵子霉。1956年7月我介绍他入党，支部大会通过之后，一直未被党委批准。拖到20世纪80年代初，落实知识分子政策，他才被批准入党。我们的小徐，对党

1955年在哈尔滨

的感情始终不渝，也够我钦佩的。以后他当了哈尔滨工业大学校长，总算平了反。

伊尔-10强击机

1985年我在北京出差，住在航空工业部第一招待所，偶然碰到周峙衡，他后来搞冶金技术，我们业务上没多少接触，我说："老周，怎么好久没见到你了？"他苦笑了一下之后对我说："你还不知道我被打成右派？打成右派之后就被弄到市里一个小厂劳动去了，1978年才摘帽平反，回了122厂，20多年工资一直只几十元，苦啊。"我知道他一贯是老实巴交的人，也不活跃，我说："你怎么会是右派呢？开会都不吭气的。"他说："大鸣大放时我实际上一句话也没有说，但冶金科支部书记把我算了一个，可能是地主家庭出身吧。"我说："你怎么不申辩一下呢？"他说："不敢申辩呀，否则就要当极右分子了。"那天晚上，我好久也没有睡着。

伊尔-28 轻型轰炸机

想不到就这一次老周那更为木讷的湖南腔，竟是我们最后一次的见面。在离开哈尔滨30年之后，1986年，我第一次有机会出差去哈尔滨，一打听，老周已在几个月前过早地因病去世了。无独有偶，我到南厂打听在120厂的芮荫棠，才知道也是右派平反后，前不久去世了。见到了徐学榘，他已调离航空工业到哈尔滨工业大学去教书了。

我已无法重温当年我们五个大学生满腔热情地在冰天雪地里去上下班的旧梦了。

（1990年9月10日初稿，2009年8月修改）

第四章

飞机设计室的初创

1956年初，中央向全国发出"向科学进军"的号召，航空工业局在全力仿制第一架喷气式战斗机歼5的同时，决定向上级报告要开展自行设计飞机，这是一个非常有远见的决策。1956年9月四局决定成立飞机设计室、发动机设计室和仪表设计室，前两个设计室分别放在112厂和410厂代管，业务上由四局直接领导。当时中苏关系很好，整个航空工业得到苏联的大量援助，不仅向有关的工厂、学校，而且对新成立的材料研究所、工艺研究所和试飞研究所都提供资料，派苏联专家当顾问。但苏联政府不赞成中国自行设计飞机、发动机，所以采取不援助的政策。这样飞机设计室成立之后，既无苏联专家也没有任何资料，真可谓白手起家。飞机设计室由来自四局的徐舜寿、黄志千同志和112厂的叶正大同志分别担任正、副主任，在四局机关和四个飞机厂（112厂、122厂、211厂、320厂）抽调骨干技术人员集中到112厂再加上一部分新毕业的大中专学生，1957年上半年已有108人，平均年龄22岁，党员有30多人。

1956年11月，接到通知，调我去沈阳飞机设计室。正值四局徐昌裕副局长来哈尔滨检查工作，他找我去汇报，我汇报了40号新机（ИЛ-28）试修和歼5副油箱试制以及最近接到仿制米-4直升机的通知，说明书也看到了等等以后，又顺便谈了要调我去沈阳的事。实际上徐局长早知道了，他向我介绍了打算设计双座喷气式歼击教练机的方案，最大速度800千米/时，喷气发动机由410厂发动机设计室设计，推力为1600千克力①，分别以歼5飞机和涡喷5发动机为原准机，这个自行设计起步虽然低一些，但稳妥可靠。我听了以后，很是兴奋，从修理到仿制，再跨到自行设计，几年工夫，连跨三大步，我们真是生逢其时呀！

我和党组织商议了接任科长的人选和另外同时调几名设计人员

---

① 1千克力=9.8牛。

的人选（陈一坚、陈嵩禄等）后，移交了工作，12月上旬就和爱人一起打起铺盖卷赴沈阳报到。叶正大副主任让出他的一间住房让我先住了，徐舜寿主任和我谈话，让我担任机身设计组长，我爱人金娥到标准组当设计员。

这时歼教1（歼击教练机1型）飞机已经有了初步的总体图和三面图，设计是程不时、李文龙同志，组长是陆孝彭同志。

不久，徐主任偕黄主任一起来家里看我，他谈到他到122厂要设计干部时发现陆纲厂长很有水平，听说要自行设计飞机，十分支持，所以点名要输送干部，真是二话不说，说调就调。说到第一个任务设计歼教1，徐主任说这飞机空军要，技术上可参考歼5，成功的把握大，同时也是设计队伍成长的一个阶梯。黄主任笑着插话，这也是一种教练。

我开始工作是先从学习歼5飞机的构造和制造入手的。因为我过去搞的是轰炸机（图-2，伊尔-28）和强击机（伊尔-10）的修理和部件生产，对歼击机不熟悉，对飞机的制造全过程不熟悉，这是不行的。全室了解歼5的人也不多，室里组织112厂的一些技术人员，给我们讲课，不仅讲歼5的构造，而且讲工艺、讲冶金、讲材料、讲试验，大家学习都很认真，我每课必到。除看图纸外，还到车间去看实物，还当仁不让地当老师讲课。另外，我还抓紧复习飞机强度方面的知识。

1957年初，人员基本配套，具体设计工作要开始了，但很多技术细节不清楚，怎么着手干，也没有头绪，徐主任给大家讲：总体设计有了以后，要开展打样了，什么是打样？书本上这叫技术设计，是总体设计和详细设计之间的一个过渡阶段，实际上就是结构和系统的方案设计。打样这个词，是中国自己取的，造船工业有个词叫放样，Lofting，但那是1:1地把图纸尺寸画到大钢板上，取名打样与放样有些关系，但含义可不一样。

当时室内真有设计经验的只有徐主任、黄主任和陆工（陆孝彭工程师），其他的，在学校里学过又有仿制或修理设计经验的，是较好的了，有相当一部分同志是才从学校里出来的。后来才知道，徐主任原来打算把曾在国外搞过飞机设计后来回国的老同志（老是相对而言，当时也就40岁上下吧）集中起来，如机身组长原拟请南京航空航天大学的高永寿教授来担任的，起落架组长原拟请曾在122厂当过我的上级的胡昌寿工程师来担任的，但由于种种原因，没有办法调集。于是徐主任便提出了一个请兼职顾问工程师的办法，北京航空航天大学（简称北航）的张桂联教授，西北工业大学（简称西工大）的黄玉珊教授，南京航空航天大学（简称南航）的程宝渠、张阿舟、高永寿教授等，都被请来短期指导工作。

原沈阳飞机设计室以叶正大为首的部分老同志在沈阳棋盘山开座谈会（2000.9.17）

为了展开设计工作，首先要有一些基准文件，如制图规范、文件制度之类，于是在摸索歼5仿制资料的基础上自己来编，也参考一些徐主任自己过去工作时保存下来的国内外资料，记得其中有一份是徐主任亲笔写的飞机方案晒蓝文件。字迹工整，清秀如女孩写的字。这类事情由320厂调来的胡除生同志牵头,我也参加了。成问题的是没有强度规范。开始时,在黄主任的指导下,强度组长冯钟越同志着手从歼5的强度计算报告及静力试验任务书中的有关数据和飞机情况来反推。后来,320厂的安-2飞机设计专家斯米尔诺夫听说我们缺强度规范,他很热心,在回国探亲时带来一本苏联1947年的强度规范,室里派人去拍了照片拿回来,虽然年代老些,但用于歼教1够了,总算解决了我们的大问题。

大家开始打样,的确不知道从何着手,都缺条件,都等着,徐主任于是又跟大家讲,大家都要动手干起来,不能光等着给你条件,因为这期间,各设计专业之间,你中有我,我中有你,要相互提供情况,相互协调,逐次逼近。机身的协调关系最多,徐主任希望我自己动手打样,取得实践经验。我按他的意见,决定自己铺开图纸打机头气密舱前这段结构的样。因为这段结构没有歼5结构资料可参考,歼教1是两侧进气的,机头特设舱、前轮舱等必须自创。这期间,徐主任常坐到我的图板前,指导我的打样,逐渐使我理解了:制造是从零件开始由下而上最后总装的,而设计是从总装开始的,部装、段装到组合件,由上而下一直到详细设计出零件图。打样即设计总装图,以结构为主,把结构、结构的运动和系统安装融合在一起,并把结构传力系统弄清楚,估算和确定主要结构材料和尺寸,供第一轮强度估算,落实分配结构重量,然后再反复修改直至定案。我有了初步实践经验以后,也学徐主任的工作方法,经常坐到设计员的图板边,去指导机身部件的打样,特别是两侧进气的进气口,下单翼传力那些没有可参考的结构。各系统的协调也是我工作的重点,因为大家没有经验,方案经常改变,机身结构也必须相应改变,于是经常有争论,得罪一些人。后来1958年大鸣大放有人给我贴大字报,画着我带着设计员,手执鸡毛掸子用把手那一头打人家,用鸡毛那一头拂自己的设计员,与后来的"文化大革命"相比,这种大字报温和多了。

112厂飞机设计室的小平房

这时设计室已由厂技术楼搬到大白楼后边的一排小平房里，各设计组挤在一间大的"设计间"里，按西方的模式，排着一排排的淡蓝色制图桌。这制图桌是我们自己设计的，图板可以斜支起来。因为这间屋子很大，也兼作开全室大会用。

徐主任待人谦和诚恳，我从未见到他冷淡、愠怒的时候。他带有才子气，不拘小节，保留一些西方的习惯，上班时有时嘴里含个糖，没有干部的样子，还常穿件西服上装，那个年代，极为罕见了。在飞机设计室五个年头里，我没听到过领导对下边有什么批评的话，当然工作上，大家都很自觉，人员组成的素质比较高，党团员比例大，为了设计自己的飞机，不少曾是县团级干部的技术人员自愿在这里当设计员。徐主任在全室大会上讲话、布置工作或总结，说到最后说"谢谢大家"，开始我很奇怪，领导讲话何必谢大家，后来才知道这是西方人的习惯，类似于苏联人一开始说"请允许我……"。直到20世纪80年代改革开放以后，国内这最后的"谢谢大家"，才时髦起来。

第四章 飞机设计室的初创

徐主任还在室里组织了一个以他为首的技术委员会，一些重大的技术问题，开委员会讨论，每周总有一两次，其目的是集思广益。技术委员会由正副主任（技术上兼正副主任设计师）即徐舜寿、黄志千、叶正大同志，歼教 1 主管设计师陆孝彭与总体、气动、强度、机身和机翼五个组长，即程不时、顾诵芬、冯钟越、屠基达、沈尔康同志共九人组成。

我切身体会到，参加技术委员会，是自己成长、了解飞机全局的好机会，也是培训干部的重要途径。后来我离开机身组出任初教 6 主管设计师，也并无太大压力。可惜 1957 年下半年大鸣大放时，有位左得出奇的人写大字报扣政治帽子，说徐主任成立技术委员会是为了对抗党支部委员会云云，那个帽子似乎就是反党的意思，徐主任是建国初期入党的老党员，老一辈的技术干部中是很少的了，也是支部委员，平时对支部书记是很尊重的，我看绝无此意，而且讨论技术问题和支部工作也没有关系。但自此以后，技术委员会的活动就消沉下去了，直到 1958 年不宣而亡。

飞机设计员要"熟读唐诗三百首"，不要唯米格论，也是徐主任在大会上提出来的。当时歼教 1 的原准机是歼 5，歼 5 是当时我国唯一自己能制造的喷气式飞机，也是技术水平最高的飞机，不少结构和系统的具体设计，把歼 5 移植过来，也是很自然的。但有的设计人员，一讨论问题就谈歼 5 如何如何，特别是争论不清时，就说歼 5 是这样的，以便压服别人。有鉴于此，徐主任提出不要唯米格论，要设计人员"熟读唐诗三百首"，即深入收集学习各类型的飞机方案和结构系统，弄熟了，就能广开思路推陈出新，只了解一种飞机，跟着干是不可取的。当时我们国内已有十几种苏联飞机和其仿制、修理资料，米格飞机以外，还有其他五个苏联设计局（图波列夫设计局、伊留申设计局、拉沃契金设计局、雅克夫列夫设计局、安东诺夫设计局）的图纸，它们的设计风格各不相同，深入学习后博采众长，这就是"熟读唐诗三百首"。徐主任自己在歼教1的方案中，主张两侧进气、下单翼布局，认为有利于维护，强迫着陆时更好地保护飞行员等，即是不唯米格论的体现。

那年头，大家只想着干工作，其他很少计较。比如：我们就住在北陵公园边上，但一直没有去过，一直到1958年雅克夫列夫设计局的马尔道文和安东诺夫设计局的斯米尔诺夫专家来访，我们才第一次陪同外宾去参观了北陵公园，也就给我们大家包括三位主任一起留下了一些照片。

徐主任要求大家在办公室里保持安静整洁，大家确实努力这样做了。这方面他自己也是模范，他办公桌上井井有条，抽屉经常整理，除了有一只心爱的订书机外，没有多余的东西。他常常自己起草报告和总结，它们文字娟秀，并都用订书机钉好。有人说字如其人，我看并不适用于他，他为人并不拘谨而是很有魄力，而且很有开创性，敢于陈述己见，并不随风倒。后来他在反右倾及"文革"中挨整，与此有关。

1958年4月，设计室干部陪同两位外宾游北陵公园

1958年初的春节，大家是在全体义务加班突击发歼教1图纸中度过的，徐主任对大家说这是陆工的创意，提出：打破常规过春节，早送银燕上青天。而与此同时，厂里工艺部门已展开试制工作了。在打样、分区画协调图，设计方案基本落实之后，以总工艺师陆颂善同志为首的有九所（现北京航空制造工程研究所）同志参加的工艺审查组与设计室开始平行工作。用打样图作参考，工艺方案甚至型架设计方案都在开始制订了。

春节以后不久，歼教1图纸已发到车间，徐主任找我谈话，由我出任初教6（那时叫初教1后叫红专502）飞机主管设计师，原在总体组的林家骅同志任副主管设计师。要求各设计组分出一部分设计员，开始做初教6的打样工作。林家骅原是320厂设计科的副科长，调来设计室在总体组负责初教6的总体设计。经过两个多月的打样，5月份完成了空军对样机的审查。徐主任告诉我四局决定初教6放在320厂生产，因此，由我和林家骅带着26名分工负责初教6的设计员，带了打样图和各种计算资料到320厂，与厂里的设计人员共同详细设计和试制飞机。

我们在南昌先介绍打样设计方案然后共同开始详细设计，到飞机首飞上天，一共只花了72天。初教6上天之后，我接到徐主任的一封信，意思是飞机上天以后，就赶快回沈阳，室里任务很重。对初教6不要担心，要相信320厂的同志能够把飞机搞下去的。

歼教1在跑道上

回到沈阳以后，徐主任就召我和沈尔康同志谈话，让我们俩担任"东风"107号主管设计师。我离开室里才三个月，变化还是很大的，一是歼教1飞机比初教6早一个月上了天，而且军委叶剑英元帅和空军刘亚楼司令员都来参观了，八一制片厂还来拍了纪录片；二是"反右"结束，室里定了几个右派，其中有两名党员，都被处理离开设计室，支部有一位支委被开除党籍，按人民内部矛盾处理，这后者是令我暗暗吃了一惊的。

不久，传来了哈军工搞"东风"113飞机的消息，它的马赫数（Ma）要达到2.5，后来上边把三位主任一起召到哈尔滨开"东风"113的现场会。之后也就是九十月份吧，赵尔陆部长亲自到112厂，动员破除迷信，解放思想。赵部长亲自召集设计室的骨干开座谈会，会上赵部长点着徐主任说："你老徐就应当坐在米高扬的位置上，要解放思想！"徐主任没有正面回话，只嘿嘿一笑。我们的部长被哈军工的上级将了一军，心情是很复杂的，学校都敢于设计过热障的飞机，工业部门怎么那么保守呀！其实我们心里都明白，$Ma2.5$的飞机所需的耐热航空材料都没有，我们怎么能跟着一起瞎起哄呢？后来我看到了"东风"113的任务是用中共中央文件的形式下达的，1960年五一要上天。而我们设计的$Ma=2$的"东风"107号只是四局的任务，怎么能挡得住呢？这是后话了。

1957年年中时，徐主任的家属尚未调来沈阳，他在住房中让出一个南面的小套间让我住（我有一个孩子并有岳母同住），他自己住北面的一小间。他在厂里干部食堂吃饭，有时买些吃的带回来，总的是很简便的，衣服也自己洗，晚上看看书。他精通英、俄两种语言，俄语是自学的，但和苏联专家谈问题讲得很流利。期间曾奉命出国到苏联去过。当时好像与室里的工作无关，回来后，他没谈起，我也不便问他。陆孝彭同志随同强5任务一起转到320厂后，我搬到楼下他住过的房子里。不久徐主任家属调来沈阳了，他向我借了一个我从哈尔滨调来时用过的包装箱，侧立起来后当小柜子用，其生活俭朴可见一斑。当时他是国家二级工程师，工资比副省级的牛荫冠厂长还高，但生活上似乎厂里也没有人管。

"东风"107的样机审查是在北京空军大院举行的。1∶1的木质样机运到了北京，审查会上刘亚楼司令员及常乾坤、曹里怀等副司令员都出席听取汇报，我们都去了，审查会办得很隆重。徐昌裕司长做了主汇报，我们分专题汇报。样机审查通过，打样阶段结束，就进入详细设计阶段。全国大跃进的形势，又加上有了"东风"113的对立面，全室设计东风107的图纸简直就像发了狂似地干，没日没夜，记得我曾有一次48小时未离开办公室，徐主任对着我们说：幸亏由你们年轻人干。

东风107飞机模型

要破除迷信，解放思想，室里还另外做一个"东风"109的方案，用两台"东风"107的发动机，$Ma=2.5$，总重达30吨，采用三角机翼，自行车式起落架。除了飞机以外，室里还成立了一个导弹组，所以还设计导弹。按牛厂长的说法，"东风"107是社会主义，"东风"109是共产主义，而"东风"107已是世界水平的，不能轻视，既要不断革命，但又要有阶段论。四局段子俊副局长来信，说到"东风"109，他说"东风"109要筹划，但不要影响

"东风"107，应该远近结合，以近为先。其实我作为"东风"107的主管设计师，心里明白，除了发动机以外，"东风"107飞机至少有两大问题摆在面前，一是 $Ma2$ 的弹射救生问题；二是结构热应力问题，不知如何处理。

1958年底，党支部换届改选，我被选为支委，而徐主任原来是支委，这次选举连候选人也不是，我很纳闷，但不好问，很可能是说他右吧。这时，为了肃清一长制的残余，党政关系已左到实行支部集体领导下的主任负责制，连设计组也是党小组起领导作用，党小组会可以吸收非党政工团组长参加，党员主任不是支委怎么领导呀？后来厂里成立了一个飞机研究院，下边除飞机设计室以外，还有风洞研究院等，在建AT-1跨声速风洞和一个低声速风洞（要快速建成，市委焦若愚书记亲自来兼院长），厂党委一位常委负责飞机研究院的事，徐主任同时作为他的副手。

1959年初，叶正大副主任奉命出国去苏联谈援建风洞研究院的事，同时带了"东风"107方案去苏联咨询，因为出国时间比较长，厂里就指定我代理叶主任的工作。

4月初，厂里先后向县团级以上干部传达上边的文件，一个是中央工交工作部部长李立三的报告，其中说到青年技术人员中大部分应是工人阶级知识分子，而技术人员的多少，是国家工业化的主要标志，现我国有3000万名职工，只有30万名技术人员，而苏联有7000万名职工，有750万名技术人员，意思是我国技术人员是很可贵的。另一个是毛泽东主席在2月郑州会议上的讲话，其中说：右派不是拿枪杆子的，他只是鸣放，矛盾是敌我性质的，但不能用对待反革命的办法。听了以后，感觉政治上有点缓和。

不久叶主任传回来信息，苏联方面对"东风"107方案进行审查时，认为用可抬动的（可变安装角）机翼解决高低速矛盾的布局方案是不行的，刚度太差，5分制只能打2分，他们建议的方案是采用三角机翼（当时我们还不知道有米格-21）。再加上410厂发动机设计室为"东风"107飞机配套的红旗2发动机肯定跟不上飞机进度，于是室里请示四局及厂里后决定改方案，先改为"东风"107A方案，机身装两台歼6的发动机，机翼改为三角翼，仍是两侧进气。已投产试制的工作，全停。关于这件事不管你服气不服气，当然对我们是一个大的打击。

另外，同时有一个比较好的消息：苏方同意可以派一组有经验的设计师来中国作短期咨询。过去四局作为政府代表曾向苏方要求给我们强度规范等技术资料，被苏方拒绝，现在看来有些松动了。

5月的一天，军委副主席彭德怀元帅来厂视察工作，不记得徐主任、黄主任到哪里出差去了，厂里就召我去一起向彭老总汇报。彭老总是刚从东欧列席华沙条约国国防部长会经过苏联回国的。厂里当然要汇报大跃进的形势，故要我向彭老总汇报我们的"东风"107及"雄鹰"302（强5），于是我拿着这两个飞机的模型去汇报。在座的只有牛荫冠厂长、高方启总工程师、王新（生产）副厂长及总军代表，彭老总看到我比较年轻又是设计师，就招呼我坐到他身边，我生平第一次坐到高级干部边上，心里真有些怕，但看到彭老总态度很平易近人，穿着一身哔叽料的军便服，袖子上还有一小块补丁……心里又平静了一些。

过了两个月，传达庐山会议，开展反右倾运动。传达中说，彭德怀同志从东欧回来后，在基层做了一些调查，向毛主席写了一个万言书。我一听，这基层调查，大约就有我们"东风"107打算当年什么时候上天的狂热吧。此后就在党内开展反右倾。这时徐主任刚在支部内部做了检查后补选上支委，又被厂里点名进行犯了右倾错误的检查，右倾机会主义分子的大帽子压到了头上，压力大极了。罪证之一，记得说有一次他对别人讲，大跃进一马当先，万马奔腾，现在钢铁是一马当先了，但万马奔腾不起来云云，这是反对大跃进，如此等等。徐主任原来腰椎有病，常闹腰骨痛，"东风"107方案被否定，这次政治运动中又当了"运动员"，身心可说是憔悴极了。在全厂干部大会上作检查，我看他从台上下来都走不动了。

到1959年底，四局根据部里的指示，决定"东风"107下马，给"东风"113让路，双方全部人员合在一起，我们飞机设计室和哈军工在厂里搞"东风"113的第二设计室合并，成立产品设计室，共有八个正副主任，徐主任改任副主任排在第一，我是最后一名副主任。直到1960年3月，我签完分工负责的"东风"113结构图纸，奉命调往132厂去搞导弹，徐主任还在没完没了的检讨之中。我相信当时徐主任嘴上不断在检查"右"，实际上心里仍在反感那些不实事求是的"左"——飞机Ma越压越高，进度越压越快！

临别前，徐主任告诉我一个秘密，他说因为中央的方针主要发展导弹，不发展我国的飞机了，有一阵子飞机设计室准备下马，三位主任打算分别各找出路，叶主任回112厂，徐主任及黄主任分别到新厂172厂及132厂，后来这事没有变成现实。黄主任则告诉我132厂机场叫温江机场，抗战期间他曾在那里工作过。

飞机设计室在1956年创立后，于1958年歼教1及初教6分别上天首战告捷，之后，遇到了始料未及的曲折。40多年前的一段往事已矣，对我国飞机设计的老一辈已去世的开创者们，能不深切怀念！

（2000年8月15日）

第五章

自行设计初教6飞机

设计出初教6，是一件特殊的经历，必须单独说。

1980年，我意外地接到320厂的同志托人带给我因初教6获得国家质量金奖而分给我的奖金和纪念品，礼轻情谊重，真使我心情十分激动。已经20多年了，那一段共同奋斗的经历，竟是如此令人难忘！

初教6开始设计时叫初教1，代号102，以后称"红专"502，定型投产时命名为初教6。

1958年我曾写过一份研制总结，留的底稿在十年浩劫中，连同一些其他资料，被我亲手烧掉了。设计初教6的主角之一——林家骅同志，1960年已调出航空工业。老一辈的徐舜寿、黄志千同志早已作古。开始的设计工作涉及两个厂的同志，人员已是散处各地了，前后又有两个阶段，我有责任对它的历史结合部追记一笔，尽管时间已久，我已有些记不准了。

初教6飞机

1957年第四季度，112厂飞机设计室成立已一年了。我国自行设计的第一架两侧进气喷气式歼击教练机歼教1，正式完成了打样阶段并进入工作图设计的时候，四局给设计室下达了第二个设计任务，设计一架前三点的螺旋桨初级教练机。

我们国家当时正在生产的初级教练机是仿苏的雅克-18，它是后三点的，适应不了飞行员要飞的各种前三点飞机的要求。另外，雅克-18那种钢骨架承力，外罩蒙布的结构也显得落后。电台要改用国产的超短波电台，雅克-18的电功率不够，体积也放不下……在雅克-18上改型，还不如自己设计一架新飞机好。

室里把这架新机的总体方案设计任务，交给了才从320厂设计科副科长岗位上调来总体组的林家骅同志。当时设计室里集中了不少原来曾担任过科一级领导工作的技术人员任设计员，大家一心想着向科学进军，在技术工作上作贡献。不计较地位，已成为一种很好的风气。320厂自1954年仿制雅克-18成功以来，一直在批生产，所以林家骅同志对它是很熟悉的。自行研制初级教练机，是我国走独立自主道路最起码的一步，而且当时印度已有自己的初教机，所以，从室里来讲，决心就更大了。

1958年初，总体方案随着1:1木质样机和吹风试验顺利完成以后，逐步定了下来。为了改善飞机前方的视界，去掉雅克-18难看的机头，选用了捷克斯洛伐克的道里斯-B发动机和配套的螺旋桨。它是气冷式V形排列的汽缸，因此机头扁平，前视界很好，外形比较美观。

1958年春节，歼教1图纸发出，模线工作开始以后，室里就决定抽一部分同志搞初教6的打样，徐舜寿同志通知我和林家骅同志任主管设计师。面对这样一个接着一个的新飞机设计任务，大家是很高兴的。

初教6的机体被定为全金属的薄蒙皮半硬壳结构，飞机外形粗看和雅克-18差不多，实际机身、尾翼以及前三点起落架都没有原准机。对我们这支新队伍来说，减轻结构重量成为设计工作中最突出的矛盾。因此提出了"为减轻每克重量而奋斗"的口号，实际工作中也做到了精打细算。全机打样设计和木质样机审查，到5月就已完成。由于112厂当时正处在歼教1的试制高潮中，而且将来也有个批生产定点的问题，因此，四局决定初教6改在320厂试

初教 6 第一架原型机,全身喷红色漆(1958.8.27)

1958 年 5 月,飞机设计室设计人员与苏联专家在初教 6 木质样机前合影,前排左起:室党支部书记王汇清、室副主任黄志千、安东诺夫设计局斯米尔诺夫、雅克夫列夫设计局马尔道文、室主任徐舜寿、室副主任叶正大、室行政助理曲延桥;后排左起:总体组组长程不时、气动组组长顾诵芬、初教 6 主管设计师屠基达、强度组组长冯钟越、机翼组组长沈尔康、机身组组长方宝瑞、起落架组组长李文龙、操纵组组员席炊、室管理员、液压组组长郭松林、翻译、高空组组长吴石青、初教 6 副主管设计师林家骅

制，由飞机设计室的同志带着方案和打样图到320厂和该厂的同志一起搞工作图设计，然后在320厂投入试制。室里就指定我和林家骅同志带队，28人马上到南昌去。临行前，四局副局长徐昌裕同志正好来112厂检查工作，他找到我，专门做了交代。特别叮嘱说，这次去，不仅是共同合作把初教6搞出来，更重要的是要帮助带出一支队伍来。自行设计飞机只靠112厂一个点是不够的，这次设计室的人去，好比过去解放区开辟新的根据地，要帮320厂也建起设计室来。徐副局长的一席话，使我感到此行不仅要搞出飞机，而且要带好作风，责任真大呀！好在当时初生牛犊不怕虎，没有什么左顾右盼的后顾之忧，我们一行很快就带了全套打样资料坐火车出发了，1958年6月初到达320厂。厂领导很重视，总工程师冯安国同志、副总工程师冯旭同志都经常来看我们，设计科长高镇宁等同志更是全力以赴（就在初教6设计过程中，320厂设计科改组成轻型飞机设计室，高镇宁同志任主任）。

6、7、8三个月，正是南昌这个火盆天气考验人的季节。工作一开始，首先是组织交底工作。1954年雅克-18试制成功搞全机静力试验的时候，我代表122厂来过设计科，所以有些同志我有点熟，加上科里（或者说全厂）群众发动工作做得很好，大家都一心为工作，没有什么门户之见，工作一下子热气腾腾地展开了。我们去的人分别插入到各专业中去，介绍打样工作的细节。我们去的人中，越沛霖、吴铁民、陈一坚、林梦鹤、李文龙、吴正勇、谢顺龙、张定一等同志分别主管强度、重量、机身、机翼、起落架、液压、动力和特设等，设计队伍一下子扩大成90多人。这支年轻的设计队伍中都是20多岁的人，恐怕只有我满了30岁。因为要扶植320厂建新设计室，虽然沈阳来的人技术上都比较强，但决定从主管到组长都当副职。

为了优待沈阳来的同志，我们全体都被安排在320厂的干部食堂吃饭，那时厂里不少干部自己家里是不做饭的，食堂吃得很好，另外，为了让我们体验生活，大家一起坐了一次安–2飞机。飞机飞得不稳，赵智明等几位同志在飞机上呕吐了。此外对我还特别优待，由汪珊孝同志把我带到试飞站，坐了一次雅克–18，当时是允许非空勤人员压后舱的，背了伞包上飞机。实际上我连怎么开伞也不知道，伞包只是当坐垫而已，我的个子高，坐直了头都顶着舱盖。

组织好队伍后，仅仅用一个月的时间，全套图纸就设计出来了。这期间，厂办公大楼三楼的设计室办公室，晚上从来没有熄过灯，房门从来没有上过锁。大家一起夜以继日地干，风扇吹的风都是热风，尤其白天，真是挥汗如雨。

当时，在厂的安东诺夫设计局总设计师代表斯米尔诺夫看到我们自己设计飞机，也很热心地来帮助我们，他是设计起落架出身的，所以特别帮助我们主管起落架的李文龙同志一起讨论问题。

在这期间，徐舜寿、黄志千、叶正大同志曾先后来南昌检查过一次工作。

因为是自行设计，一没有框框，二不受其他人的约束，再加上飞机本身技术不复杂，所以在设计工作中，只要自己有把握的就干，自由极了。这样，效率也的确高，有的重大问题，只是当场一讨论，就定下来了。记得最清楚的是，设计机翼时发现打样时未考虑周到，前梁起落架接头附近有一侧向力不好传，半夜里主管机翼的林梦鹤同志和我研究，我当时出主意说加一斜撑杆吧，结果半硬壳结构搞了一个杆系斜杆。后来在试制过程中，发现发动机整流包皮下部有个前起落架舱门收放不协调，由于进度紧，便临时决定干脆把舱门取消，结果下边就空了一块。主起落架加工出来后进行静力试验时，轮胎根部提前破坏了，徐国正和我商量，我决定在根部左右两边焊上两块钢板加强，重新静力试验通过了。这些设计上的历史痕迹，后来我去看成批生产飞机时都仍在，如果有人学究式地分析设计意图的话，恐怕很难考出"古"来的。

在发图中间，沈阳设计室里来消息说发动机来不了啦，原因是捷克斯洛伐克这个发动机才在试制，我们上了广告的当。于是决定改用国产埃姆-11发动机及其配套螺旋桨，十分可惜，机头又变成大机头了。但也早做决策，没有因此耽误研制进度。后来向捷克斯洛伐克订货的发动机来了，听说发动机不能倒飞，地面试车噪声又很大，新螺旋桨性能不匹配，发动机磨损得厉害，扁机头的方案也就寿终正寝。此是后话，当时我们早已离开320厂。

图纸发出后，模线绘制和试制工作就开始了。模线是在一个礼堂的后台绘的，画好以后，干脆把图板搬到试制车间型架边上。当时，工装用得很少，甚至有的样板也省掉了，就在现场边敲零件边比画。厂里为了集中力量，指定副生产长刁长庆同志组织试制车间并兼任主任，总抓试制。工艺工作由装配科副科长周砥中同志抓总。设计人员全部在车间一起干。

下班后的有线广播里，天天都是大干102号机的消息，全厂气氛热烈极了。一个多月的试制周期，每天几乎都是24小时连着干的。飞机到了总装车间，正式开了两大班。总装工人在教练机上很有经验，继承性比较大的液压系统、操纵系统，在装配调整中出现了一些问题，设计、工艺人员和总装工人一讨论，就很快解决了。

第一架飞机铆装才两个星期，总装才7个昼夜，就推到了试飞站。试飞站地面工作包括称重在内，只一天时间，飞机第二天即滑行上天了。这样，这种后来成为我国第一个批生产的自行设计飞机，从开始设计第一张工作图纸，到第一架原型机上天，总共才用了72天。

飞机的静力试验是由吴家粹同志主持的。当时320厂还没有专门的静力试验厂房，也没有地轨，是在承力架上试验的。全机试验时，喊出百分之九十之后，一声巨响，一边机翼在百分之八十几时前缘扭转大面积失稳，载荷加不上去了，当场把我们吓了一大跳。仔细一检查，失稳是从前缘根部和前肋铆接处局部失稳开始的。设计上因肋有一缺口少一个铆钉，铆接时该处又漏铆一个铆钉，等于有两个铆钉间距内无铆钉，致使前缘蒙皮支持条件局部变差。后来修复加钉重试，果然通过了全机试验。前、主起落架是全新的设计，要进行落震试验，320厂没有落震台，就在室外空地上临时支了4根柱子，搞了一个台面，露天试的。这件工作是以我们设计室强度组的俞树奎同志为主一手搞起来的，可能是既空前也绝后的吧。

　　试飞的工作，320厂指定由当时任检验科长的何文治同志主持，试飞提纲是设计科的周钰声同志起草的，并由他负责向试飞员进行技术交底。空军从六航校派来两名飞行干部担任试飞员，飞第一架的是一名姓吕的大尉同志（可惜我忘了他的名字，后来他为初教6批生产起过促进作用）。8月27日试飞那天，我们在跑道端头的指挥车旁看着这第一架全身喷着红漆、中间有一条闪电的原型机平稳地飞上了天，真是既紧张又高兴。第一个起落下来以后，车子把我们和试飞员一起拉到试飞站的停机坪。一阵锣鼓声和掌声，使我猛然从沉浸在第一次原型机顺利上天的兴奋里清醒过来。我才知道有一个场面热烈、由已改任厂长的冯安国同志主持还有省里领导同志参加的群众庆祝会在等着我们。一下车，两名女同志上来向试飞员和我各送了一束鲜花，我毫无思想准备，激动得不知怎么说才好。这束鲜花是送给沈阳来的全体同志的，是送给全体设计人员的，我只是个代表罢了。

　　这时接到徐舜寿同志自沈阳给我的来信，大意是：在320厂的工作，原型机上天后可告一段落，后边的工作要相信320厂的同志一定能够搞好的。因此我们的同志可立即返回沈阳，迎接"东风"107号机的新任务。

初教 6 飞机首飞成功

我们在 8 月下旬带着两厂共同战斗的友谊和胜利的喜悦，奉命离开了 320 厂。以后不久就听说何文治同志带两架初教 6 原型机飞到了北京，准备和两架歼教 1 原型机一起参加国庆检阅。这两种飞机因故未能参加检阅之后，在北京短期展览过，并且在南苑机场为中央领导同志做了飞行表演。当时，我曾得到过一幅有这架飞机的彩印照片的明信片，成为唯一的纪念。

好事多磨。飞机上了天还不能说完成了设计，试飞中出现了一系列问题需要解决。最主要的是发动机性能不好，与其配套的螺旋桨不能变距，因而很多机动动作无法完成。面对这种局面，四局和空军有的同志主张还是仿制苏联的雅克-18A 初级教练机，对初教 6 不放心。经过争论，后来经刘鼎副部长拍板继续改进"红专"502，使这种刚刚诞生的小飞机有了生存的希望。当那两架原型机于 1958 年 10 月飞回 320 厂以后，112 厂飞机设计室的同志正忙于设计"东风"107 歼击机，改进初教 6 设计和完成试飞的担子就都由 320 厂挑起来了。后来换装苏制 Аиl4p 发动机，修改机头设计，排除飞行中出现的四大故障，终于达到了设计要求。又经空军派出有经验的试飞员，在试飞研究所进行鉴定试飞，全面达到了定型投产要求，于1961年经国家军工产品定型委员会批准投入成批生产。这些后来的事情虽非亲历，但每听到有关初教6的消息，都感到十分亲切并且留下了深刻的印象。

初教6是一个较简单的机种，但其原型机的研制很有些特点。不仅速度快得惊人，更有意思的是，人似乎融化在一起了。设计和工艺、技术人员和工人、领导和群众、112厂的设计人员和320厂的设计人员等等，总之，凡参与试制的人们之间，关系密切，相互支持，凡事商量着办，没有扯皮，没有门户之见和"版权"之争，出了些事故也没有互相埋怨。我们最老的设计师之一林梦鹤同志至今还深情地回忆："虽然非常紧张，但这是我参加研制机种中，心情最愉快的一次。"这恐怕代表了很多当事人的心情。

此为1959年发行的全国工业交通展览会图片，照片展示了
初教6原型机和直5直升机

每当我看到蓝天上飞过初教6的时候，心中禁不住涌起1958年的那一种甜蜜和幸福感。事隔20年之后，1978年秋，我在某第

三世界国家观看他们的空军节飞行表演，当初教 6 和歼教 5 分别列队飞过检阅台时，一阵阵激动令我悲喜交集，悲的是十年动乱造成的落后局面何时才能弥补上？喜的是我们中华人民共和国对世界的进步还能做些贡献！

(1983 年 5 月)

第六章

132厂的发家机

——忆歼5甲全天候歼击机研制

告别沈阳，我坐火车经北京来到了成都，那是 1960 年 3 月。

1960 年成都的冬天，虽然没有下雪，但特别阴冷，太阳总是躲躲闪闪不出来。成都飞机厂一度热火朝天的 5079 飞航式导弹仿制，开始处在风雨飘摇之中。下马风 1960 年底开始刮，直至 1961 年中宣告正式停止工作。我就是因为要上当时十分神秘的 5079，1960 年初从沈阳飞机设计室被调到成都飞机厂任第二设计科的科长的。离开沈阳前，正好航空工业局徐昌裕副局长来沈阳，他找我谈话（事后才知道，调我就是他决定的），告诉我要仿制的地对舰飞航式导弹的简况，这导弹的引进就是他去苏联谈判的。春节以后依依不舍地离开了飞机自行设计的岗位，坐火车到厂，住在招待所，晚上即被毛庆勤同志拉到厂模线室处理问题，投入了白天黑夜连轴转的导弹仿制洪流之中。1961 年中，本厂的弹体零件已做出 90% 以上，外厂的发动机、自动驾驶仪和地面发射架等重要配套都差不多了，然而眼看快要到手的东西就要付诸东流了。党的事业本无个人的得失可言，但两年之内，主管过的"东风"107 被挤掉下马了，一度参与过的"东风"113，听说也不行了，现在又碰上 5079 动荡，心里总像压了块"配重"似的沉。听第二机械工业部一局主管 5079 的乔广振同志讲，型号投资花下去两亿多元，多可惜啊。因要上导弹而调来的我，附带地成了牺牲品，当然是微不足道的。

成飞虽然还在基建阶段，但总要有产品可干，航空工业局给厂里下达了测绘仿制歼 5 甲全天候歼击机（当时叫"东风"104 号机）的任务。

歼5甲仿制迈出第一步

歼5甲1964年底定型,同时宣告成飞厂建成,真是双喜临门。这话至今,已整整20年了。

以父母为首的全家福,1960年我奉调成都后,回沈阳搬家过沪时所拍(1960.5.28)。后排左起:新华、民卫、保姆、二嫂(蒋翠琴)、征音、金娥、基达、基道、新阳;中排左起:新时、大嫂(朱介瑾)、母亲、父亲、基远、新乐、新山、新方;前排左起:新建、人卫、征星、新军

在历史的长河里,20年真是弹指一挥间,但用一个人的有效时间算,却几乎是大半辈子了。这中间夹进了一个十年动乱,我们

这一代人，统统被缩短了等效寿命，当年的小伙子、大姑娘，今天已戴起了老花镜，而当年宣告双喜临门的厂长马诚斋同志和当时的副厂长赵继等同志，已经相继作古。道路是曲折的，前进是要付出代价的，但不管怎样，我们成飞成长了。漫步在昔日的泥巴路今天已绿树成荫的大道里，感受成飞今天正在迸发的青春活力，难道不应该发自内心地怀念当年为建设成飞一草一木，为新厂出飞机夜以继日全力以赴的人们吗？

研制中的歼5甲飞机0807样机吊上平台情况

歼5甲的任务，1959年已给过沈阳飞机厂（简称沈飞），没有图纸资料，给了一架苏制米格-17пф飞机作样机。沈飞想利用歼5的制造基础，动手用样机作参考，修改歼5，后来发现小的改动，改不出全天候飞机来，就中止了这项工作。但是空军迫切需要这种低空夜航歼击机，当时台湾海峡形势紧张，蒋介石在叫嚣反攻大陆，美蒋飞机P2V经常于夜间低空入侵我国沿海各省进行侦察骚扰，我军急需夜间歼击机。1960年中，苏联赫鲁晓夫集团悍然终止一切合同，撤走专家，逼得我们进一步强调自力更生。

经过陆续派人去沈飞摸情况，对歼5甲任务已经大致有个谱之后，1961年5月杜向光厂长传达薛少卿副部长的意见：成飞的中心工作是基本建设，先基建后生产，但要积极自力更生搞歼5甲，越快越好，不能动摇。厂里据此敲响了歼5甲仿制第一关——测绘设计的锣鼓。

设计队伍的组建成长

首先是组织设计队伍。经厂党委研究,决定管飞机的第一设计科和管导弹的第二设计科合并,成立单独的党支部,配专职支书,并且陆续从全厂抽调一些技术人员。即使如此,也只凑起百余人,其中1961年当年刚出学校的大中专毕业生占一半,从老厂调来有过一个以上机种技术工作经验的同志不满30个,搞过设计工作的更少了,全设计科平均年龄24岁。1958年动手建设成飞的基本干部和骨干工人队伍是从老厂南昌飞机厂(简称南飞)输送来的,但是南飞看到了自行设计和设计队伍的重要性,为了保持该厂已形

1962年,与家人第一次去青城山

成的强5设计队伍，原则上不按比例输送设计干部，所以成飞当时的设计队伍即使跟厂内的比，也特别弱。部、局上级当时受苏联设计影响，建设成飞的主导思想是建成一个仿制厂即沈飞厂的复制厂，生产所需的设计图纸资料都从国外拿来经过沈飞仿制再转来成飞即可，用不到什么设计队伍和手段。所以在工厂初步设计中设计性试验手段一点儿也没有，令人十分惊奇的是，全厂有两台电动计算机，规定一台是模线室的，一台是计划科的，很明显，设计部门只要有几支描图笔即可。这种"深度近视"所造成的后果，理所当然地为工厂领导人所察觉，特别是中苏关系恶化、空军要求自力更生绘仿制歼5甲以后。所以集中全厂能适应的技术人员到设计科，工厂还是下了很大决心和功夫的。

除了自己集中力量以外，还请求了外援。这样，后来南京航空军院有两批师生共57人，于1961年8月至11月来参加过测绘。特别是新成立不久的国防部航空研究院六院沈阳飞机设计所派出了我的老同事胡除生、方宝瑞、吴逢光、高雪仙等31位有经验的同志，在1961年9月至1962年1月间，来帮助测绘，起了很大的传授和推动作用。

测绘设计队伍，可以说是边组织边测绘边成长起来的。测绘队伍最高潮时达220人。为了有效地搞好测绘设计，航空工业局任命我为歼5甲的主任设计师，集中测绘中的技术指挥权。这办法多少受五院搞导弹那一套的影响。开始是在北京由张金波处长提出来的建议，这个头衔，有一长制味道，后来"文化大革命"中，是我的一大罪状，枪打出头鸟吧，这是后话了。当时干工作是没有后顾之忧的。科的领导有毛庆勤、马岱芹、彭仁颖连我共4人。队伍集中起来以后，很多事，都得从头做起。开始是组织学习基本的业务知识，从文件制度、制图规范，到飞机标准、工艺指导文件生产说明书，消化歼5图纸；统一对测绘工作的思想认识，统一测绘的指导思想和工作方法。有些事还要经过不断在工作中发现问题，进一步统一认识和深化。特别是图纸测绘出来进行了强度计算以后,由于不可避免的错误甚多,经过了两次质量复查,把大量差错消灭在零件试制之前,不仅避免了浪费,也是使设计符合实际和设计技术水平提高的过程。一个大学或中专毕业生,刚离开学校分配到工厂,放下行李,就加入到测绘设计的行列,独立负责一部分工作,是有些困难,但也未尝不是最好的锻炼机会。至于已毕业一两年的熊永质、王寅恭、范筱芳、朱雄杰、李宗俊、张得三、陈孝彬、陆英育以及南昌调来的黎忠显、沈泳沅、王维翰、方鸿禧等同志都已是测绘中的骨干技术力量了。人,就是在这种压力比较大的环境中迅速成长起来的。

1962年10月,一机部张金波、冯宝恂在南昌320厂召开设计科长会议,320厂副总工程师冯旭召集了大家,出席会议的有320厂高镇宁,112厂胡淡,122厂马凤山,132厂屠基达,172厂刘延生,372厂刘毅等

艰苦奋斗的测绘岁月

歼5甲测绘正是三年经济困难时期。我们的广大设计人员，在繁重的测绘任务中，咬紧牙关，默默地为党为人民忍受生活上的艰难。当时技术人员和城市居民是一个粮食定量，每月定量23斤还节约2斤，实际21斤，有一段时间，副食蔬菜几乎是没有的。特别是大食堂，还要承受食堂里的流失，据当时调查，每月实际能吃到19斤已算不错。最困难的时候，除了定量的一块蒸饭以外，就是一小撮用油炒了一下的盐巴当菜吃，极少有机会在自由市场里花一元钱买到一个鸡蛋或一斤红苕（白薯）。我自己1.78米的个头，瘦得穿上衣、鞋只有104斤，我爱人则浮肿。我有两个孩子，大孩子上幼儿园，一天在菜里发现有两条肉丝，含过以后，偷偷放

研制中的歼5甲飞机

在围兜的口袋里，带回家给妹妹吃，匮乏和精神都体现了，也让我终身难忘。没有人算过每天摄入了多少卡热量，但肯定会令人吃惊的。

沈阳飞机设计所31位同志来支援测绘，春节我们开了一个联欢会，是用几斤生胡萝卜招待的。他们回去前一起吃了一顿饭，是各自出粮票、定量发饭的，一点点"大方"一下的余地也没有。生胡萝卜招待的联欢会，我想在航空工业的发展史上，恐怕是空前的也应该是绝后的了。但是主客双方的情绪是十分热烈的，谁都理解这胡萝卜也来之不易啊。何况是大家都认为能在歼5甲测绘上，共同做些贡献，是飞机设计人员应尽的职责，生活困难算得了什么？我们的党领导下的广大知识分子，有多么高尚的革命情操啊，他们无所畏惧地在自己的脚下踏出一条新的小路来。

测绘队伍一下子膨胀起来，没有办公室，大部分只好搬到空气十分流通的大厂房里。测绘高潮的时候，正是生活最困难的时候，1961年的冬天，真是饥寒交迫。我们有的设计员，拿了纸笔和工具爬到飞机上去，没力气爬下来了，有一位设计员竟然昏倒在飞机旁，这些，大家都没有一点怨言。工作需要晚上加班，都自觉地去了，尤其当干部的，每晚开会或加班自不待言，星期日不加班需要通知放假才不去，没有人想到要什么额外的报酬，没有人想到要表扬，脑子里只有为祖国争气一个愿望。我常常晚上十一二点回家，就吃几个生胡萝卜或煮一小碟红苕叶子，对付一下肚子作夜宵，这比住在单身宿舍吃大食堂的年轻技术人员已好多了。

为了共同渡过难关，厂里号召各单位自己开些荒地种点什么，自己补助一下，但客观上这只对工作不忙的单位有好处，像设计科这样工作忙的单位，只好看着人家吃，因为有点力气要使到工作上去，谁也不愿把工作放下。回想起当年的这股子傻劲，一种无私境界的幸福感和自豪感，至今还会油然而生。

态度与责任：测绘工作的两大基石

飞机的测绘，硬是在队伍弱、生活苦的两大困难的夹缝中，奇迹般地迅速前进。

航空工业局并没有明文给我们规定"老老实实，按样机测绘"的原则，但这条原则上下完全一致。客观上有歼6（当时叫"东风"102）"一刀两断"的历史教训，也有沈飞曾经打算用歼5改型但未搞下去的借鉴。但对我们成飞来讲，更重要的是我们是支新的设计队伍和试制队伍，只能用样机来统一千军万马的行动，只能老老实实按样机测绘。在图纸测绘出来以后，只有摸清了后机身以及后煤油箱等与歼5的差异，才能在1962年9月由航空工业局徐昌裕

共青团国营峨嵋机械厂1962年红旗支部——设计科支部

副局长为首的工作组帮助下，决定后机身及后煤油箱等改用歼5图纸，从而可以更好地利用歼5工艺装备。最后经过批准，共有37项部件，大至机翼、后机身，小至锁钩作动筒，借用歼5图纸。这里要说明一下的是成飞利用歼5工装和沈飞利用它是有差别的，因为歼5仿制时，有不少苏联专家，不强调产品图纸、工艺资料、工装和实物的绝对相符，成飞拿来后，没有沈飞仿制歼5的实际经历，要弄清它，是要下一番功夫的。"文化大革命"中，有些同志批判老老实实按样机测绘是爬行主义，洋奴哲学，离开了当时的具体条件说话是方便的。当然，一个成熟的飞机设计师，不愿意受什么样机的约束，是可以理解的。但在当时，我们的专业组长一级的骨干自己都没有真正设计过一个零件，国家因国防急需又规定限期出飞机，因此必须一次试成的情况下，能有这种自由吗？

测绘设计要完成测绘飞机的任务，但在长远意义上，更重要的是要形成一支具有良好作风的设计队伍，要求他们在一开始养成一种严格、认真、准确、谨慎的作风，知道自己这一字一笔下去的分量和担子有多重，然后更多的自由才会到来。

国营峨嵋机械厂1962年一等先进集体——设计科

测绘有两架样机（苏制米格-17ΠΦ），一架0807号已经被沈飞分解过，1961年3月运到成飞；一架1019号，是直接自部队飞来的，测绘完了后，恢复装起来在飞行试验研究所进行了摸底试飞后，还给部队了。

测绘工作自1961年8月样机吊上平台作全机外形测绘开始，到1962年10月全部技术条件和强度计算报告等发出，共计15个月，测绘图纸占全机图纸的60%，与歼5不同的零件有50%。由于米格-17ΠΦ飞机和米格-17Φ（歼5）都是由米格-17发展出来的，中间还有米格-17Π，所以米格-17ΠΦ和米格-17Φ除了前机身加粗、加装全雷达等主要差别之外，在结构、系统上大同小异之处甚多，直接改用37项歼5部件之后，歼5甲和米格-17ΠΦ在局部构造上已不完全相同。

图纸投入试制后，设计人员继续经受试生产的考验，除了向各车间派出服务代表外，还由彭仁颖同志代表设计科去参加以生产长为首的集体办公，随时解决设计问题。因为是自己测绘的，很多问题都要找设计拍板，这在某种程度上形成了后来工厂的习惯。针对当时厂里的情况，我们对设计人员提出了"宁吃三分亏，不扯一分皮"的口号，扯皮往往是由于不想多做工作多负责任引起的，当然也有技术水平低、心中没有把握的问题。这口号有点近乎傻气，现在回想起来，当时设计科的科风的确是很好的，设计科当时年年是全厂两个先进科室之一。

首批试制的飞机，用的是沈飞歼5的机翼。01架全机静力试验是运到沈飞去做的。做静力试验时还有一个插曲，飞机运出去以后，从北京传来一个说法，说飞机犹如破汽车一般，强度肯定不行，一时厂领导都有些惊慌失措，悲观的气氛笼罩着全厂，直至领队去参加试验的毛庆勤同志发电报报捷大家才舒了一口气。

02架试飞是把飞机运到西安阎良去飞的。按上级批准的试飞提纲共飞10个课目、16个起落，1964年11月11日首飞，11月

1963年设计科女同志庆祝三八节

三八节设计科女同志带我儿子征星一起出去玩（1963.3.8）

29日飞完。19天之内，飞了10个飞行日，新机定型试飞这样快，是少有的。是由于领导重视，组织得好，各方协作。除了部里主管外，兰州空军袁副司令员亲自来抓，630所全力以赴，所长、政委都亲临现场。厂里由总工程师晋川同志带队去的，我和总特设计冯玉麟、总检验师唐吉人等都去了。后期马诚斋厂长也到了现场。郝太华、吴有昌、程荣生三位试飞员试飞，首飞上天是副大队长吴有昌试飞，大队长郝太华指挥。12月初返回成都，12月5日开始国家鉴定，12月14日在成都进行了飞行表演，15日开了全厂性的飞机定型大会，航定委主任曹里怀同志宣布我国第一个测绘仿制机型歼5甲试制成功了。同时成飞也建成了。

广受赞誉的发家机

歼5甲原定总产量150架，后因PΠ-5雷达进度跟不上，不少飞机只好装配重出厂，等雷达生产出来后再去加装。空军等不

歼5甲飞机

及,最后生产到124架就停产了,这是1967年"文化大革命"热火朝天时候的事了。

国产歼5甲飞机在部队长期使用中,一直被部队称赞为质量很好的飞机,质量稳定,很少有故障。这是与当时中央领导十分重视、军工产品质量第一有关,当然也与成飞全厂上下兢兢业业、对工厂第一个批生产机种在质量上精益求精的努力分不开。在厂领导队伍里,总工程师晋川同志是有功劳的。

1964年孙志远部长来成飞时说:"歼5甲是132厂的发家机。"这话十分形象。

十几年以后的1979年中,一位空军领导机关的同志随空军首长来厂,视察我们总装车间,他看到歼教5飞机的时候,曾问过我:"现在恢复生产一些歼5甲可能不可能?小型化的645雷达(РП–5改型)生产没有问题了。"可见部队的同志,对当年国产歼5甲飞机始终怀着好感。曾经为它出过一把力的成飞职工,应该引以为自豪了。

(1984年5月27日初稿,2009年8月修改)

附:西南第一个机型——歼5甲首飞

1964年11月11日,我厂测绘试制的"东风"104号机(定型后命名为歼5甲)的第一架,在阎良八所(后名630所)首飞上天了。它标志着我厂在建厂之初自力更生地迈出了幼稚的但是伟大的第一步。代表空军来阎良组织试飞的兰州空军袁副司令员传达说:"罗瑞卿总长说,西南出飞机是和宝成铁路并列的大事。"中央书记处书记这样的评价,132厂这件事的分量,可见一斑,也使我暗自吃了一惊。

这一天，基地的天空晴空万里。兰州空军袁副司令员和北京空军领导机关空军订货部王炳山副部长等以及兰州空军机关的同志，航空工业部机关主管试飞的龚正庭同志，八所熊所长和所李政委，172厂厂长孙志端以及我厂的晋川总工程师为首的有关领导，都聚集在指挥台旁，紧张和兴奋交织在一起，屏息地注视着这个初生儿首次试飞的一切细节。

上午8点40分，试飞指挥员我厂试飞大队大队长郝太华下达了开始试飞的口令，飞机立即发出了轰鸣——开始试车。43分开始滑出，45分30秒在发动机开到最大状态后，松开刹车，由西向东腾空而起了。

首飞试飞员吴有昌副大队长不断地从天上向指挥员报告情况。"发动机工作好！"电台"声音好的""高度2000""高度3000""15度坡度，用调整片调平了""现在3000米盘旋，一切正常！""排气温度540""高度2000，信标机响了""共响20秒""向台背台罗盘都好"。飞机四转弯以后，对准跑道，轻轻地接地了，"刹车好的！"试飞员做了最后的报告，安全地滑向跑道端头。这时是12点13分。首飞共计27分30秒。这时，我们大家紧绷的心情才松了下来。

领导机关和兄弟厂所的领导，都高兴地与厂领导和我们热烈握手，表示祝贺，都说新厂搞出了自己的新产品，顺利地完成了首飞，不容易呀。我们也向他们的无私援助表示感谢。当时172厂这个新厂尚未出飞机，但按航空工业部的指示帮助提供我们试飞的后勤保障。六院八所则是第一次搞合作试飞——试飞员和地面飞机维护人员全是132厂的，场务和科研技术分析是八所负责。

吃过中饭后，下午3点，正式听取首飞试飞员的汇报。吴有昌同志对国产第一架测绘全天候歼击机给予了充满信心的评价。会议当场决定，第二天中午12点进行第二个课目全程试飞，要飞平飞大速度及各种特技等。

歼5甲飞机首飞成功

那时是建厂初期,站场建成后,尚未正式用过,为保险计,航空工业部决定在阎良试飞研究所进行定型试飞。所以我厂也起不了飞,只能用火车把飞机运去,到了阎良再恢复起来。经过细心检查,11月10日和11日分别进行了两次地面开车滑行,排除了一切可疑的问题和故障,然后经过兰空袁副司令员批准首次上天的。在此之前,三个试飞员(另一名为我厂试飞大队中队长程荣生)已用我厂恢复的1019样机在八所机场进行了预研试飞。

歼5甲的定型试飞课目共16个,试飞提纲是经过空军批准的。11月11日开飞,11月29日最后一个射击课目飞完,共组织了10个试飞日,仅仅用了19天。上级领导的重视,试飞现场同志一起努力,厂所之间全心全意地协作,当然包括飞机质量是很好的,导致了这次定型试飞的空前顺利,特别是郝、吴、程三位试飞员分工负责试飞了四、五和八个架次,他们也为歼五甲的研制立下了汗马功劳。

1964年12月15日,国家航空产品定型委员会,在成都听取汇报组织鉴定后,正式宣布歼5甲研制成功,可以定型。工厂建厂也在这一天宣布验收合格,这天成为132厂双喜临门的大好日子。1964年由此成为132厂建设史上的一个里程碑。

回想当时条件十分艰苦,全厂广大职工,在上级领导下,无私地忘我劳动,几年之内,结出了丰硕的成果,给人们留下永远的甜蜜回忆。

(2008年8月)

第七章
诞生于乱世的歼教5飞机

第1000架歼教5飞机20年后即1984年从成飞飞出。生产这飞机，不需花费多少领导人的精力了，每年几十架，旱涝保收。最近英国的《简氏飞机年鉴》有它的芳容了，也算是迟到的消息吧。

这个飞机貌不惊人，乍一看，也没有一股子苗条身材的机灵劲儿。开始时，有的同志还认为有些丑，因为长了一个小鼻子，现在才习惯了。人是一定要有个鼻子的，飞机则未必。歼5甲是个大鼻子，洋种吧，歼教5是个小鼻子，自己生的嘛。上海人有句口头禅：癞痢头儿子自家的好。每当我看到它的小鼻子，却总产生一种亲热感呢！

歼5甲1962年底测绘完成的时候，国家的经济形势逐渐好转了。这一年秋收以后就明显地感觉到了，1963年一过，竟出乎意料地变得快。我到成都以后，误以为是荒地的厂区四周，恢复起一片片黄澄澄的菜花、绿油油的水稻，田间灌溉渠也欢快地流着幸福的水。脑子里塞满了飞机的我，没有时间去想为什么，只感到和经济形势好转的势头一样猛，我们的设计队伍也成长得有点快。测绘时形势一逼，大家动了不少脑子。图纸资料投入试制中有了问题，自己设计的，不能用洋人作挡箭牌了，必须说出个子丑寅卯来，又一逼，压力当然是不小的，但队伍被逼上了梁山。

20世纪50年代搞自行设计时，对苏联不首先支持我们走自行设计的道路不理解。他们大学课堂里已经给学生用的设计规范，我国正式提出要时，他们拒绝给。1960年中、苏关系破裂公开化以后，才醒悟到，原来那号称共产党的人实际搞的是霸权

飞行中的歼教5

主义。总得自己干啊。我们厂底子薄，测绘完成后，1963年初，我就设想搞改型设计。

喷气式歼击教练机歼教1在1958年上天以后，因新发动机"喷发1"没有高空试验手段而不准飞上5000米，接着"大跃进"的风吹来，大家忙于研制超声速，等到头脑有些冷静以后，空军对喷气式教练的技术指标，因有了歼6，不满足于最大速度800千米/时，水涨船高了，歼教1的夭折前途已定。

空军正在使用的乌米格，没有厂可以生产，而且越来越旧，急需国内自己生产的喷气教练机。

我想起了当年在沈飞设计室搞歼教1的时候，厂设计科曾有同志提过用歼5改教练机的设想。这不是不可能的，正像苏联用米格-15改乌米格一样，只是改型的没有专门设计的那样理想。不得已而求其次，本来也是一种出路。我就设想改歼5甲，它的大量零件可以继承，大量经验和工装可以利用。改出来的教练机相对于歼击机来讲是一种长期生产的机种，不易淘汰，可以当看家的产品，对连年亏损的工厂的经营有好处。只是技术水平低一些，但冷静地想，总得实事求是计钱吃面吧。

在和毛庆勤等同志酝酿以后，1963年3月，我作为歼5甲主任设计师，通过总工程师向党委提出了改型设计歼教机的书面建议。提出："这种歼击教练机，预期用来代替空军正在使用，但国内并未成批生产的yMиΓ-15，估计空军在相当长时间内可以继续使用，如果设计得当，104号机绝大部分工装可以通用，则可以使我厂在不分散过多的领导精力和技术力量的情况下，维持较长期的稳定批生产。因此，既有利于空军需要，又有利于工厂的企业经营。"因为歼5甲飞机以后工厂没有具体任务，总工程师晋川同志十分支持这个建议，以后厂长马诚斋同志和当时已改任党委书记的杜向光同志都在报告上批了同意这个建议，并要求正式写出报告向航空工业局提出建议。这样，就在1963年5月由我起草正式向航空工业局上报了"将104

号机改型成教练机的设想报请批示"即298号文。

航空工业局认为这个建议是可行的，派了飞机处张金波处长和顾德郏同志来厂共同研究，除了出飞机以外，对工厂设计队伍从测绘、改型走向自行设计这种发展路子特别赞赏。因此，从技术方案到组织机构都出了很多具体主意，要求工厂再报一个改型工作进一步摸底的报告，这已是7月份的事了。科里广大设计人员对新的设计任务也很兴奋，大家就在配合歼5甲试制的同时，抽出时间投入改型方案的摸底工作。

有了总体的初步方案以后，很重要的是要深入了解使用部队的实际和他们对歼教机的意见，以便使方案做到需要和可能相结合。1964年2月7日，我随第三机械工业部（简称三机部）徐昌裕司长去北京空军大院，空军工程部召集军训部、军校部、科研部、订货部及外场部的代表，听取了我关于歼教5总体方案的汇报，由订货部周铁檀处长主持，对方案提出了很多宝贵的意见，肯定了这种改型教练机的方向，也肯定了一些重大技术内容。第二天又单独向科研部魏部长做了汇报，取得了他的支持。就在这个月，空军科研部下发了歼教机的技术方案和要求。

1964年9、10月间，我和总体设计组组长范筱芳及薛士浚同志带了方案，访问了修理和改装过教练机的空军厂、所，听取意见收集资料，又到芜湖、笕桥两个基地，分别征求包括汤副师长在内的空勤干部和地勤干部的意见，观看了修理厂改装的双座歼5飞机（原意为米格-17ПФ飞机改双座，增加雷达观察员做试验的，ПФ飞机少，先用歼5飞机改）。这些都为歼教5方案适应空军部队空地勤人员的实际需要打下了良好的基础。我们外访经过北京的时候，还专门向十分关心歼教机方案的刘鼎副部长做了汇报。在此之前，1964年4月，孙志远部长来厂检查工作，在党委常委扩大会上汇报发展规划时，听取了我做的歼教机方案和空军领导机关座谈的汇报。汇报完后，孙部长说："我看这就是我国自己的喷气式教练机……。"当时在座的同志都很高兴。这时有个插曲,孙部长问我的姓名,我回答了,因为我的姓少见,会上有人插话说,就是屠波列夫的屠(实际大多数译成"图"),孙部长说:"屠波列夫,好,我们要有自己的屠波列夫。"这个话不知怎么后来传出去了,"文化大革命"中造反派批判我这个"资产阶级技术权威"时,口号标语,一时都是"打倒成飞厂的屠波列夫",使我有幸与"中国的赫鲁晓夫"在外号上相呼应。但我迷惑不解的是,真是图波列夫也不需要打倒呀,何况这全是人家说的话,九泉之下的孙部长有知,也不会来为我洗刷这件事了。

空军的正式要求下达后,外形和结构方案设计及打样进一步展开了。

歼教5改型总的指导思想,是在满足教练任务的前提下,尽可能地省、降低成本。我们国家穷,仅有的一些本钱,都是人民节衣缩食下来的,我们只能做些小本买卖,不能大手大脚。我认为这一点是做得很成功的,除了试制费的确很节省外,最大的幸运是如果没有掌握好这一条,"文化大革命"爆发时赶制不出两架原型机来,这就很难设想何时正式有歼教5。当时具体的办法是,第一,改动部分尽量少,也就是产品继承性尽量大,这样,不仅歼5甲工装和经验可以利用,而且出问题的机会也少,还可尽量少干扰当时正在试制和

为完善歼教5方案,我与总体组组长范莜芳(左一)等去部队调研,此为在上海空军某厂时过上海留影(1964.9)

转入小批生产的歼5甲；第二，必须改动的部分尽可能利用其他机种已成熟的结构和成附件，这也是一种继承性，只是设计继承性吧。没必要的新东西越少，成功的机会就越大。歼教5改型设计的实例说明，很多旧的、人家的东西，拿来为我所用，可以变成新的、自己的东西，这也是一种辩证法吧。

歼教5表演机编队飞行

譬如对留不留机头的小鼻子，就曾经有争论。要去掉歼5甲机头大鼻子的遗迹，变成歼5那样，是好看一些，但势必影响9框以前的全部外形，这也就是前侧壁、进气道、W大梁、上舱口盖、前轮舱甚至4框以后都要改，非同小可。我就请机身组的薛炽寿、气动组的刘运孝同志等，同车间老师傅一起，用1∶1木质模型逐步修形，修得越小越好，条件是中锥去掉，上罩改小，不得影响1框以后的外形和进气道内形，还要避免机头太钝产生正激波。他们的努力产生了好结果，这就是现在的机头外形——不仅工程进度快，至少节省了好几十万元的研制费。

座舱盖的外形和结构、弹射座椅、双操纵的飞机操纵系统和发动机操纵系统等，凡可以利用乌米格设计的，就尽量用。为了扩大利用和参考范围，我们还专门借来了乌米格的原文档案图纸。零批原型机试制时，甚至就直接从空军修理厂买来座舱盖和座椅，用于上天的飞机。

不得已必须新设计的，为了尽量加大机内油量，加炮舱油箱，扩大后机身油箱，是费了一些功夫。为了节省成本，燃油系统设计员盛才良同志提出了左右油箱蒙皮，只用一套模具成形的好建议。

只留一门炮以后,我建议炮架取消升降机构,为此,专门设计了一个抽屉式的炮弹箱。这些导致了歼教5飞机除做机身及舱盖等静力试验以外,还做了5项系统模拟试验,即张功勋同志主管的襟翼操纵系统,张得三同志主管的全机电气系统,刘尚德、张仁保同志主管的全机燃油系统,陈国强同志主管的航炮供排弹系统和包于涵同志主管的弹射座椅地面弹射等试验。

　　成飞当时没有实验室和试验班子,试验都是用简易的条件由设计人员自己动手同车间工人一起完成的。试验件及试验的条件,往往都需要设计人员主动张罗、东奔西走,但大家都没有任何怨言。厂里没有专门的试制班子,临时组织一些干部分工管,中间又有整顿歼5甲的机翼试制质量,后来又准备接收歼7仿制这些大事,歼教5的试制领导小组成员,常处在动荡之中。如总工艺,开始是周砥中同志管,后来常汉臣同志管了一段,生产定型时则是戴世然同志扫的尾。有关的科室也大致如此。有时一些具体的日常事务,只好由我为主召集领导小组开会协调,好在一些同级干部都很支持。除上头的总工程师晋川、谢明同志未变外,下头的常务主要是我这个建议搞歼教5的"始作俑者",真有些自作自受吧。我别无办法,就主要靠设计人员。另一方面,我认为设计工作最终的目的是要创造出好的产品来,光是发出设计图纸资料是远远不够的,设计人员要走完创造出产品的全过程,在这中间修正错误、验证真理,他的设计能力才能成长起来。当时报上正在宣传上海万吨水压机的七事一贯制,我们搞飞机和搞大型单件产品不同,不可能那样分工,但好的设计人员至少要了解制造的全过程,我是赞成的。

　　1964年12月歼5甲定型前,曹里怀副司令员和航空研究院唐延杰院长对歼教5方案已取得了一致肯定的意见,定型期间,刘鼎副部长、油江司长等又专门听取了一次改型工作的汇报,所以后来在歼5甲的定型报告中,专门写了一段要改型教练机,作为航定委的正式态度。1965年初部里正式批了歼教机的方案后,正式组织发图并生产准备了。这一年又请了沈飞的胡淡同志带领的小组来帮助审查设计方案，得到了不少收益。

歼教5的专用零件占全机的30%，其余的和歼5甲相同，原型机试制时是在批生产中抽取的，但因为是在歼5甲转小批生产中插进去的，按马诚斋厂长当时的话，叫做"在生产中钻空子过来的"，所以试制出专用零件包括几项试验的试验件也大不容易。

1965年8月，工厂开始"四清"运动，工作组进厂。在知识分子集中的单位，要突出政治抓阶级斗争，必定批"白专道路"，我生平第一次成为运动的矛头所向，虽然思想不通，总得"下楼洗澡"（注：批判检讨）。10多年党龄的我，从来没有因为自己的"专"，放下大量的组织工作和思想工作，只是因为是知识分子，多少专了一点，此时好像入了另册，幸而这时还仅仅是"看的人"整"干的人"吧，不大厉害，于是边检讨边抓歼教机。1965年底，下完了楼，对一些个人的委屈又忘到了九霄云外，"丢掉包袱，轻装上阵"，到歼教机试验试制的前线上去了。马岱芹同志到部里参加设计科长会议，回来传达部要求各厂都要搞自行设计，661会议后，厂党委书记要求"三五"期间设计个新飞机，形势似乎越来越好，谁又知道一场导致灭顶之灾的暴风雨即将来临呢？

歼教5设计性试制先搞出两架原型机，另有一个机身，是做静力试验的。在歼5甲飞机首飞上天一年半之后，歼教5飞机首飞上天了。总的看，进度的确是很快的，圆满地达到了三机部于1964年初下达的歼教机计划要求。1966年的5月8日，是个少有的晴朗天气，试飞大队的程荣生中队长担任首飞试飞员，在我厂机场进行了地面滑跑之后，于下午3时22分，升空进行了20分钟的首次感觉飞行，他下来以后给新飞机做了充满信心的评价。但当时正在"四清"，知识分子干部个个都"夹紧了尾巴"，连喜形于色都不敢。

接着空军和三机部组织机关和有关厂所的同志和有经验的4名飞行干部,由空军彭俊(后来是田杰)处长、三机部周鹤令处长带队组成试飞和鉴定技术小组,于5月底来厂。鉴定重点是改型设计,我是首当其冲的,汇报、讨论、起草……定型试飞一次次地在飞。就在同时,"文化大革命"由批判《燕山夜话》和《三家村札记》,一下子爆炸开来,把全国也把我们全卷进去了。"左"的指导思想,一些掌权人的阴谋,被启发出来的狂热和无知,以及深埋在一些人们思想深处的自私、贪心、怀恨和妒忌,组成了这支庞杂的民族交响乐,这个可以使人发疯的运动,恐怕除了几个发难的人以外,谁也不理解,谁也没有思想准备。刹那间,针对我的大字报已铺天盖地而来了。新飞机正在飞,试飞中暴露出来的问题和技术小组检查出来的问题,需要沉住气一项项组织处理和答复,对歼教机的评价也在多次讨论中逐步具体,我起草的定型报告反反复复地修改着,这是鉴定定型的小世界。打着红叉叉的大字报,反党反社会主义的黑帽子,周围同志一反常态的各式各样的面孔,同情的、害怕的、仇恨的、打算一脚踩死的那种阴森,这是政治运动的大世界。我成了那道残酷的名菜——尾巴已炸熟可食的鱼儿嘴还在张动。这样到8月中,定型试飞飞完了,技术小组的各式报告稿也写完了,但原定来厂鉴定的航定委成员都来不成了——北京已经天翻地覆了。技术小组返京汇报。

值得感谢的是我还可以干工作,8月底厂里派我去北京。到了北京,招待所已被造反串联的人占了,部里的人虽说在北京,可是和我们一样很不理解,奉命在炮打司令部,实际惶惶不可终日。领导已经见不到面了,好在周鹤令处长还自由,于是我于9月5日和他一起去空军招待所,由技术小组田杰处长及试飞组赵国光大队长向曹、常两位副司令员汇报,那不是定型,而是为了研究决定在定型前可不可以先投料小批生产。二位副司令员听了汇报以后,都一致肯定改型是成功的,认为三机部和成飞对歼教机搞得那么快是抓得很紧的，现在飞好了是很大的喜事，所以同意先投料小批生产，第二年好拿到飞机。决定专门写报告给总参批。

歼教 5 作为第一代空军表演大队飞机，曾于国庆 35 周年汇报飞行

这年 12 月，航定委决定在北京开歼教 5 飞机和歼 7 仿制飞机发动机的定型会，两种飞机都飞到了北京。北京，部里管定型的副部长经过"炮打火烧"早靠边了，航定委的成员也残缺不全了。厂里呢，"文化大革命"的几把烈火已把厂领导烧得焦头烂额、东躲西藏了，所以决定让我代表工厂和驻厂总军代表董超然同志两人去参加定型。我当时是边检查边工作，这种局面直到 1968 年走上海机床厂道路后成了"臭老九"代表人物和 500 多名"八类"分子一起参加劳改队为止。火车里一路上怀着七上八下的心情，虽然不知道自己将来的命运如何，但心里想歼教机能定型，总是一个很大的安慰。12 月 20 日住到空军招待所，田处长传达说，定型的报告，军委聂副主席批示后报到总理那里，总理太忙了，最近才批，批语中有一句话，"要赶快定型"。听了这个传达，我的眼泪夺眶而出，总理啊，你那么忙，还这样关心着我们的歼教机，可为什么

那些"革命"的人,却认为它是修正主义的产物而不屑一顾,把忠心耿耿搞生产的人都批判成为"老保"呢?

1966年12月24日正式召开了航空产品定型委员会,我做了歼教5飞机的改型汇报。27日在南苑机场,上千人参观了飞机,观看了飞行表演,除空军、海军及工业部门的领导外,总参彭绍辉副总长、总政傅钟副主任、科委唐延杰副主任等领导都去了。1966年12月28日举行了定型签字仪式,我代表工厂签了字,这本来是厂长和党委书记的

歼教5表演机编队飞越长城

事。航定委给工厂发了贺信。待我带回工厂,厂里已乱成一团,据说总工程师晋川同志躲在草窝里被抓走了,其他厂领导一个也找不到了,我只好把它交给谢明副总工程师。这封贺信,可能至今没有向全厂传达过,北京定型的情况也没处汇报,厂里知道歼教5这样定了型的人恐怕至今也不多吧。

在歼5甲试制和小批生产中钻空子出来的歼教5飞机,生是生下来了,但出生的时辰不好,它无声无息地来到了人间,迎接它的,没有锣鼓,没有笑声,只有灾难和炮火(炮打和火烧)。后来生产工艺定型也走了一些曲折的路,好像妈妈被关进了牛棚的婴儿,因为成飞成了全国有名的"重灾户"。以后军管会的同志带着"工业部门的干部都是修正主义分子"这种偏见批判"生产定型论",张冠李戴地把定型二字当成了右倾保守的代名词,工作中不准提"定型"二字,干具体技术工作中的困难可想而知。因此可

以说歼教5飞机出生于乱世、长大少抚养，只是它先天还好。所以它是长命的，而且还有些"后福"，1978年获得了全国科学大会奖，前后还出了好几次国，1979年得以进入"八一"飞行表演队。

歼教5飞机研制一共只花了国家195万元的试制费，达到了改型设计预期的节省目的。以钱论价的话，它便宜，有些土里土气，但它却为空军的训练解决了一个大问题，按照时髦的说法，填补了一大空白吧。十几年来，这个机型的总产值已超过5亿元，可建4.5个成飞，对成飞的经济效益也做出了比当时预期更多的贡献。20世纪60年代初敢于提出"经营"两个字，20年后一看，真收到了效果，值得聊以自慰。

（1984年5月19日）

附件1　空军司令部军训部关于"歼教5飞机在空军飞行院校使用情况"的函

尊敬的屠基达院士：

接到空政干部部领导批转的您给干部部领导的信函后，我部领导十分重视，立即做出指示，要求有关业务部门抓紧时间落实。按照您信函中所提的要求，现将歼教5飞机在空军飞行院校使用情况函复如下：

歼教5飞机作为歼击高级教练机，于20世纪70年代中期开始装备飞行院校（航校），用来取代米格型高级教练机。初期装备数量较少，80年代中期开始大量装备。自歼教5飞机装备飞行院校以来，共培养飞行学员约1.5万余名，飞行140多万小时。由于该型教练机具有良好的飞行性能品质，受到广大飞行人员的欢迎。

一是该机具有良好的技术性能。可以完成较为复杂的技术、战术训练,能够满足当时条件下歼击院校和歼强部队技术、战术训练的要求。我军"八一"飞行表演队,在较长一段时间内,使用该机作为表演机。

二是该机具有较好的安定性和稳定性。与原米格型教练机相比,歼教 5 飞机的安定性和稳定性有较大提高,特别是在大迎角、小速度状态下,飞机的安定性和稳定性提升较多。因此,该机非常适合基础技术训练的需要。

三是该机具有较高的可靠性和安全性。训练中较少出现机械故障,安全记录良好。全空军装备该机以来发生的严重飞行事故中,机械原因导致的仅占 14.9%。

歼教 5 飞机为空军战斗力的提高做出了突出贡献。在此,我们向为设计、研制该机做出突出贡献的您和您的同仁,表示崇高的敬意和衷心的感谢!

此致
敬礼

空军司令部军训部
二〇〇二年四月二十四日

附件 2　空军装备部外场部关于"歼教 5 飞机的性能特点"的函

随着新型教练机"教 8"的批量装备部队,在祖国蓝天上驰骋了将近半个世纪的、为空军建设做出了重大贡献的歼教 5 飞机将完成它的历史使命。

老一代的空军先辈，无论是飞行人员还是机务人员，都对歼教5飞机怀有深厚的感情。对飞行人员来说，歼教5飞机是他们成为空中卫士的云梯，也是他们初翔蓝天的坐骑；对机务人员来说，他们熟悉歼教5飞机的每一个部位乃至每一个螺钉，在他们的眼里，歼教5飞机就是战友、兄弟。

歼教5型飞机是双座喷气式歼击教练机，能在各种气象条件下作双座或单座训练飞行，它从50年代到90年代都非常适合我国歼击航空兵战备训练的需要，目前仍然是空军各飞行学院的主力机种。它的特点和优点主要有以下几个方面：

1. 有较好的横向稳定性。歼教5飞机的副翼带有内部空气动力补偿，襟翼有20度和60度两个放下位置，左右机翼上表面各装有三个翼刀（导流片），此翼刀在飞机作大迎角飞行时，用来保持飞机的横向稳定性。水平尾翼装得较高，可以避开涡流区域的影响。

2. 便于安装和拆卸各种附件。歼教5飞机有使用分离面，它将机身分成前后两段，以便于安装和拆卸发动机等附件。

3. 起落架上的缓冲装置具有较好的减振性。飞机起落架为前三点摇臂支柱式，可以利用液压收入机体内部。

4. 具有较好的操纵性。飞机操纵系统用传动杆传动，并能前后座舱联动，副翼操纵部分装有液压助力器，副翼与升降舵调整片的操纵，均用电动机构带动，具有良好的操纵性。飞机的操纵系统还可使后座舱的教员能检查前座舱学员动作，并在必要时纠正学员的错误。

空装外场部
二〇〇二年四月十九日

第八章

让歼7飞机有一双好眼睛

早期歼 7 飞机的飞行员曾戏说:"歼 7 飞机是跑得快的近视眼。"形象十分贴切,也是歼 7 飞机长达几十年之痛。

这里"近视眼"有两层含义:首先是歼 7 原型机飞行员的目视距离近。飞行员向前观察,要通过复层的防弹玻璃和座舱盖的前玻璃,透过的光线七折八扣,透光率打了几次折扣,飞行员视力再好也看不远。这个问题经过歼 7 Ⅱ 型改型,取消了防弹玻璃,保留了固定风挡的前玻璃,即防鸟撞玻璃,基本上解决了。

第二层含义是歼 7 原型机带有空空导弹,但没有一个好的雷达,只有雷达测距器。当然歼 7 飞机空战可以依靠地面雷达引导,但自己带的空空导弹可以攻击大于 10 千米之远的目标,而只有测距功能没有方位功能的雷达测距器也仅可测距 5～7 千米,导弹的作用远远不能发挥。因此为歼 7 配上一个真正的雷达,不仅是夜间、复杂气象战斗的需要,也是白天作战的需要。飞行员依靠目视,好天气时也只可搜索到 10 千米多一点儿,更远必须依靠雷达。所以苏联的米格-21 早期出了米格-21Ф-К13 昼间型之后,后面大量的改型,从 21ПР、ПФ、М、МФ 到 Бис,都是带雷达的全天候型。印度从苏联引进仿制的即是 ПФ 和 М 型。

我国 1962 年引进昼间型仿制成歼 7 飞机后,中、苏关系已经破裂,众所周知,我们要靠自己的力量来解决这个问题。所以 20 世纪 70 年代开始,我们的歼 7 改进改型规划中,即有第三期改型把歼 7 改成全天候型的步骤。以后歼 7 有了近距格斗导弹,可以离轴发射,但没有多功能雷达,离轴功能不能发挥,更进一步加深了矛盾。

让歼 7 飞机有一对好眼睛,而不是近视眼,既能较远地"看"前方,又能识别敌方方位指引导弹,是我们曾经为之奋斗了多年的往事。可惜歼 7 全天候型未能如苏联体系那样成为歼 7 飞机的主角。歼 7 Ⅱ A 引进国外电子火控系统时,当时的电子技术还做不到在小机头内装上多功能雷达,只能有一个较好的测距雷达,从距离上（可测距 15 千米）配上导弹。歼 7E 型机翼改型时曾有第二步改机身，解放机头装上雷达的设想，但也未能如愿，这个愿望留给了两侧进气的超 7。

现在由于雷达技术的进步，可以小型化了，不改飞机机头，也可以装上雷达，歼 7G 型机在年轻一代设计师们的努力下实现了这一点，虽然晚了一点，但圆了解决歼 7 飞机近视眼的梦。歼 7 飞机终于有了一双好眼睛！

回想过去，往事未必如烟。

歼 7 改型在"文革"中艰难前进

原型歼 7 飞机引进后，是先使用后仿制的，所以较早收集到部队在使用中发现而要求改进的问题。1968 年 6 月，三机部和空军在沧州召开的会议上，132 厂得到了空一所提供的一个歼 7 外场使用中 400 多条问题的清单，112 厂接触得早，112 厂设计科科长胡淡同志在会上谈了歼 7 飞机一、二、三期改进的设想。这个会 132 厂设计科副科长沈泳沅同志参加了，会上成立了以三机部为组长单位，国防部六院和空军为副组长单位的歼 7 飞机改进改型领导小组。此后，112 厂不再参与歼 7 工作，歼 7 改进改型工作全部由 132 厂承担。

"文化大革命"初期，1966 年底开完歼教 5 的定型会，1967 年开始，我就"靠边站"了。1967 年 5 月 6 日，132 厂发生震惊全国的第一次大规模开枪打死 50 多人的武斗时，厂内办公室的人都跑光了，我作为不断写检查的当权派，还老老实实地坐在设计科办公室。大约上午 10 点钟，好心的设计员王惠铨跑来偷偷地告诉我：

"厂外已经有几万个城里来的造反派把厂围住了,看来要出大事了,你赶快走吧。"我一听不得了了,赶快出厂。厂门口果然双方对峙,剑拔弩张。回到家中,下放在车间劳动的爱人埋怨我怎么那么迟钝,要死人了。果然不到一小时后,就听到厂门口枪声大作,保卫工厂的一派冲锋枪就打开了。厂外城里来的造反派宣传车上高音喇叭反复广播:"林副主席教导我们说:枪声一响,老子今天就死在战场上了。"鼓动造反派冲进厂去。这一天开枪打死的造反派50多人大部分是中学生,宣传车上则是北京来的大学生。造反派推翻工厂的围墙冲进了工厂,守工厂的厂内保守派退出工厂逃往附近农村。中共中央专门发了文件,处理这全国第一次开枪的武斗"5·6事件"。132厂的确成了"文革"中的重灾户。

1968年10月,厂里掌权的造反派成立了劳改大队,对几百个"地富反坏右叛徒特务走资派",再加上坏头头(保守组织头头)集中起来,实施劳改,我作为全厂唯一的"反动技术权威",也被赶进了劳改大队。每天由武装民兵押着,齐声高喊"坦白从宽,抗拒从严,顽固到底,死路一条",排队前去劳动,挑石头,筑清水河堤,修机场护厂沟等。这些重体力劳动,在某种程度上,比每天在走廊上写检查,清扫厕所,在思想上还轻松一些。虽然,对"文化大革命"始终不理解,老老实实干工作,一直听党的话,也做出了成绩,为什么会变成反党反社会主义的反动分子?联想到1958年反右运动后期右派分子的下场,想想自己、妻子、子女,想想年迈的父母,都会怎样,确实令人不寒而栗。但一切都没有办法,只好一天挨着一天过。

1969年8月,科里造反派宣布我"解放",回去当设计员。1970年4月,厂革委会调我去生产指挥部当设计组长,代表工厂指挥两个设计连队。此前不久,厂军管会决定撤销原有车间科室编制,全厂实行军事编制管理,工厂总部机关设立三大部,基层设定了13个大队,77个连队,车间科室都成为连队。3月份军管会改为工厂革委会，军事编制不变。此后，生产指挥部陆续给我调来下放在车间劳动的黄理章、薛炽寿、王致斌三名设计员作为设计组的成员。

我当时第一件大事是组织歼7Ⅰ型的全机静力试验。通过六项改进的歼7Ⅰ型飞机陆续在生产线上往前走，原来北京要求1970年当年研制成的歼7Ⅰ型飞机完成100架，后来眼看完不成又改为60架，但按研制的试飞提纲飞好的飞机，已有十几架之后，一直没有人来接收。后来才知道，空军内部不少人全盘否定歼7飞机，对歼7六项改型的否定，更不在话下。因此三机部军管会主任周洪波几次和厂里领导说，要恢复原型。经过据理力争，最后总算保留了：加左航炮、改无级调锥及唇口改圆等三项，座舱盖加高、机翼整体油箱扩大被否定，改815乙发动机被认为不成熟，最后形成歼7Ⅰ型三改三不改方案，重新试制。

1972年4月9日，我早上上厕所发现大便全是黑的。最近一段时间胃常不舒服，老毛病没当一回事儿。爱人代我拿了便样去医

1972年7月9日，摄于上海。我4月胃大出血后，曾去杭州疗养。过沪时与父母兄嫂合影，这是我和父母最后一张合影

院化验，我仍上班去了。不久爱人拿了4个"+"号强阳性隐血化验单到我办公室——胃大出血，立即把我送去医院。第二天，生产指挥部领导来医院看我，希望我能与革委会的孙志端副主任一起去北京向叶剑英（军委）副主席汇报歼7工程三改三不改的问题，这时我已无可奈何了，我推荐薛炽寿代我去参加。孙志端原是172厂的厂长，"文革"中挨整后由部里出面把他调到132厂来的。

早在1970年11月，在北京，我和三机部李在田同志一起去空军科研部机务部汇报歼7Ⅰ型6改方案，汇报完后机务部何培沅副部长提出Ⅱ型改型的重点是取消带离弹射，再下步歼7改型是搞全天候型，希望能让歼7装上小型化的645雷达，因为空军已决定在歼击机种中，必须有五分之一的全天候型。

1972年10月，三机部在北京召开考察米格-21ПФ引进技术会议，孙副主任和我等去参加。之前，为改成歼7全天候型，三机部张金波处长带队，132厂设计连连长张仁保和设计员王杰两位同志参加，去朝鲜考察了米格-21ПФ全天候型飞机，进行了粗糙的外形测绘，收集了一些外场材料，带回了火箭弹射座椅、雷达及2C型发动机等实物。这个会就是介绍考察情况，开展歼7第三期改型为全天候型的会议。段子俊副部长出席会议并发言，强调部队急需歼7全天候型，132厂要当大事来抓，要求1976年底前后改型成功定型。会议开了整整10天，包括研究发动机的改型，有5个很具体的会议纪要。我在会上提出，最好能拿到一架ПФ飞机，否则1976年完成的进度很难保证。611所派出谢光和吴逢光二人参加了此次会议。1972年9月，工厂恢复科室车间，撤销大队连队，原十大队所属设计、特设、试验、技术情报等科室和模线车间改制为设计所，我任副所长兼设计科长，主管设计。原来两个设计连合成为一个设计科。

10月会议以后，设计科内三期改型方案工作就展开了。三期改型的中心是放大机头，在中锥内装上204雷达（雷达厂推荐的)。放大进气口的尺寸就按照考察时带回的ΠΦ飞机大致尺寸。此外,还研究改吹气襟翼,加机背油箱,加大起落架,装改型发动机,增加机翼外挂点,改红外照明。这些工作与歼7Ⅱ型改型几乎是在同时进行的,因为重点专业工作并不重叠。Ⅱ型重点是弹射救生,Ⅲ型重点是火控系统。

但是当时全厂的工作重点是搞好质量整顿,歼7Ⅰ型重新按三改方案试制,争取尽早定型进入批生产。重新试制的三批一架歼7Ⅰ型飞机于1973年9月送630所作定型试飞。

1973年9月1日,国务院中央军委决定,按"部院结合、厂所挂钩"的原则,国防部六院划归三机部建制。

"文化大革命"后复出的132厂原厂长马诚斋改任工厂临时党委书记。1973年9月马诚斋提出工厂应走320厂的路,要搞一支较强的设计队伍,做一个规划开展自行设计。之后,复出后的谢明副总工程师升任革委会副主任,除质量整顿外,还狠抓工厂的技术改造,设计性试验的技术改造也列入其中。

划时代的襄樊会议

1973年11月,我率张仁保、李宗俊、包于涵、王月新、顾凡清等出席三机部在襄樊(现在的襄阳)召开的歼7、歼8弹射救生装备协调会。这是部院结合后的一次重要会议。

早在1970年初,座椅设计员包于涵就与我谈过座椅改进,取消带离弹射改为敞开式火箭弹射,当时决定派人去参加空军主持的歼6座椅改进试制试验,学习他们的经验。1970年12月,派出的沈泳沅、顾凡清开救生会议回来,涉及歼7二期改型,向孙副主任汇报，建议成立救生方案的研制小组。此后，座椅及舱盖的改进方案一直在进行。我们带去的歼7火箭弹射救生方案，首先是继承了歼7原型座椅手脚保护等机构比歼6先进，因此取得空军主管此事的军训部同志的支持。取消带离弹射后的座椅装有专用的平台火箭包，可实现零高度救生，有专用的人椅分离器，分离人椅放出装在椅内的救生伞。舱盖改为固定风挡和后折返舱盖，取消原有的防弹玻璃。舱盖将有Ⅱ型和Ⅲ型的两种外形。这个方案我们已经做了很多工作，会前准备比较充分，汇报和讨论比较扎实。这时六院的救生专业所610所成立不久，他们带去了歼8头靠伞的救生方案。会上有人建议只合成一个头靠伞方案，歼7的坐伞方案应该下马。由于我们据理力争，又得到部机关同志的支持，最后终于取得了歼7座椅方案和歼8座椅方案可以并进的结论。这次长达11天的会议，对歼7Ⅱ型成功改型至关重要，当然也预定用于歼7全天候型。我们争这个改型权，是冒着极大风险的。既有技术上的风险，也有工厂生产形势不好造成的进度上的风险。更令我这当干部的人感到还有政治上的风险：万一救生失败，当时尚在"文革"之中，随时都会有政治帽子飞来。但是歼7飞机原型救生不安全是空军最大的担心。据介绍，当时国内歼7飞机共有七次重大事故，其中迫降成功二次（包括1972年3月我厂一次），五次跳伞，其中四次一等事故，飞行员都牺牲了，一次二等事故，但飞行员被压伤颈椎导致终身残废，真是触目惊心。这是我们下定决心挑起歼7改型重担的思想动力，当时我们叫做"革命加救命"。在进度上我们又必须走在歼8方案的前面，虽然歼8方案是倾一个所的力量在做，但如果歼8方案先成功了，又会有人主张停止歼7方案的。所以我们舱盖座椅组的设计员，在工厂生产形势不好时，自己在车间推着零件车跑工序，急进度所急，都在情理之中。

1974年5月，三机部正式下达任务，由132厂负责歼7弹射救生改型工作。

132厂从"文革"的混乱中正在逐步恢复秩序,但总体上讲,一部分群众派性严重,干部又不敢管,劳动纪律太差,不少车间都是冷冷清清的。孙副主任主管全面生产工作,也没有多少办法,其实他与中层干部一样,从"文革"中吸取教训后,始终坚持不过"三八线",即不管"文革"政治运动,只管生产。这时他对我们的工作安排是:歼教5生产的优质过关,歼7Ⅰ的设计定型工作,歼7Ⅱ改型发图工作,歼7全天候改型方案工作,齐头并进。

歼7Ⅱ型飞机编队飞行在台湾海峡

1974年初,我派总体、气动专业的郑维川、刘远孝、向文政、寿伯康、徐德寰等五名同志带了歼7全天候初步方案去北京、沈阳、南昌、哈尔滨的机关、部队、厂所等20个单位调研。其中包括引进斯贝发动机的情况,收集了不少资料。在空军作战部,李济中处长讲:"部队急需歼7全天候,主要任务是对付敌夜间来袭的轰炸机。"他要求改型时要注意保持原来歼7轻便的特点,不要越改越重。火控系统要航炮、导弹和火箭都能带,雷达最低高度要在2500米以上(不截获地面的最低高度),要求配一个简单的火控计算机。希望能加大飞机的作战半径,即机内要加油;要改善飞机的起降性能;要装自动驾驶仪,夜间飞行,飞行员容易出现错觉,到时候自动纠正,红光分散照明是需要的,等等。这些调研,对我们很有用。

1974年3月，我带宋开基、黎石山、徐德寰等去大足空军基地调研。目的一是与部队同志座谈歼5甲和歼教5的使用情况，研究歼教5与机翼大梁孔产生裂纹的排故方法。由于1972年12月部队一架歼5飞机飞行中机翼大梁折断造成一等事故后，引起对歼教5、歼5甲机翼大梁普查，普查结果歼5甲大梁没有裂纹，歼5及歼教5都有。目的二是征求飞行员对歼7全天候方案的意见。大足的部队有一个独立大队是夜航部队，用歼5甲飞夜航。飞行员听了我们对歼7全天候方案的介绍后，寄予很大希望。特别强调雷达一定要好，导弹必须配，炮不行了，必须能远距离截获进攻，打轰炸机必须用导弹。飞机重一点儿笨一点儿，都不要紧。仪表希望多一些综合型的。如果有双座夜航机最好。他们说飞夜间课目，一个人太忙，不管夏天、冬天，都出一身汗，训练时间长，雷达又不好，又要顾舱内舱外，一个人够忙的了。飞行员们普遍感到飞机发展应该有一个长远规划，我们与苏、美间的差距越来越大，太落后了，希望工厂的同志多作贡献。

4月，我派设计员张殿杰去贵州与011基地协调为歼7全天候配加大推力的发动机，以涡喷7乙为基础加大流量，达到全加力可有6600千克力。

4月20日，我厂歼7Ⅰ型三批一架在阎良定型试飞时，由于着陆时目测不准冲出跑道导致右机翼损坏，我带十余人赴阎良处理飞机。

早在1975年初，三机部的年度计划要求我厂在1975年内完成歼7Ⅲ型外形设计、吹风，完成总方案上报。4月份三机部在北京召开10年规划会，歼7全天候已列入规划，要求132厂于1979年完成定型。所以在此期间抓紧讨论了歼7Ⅲ的各系统方案。1975年5月以工厂的名义上报了歼7Ⅲ型研制总方案（75）厂革生密字171号文。

1975年3月12日，三机部下达文件，611所与132厂结合，所的建制归132厂领导。这一决定，后无实际行动，因而未实现。

5月，工厂据部里精神，组织讨论10年规划。会上，我提出除歼7Ⅲ外，应搞歼教7及歼7后继机，可暂名为超歼7，采用单台斯贝发动机，两侧进气，有拦截能力。经厂里讨论决定歼教7不搞，后继机暂不提。

6月，三机部李际泰部长及六院徐昌裕副院长来检查工作，我向他们汇报了歼7Ⅰ型定型和歼7Ⅱ型改型进展的情况，并汇报了歼7Ⅲ型的方案。徐副院长说Ⅲ型方案要开一次方案论证会，已定的7条改型原则很好。在此之前我们收集到的空军部队对歼7Ⅲ型改型的意见，归纳起来主要有4条：

（1）歼7昼间型仍需要，白天不一定开雷达。全天候主要是夜间可拦截轰炸机，轰炸机可以以图-22为目标。

（2）保持歼7简单轻便的特点，突出飞机中高空性能。但雷达一定要有低空使用性能（高度不低于2500米），以拦击敌轰炸机低空突防。

（3）争取加大作战半径。要争取在敌方发射地空导弹前打掉敌机，故作战半径希望达到400千米。

（4）改善起降性能，如能达到滑跑距离500～600米。

我们的歼7Ⅱ型敞开式火箭弹射救生项目改型正在积极进行，试验是首先自力更生土法上马。8月，李部长和徐副院长专程来厂，观看工厂自己动手组织的零零弹射试验和空中人椅分离。132厂在"文革"中形势一直不好，经常受到批评，但改型工作一枝独秀，当场受到李部长他们的赞扬，真不容易。

此前，空军受吴法宪一伙人的影响，有"歼6万岁"、"歼6可以打遍天下"的谬论，因而有意压制歼7。当时空军内部仍有争论。为了肃清它的流毒，在国防工办的促进下，空军于1975年3—8月，组织进行了177架次的歼6、歼7飞机对比试飞，最后得出结论：歼7飞机高空高速性能明显比歼6好，中低空性能两机各有优势，可视为相当，故全面衡量，歼7飞机性能优于歼6飞机。1975年9月21日，空军在故城举行了两机性能对比飞行表演，出席观看的有国家计委、国防工办、总参、空军及三机部的领导。从此结束了这一场争论。

1975年11月李际泰部长在部的天津会议上传达："邓小平副主席给我交代了好几次，要赶快搞歼7，要以歼7换装歼6。"歼7Ⅲ是预定的新机之一。我厂歼7Ⅲ的设计打样工作全面展开，吹风试验、外协计算课题、成品协调工作也全面铺开。

空军司令部（简称"空司"）接到我厂5月上报的歼7Ⅲ型研制总方案，原则上已同意，并据此于1975年10月14日向总参以（75）司科学第64号文报告"关于歼7全天候飞机战术技术要求"，抄送国防工办及三机部等。该报告称："歼7全天候飞机是空军夜间作战急需的飞机。早在1972年三机部就正式下文，132厂进行改型研制。该厂已做了大量工作，并于今年五月提出一个研制方案，预计1978年第一架改型飞机上天……"

1975年11月三机部接到空司报告抄件后，立即向总参上报《关于歼7全天候飞机战术设计要求的几点意见》。这样，歼7Ⅲ型立项就等总参批了。

歼7Ⅱ型研制，各单项都进展良好，阻力伞舱上移这一项，经过二次试制，完善了"双门后钩"方案的研制。1975年11月在张家口部队进行了鉴定试飞。由于阻力伞的着力点自后机身腹部移到了机尾上部，因此可以提早开伞，甚至在离地尚有0.5米高度时即可空中开伞，大大提高阻力效益。我去参加了这次试飞。由空7师任组长单位的试验鉴定小组认为效果很好，建议批准定型。

而三改的歼7Ⅰ型飞机，经过试飞研究所鉴定试飞，于年初完成全部课目后，在1975年4月已完成设计定型审查，6月由国务院中央军委正式批准。

1975年8月，国务院中央军委以国发（1975）120号文件批转《关于常规装备科研定型生产中有关问题》的请示报告。根据文件精神,空军和三机部着手清理整顿压缩飞机型号。空军和六院都倾向于歼7Ⅱ型不作为一个型号,而部机关倾向于作为一个型号。原因是歼7Ⅱ型手续不完善,也没有飞机改型后的战技指标。而歼7Ⅲ型均有报批手续,手续完备,可以作为一个型号。

歼7Ⅱ型不作为一个型号,对我们正在进行的工作很不利。而且没有型号就没有研制费,如果Ⅱ型改进4个项目都作为歼7Ⅰ型的后续内容,使用生产都成大问题。所以我两次带薛炽寿等去北京呼吁。一次是1975年11月,一次是1976年2月。分别向空军、六院、三机部机关汇报,据理力争。麻烦的是工办和总参吸取歼6改型多而乱的教训,也主张不另给型号。空军的意见,可以成熟一项改上去一项,6改7改的Ⅰ型。可是管理上不就更乱了,于是在与空军讨论的过程中,想出了一个办法,先给歼7Ⅱ型起一个乳名,叫歼7Ⅰ改。在与工办讨论过程中,谢光局长的意见起了作用。他认为成功一项改上去一项的想法可以理解,但作为管理和生产不行,特别4改以后,作为一个主力机种,没有一个型号是不行的。这时六院的同志也转过来赞成给一个型号了。尤其是发动机改了,带离弹射取消了,与Ⅰ型大不一样。接着我们就研究如何报批。

2月份谈完Ⅱ型问题,我和薛炽寿、寿伯康、曲鸿义等五人就在空科和六院分别讨论歼7全天候的任务要求、发动机、增加外挂等具体问题,因已经明确作为一个独立型号,谈问题可直截了当。

我在北京时感冒咳嗽不止,坚持办完事。3月5日返回成都当天即住入医院,经诊断为大叶肺炎,用了多种药,均吸收不下去,医生开玩笑说我是在北京感染了外地特殊细菌的肺炎。直至17日才提前出院。

1975年11月29日,我父亲在上海因胃癌去世,享年82岁。他去世前我曾在上海陪伴半个月,后接通知参加歼7Ⅱ型阻力伞舱项目在张家口部队鉴定试飞,匆匆离沪赴张家口,几天后父亲就去世了。母亲是1973年去世的,至此,我已父母双亡。

我父亲屠开沅80岁时(1973.11.23)

我母亲戴琴声(70年代)

出 国 考 察

接三机部通知,1976年5月19日,我出差北京,到总参第一招待所报道,准备出国考察。这是总参外事局组织的以国防部名义赴埃及的军事装备考察团,团长为国防工办副主任叶正大同志,考察对象为飞机、导弹、雷达、高炮、装甲车、舰艇等武器装备,除总参、空军、二炮等部队同志外,部分为厂所同志。代表团共25人,据说除出国演出的文艺团体外,为我国在此以前出国团组中人数最多的。我的对外身份为国防部处长,成员中除少数为留苏学生外,大部分均为第一次出国。当时还在"文革"后期,出国的清规戒律很多,有的事现在看很难理解,如在外边使馆的工作人员都禁止看当地的电视,有电视机都不准用,如此等等。所以出国筹备工作,包括学习形势任务,涉外规定等花了不少时间。5月19日报到,中间又因故延后几天,直到6月11日才正式成行。在埃及共一个月零五天,7月16日才回国。实际有效工作时间共23天。

1976年6月,在我国驻埃及使馆内

1976年6月,在埃及以叶正大为首的大部分代表团成员在金字塔前合影

5月19日我自成都坐飞机飞北京，飞机居然晚了7小时，所以晚上才找到总参招待所。第二天，叶正大来找我，嘱办两件事，一是弄清1971年考察米格-21ПФ时带回的资料有多少，二是向三机部情报所借一个可拍资料的照相机。另外，要多考虑回来后如何促进歼7改全天候型的工作。

从业务上做准备工作，我主要找资料了解有关埃及飞机的报道，并拟定出去后的工作重点和希望搞清楚的关键问题。

当时正是第4次中东战争即1973年埃及以色列十月战争之后。苏联为控制埃及，历史上进入埃及的军事专家及部队曾多达两万多人。1972年前被埃及当局陆续设法弄走了大部分。十月战争以埃及夺回了西奈半岛的胜利而结束，1974年埃及和美国复交，总统互访，美国对埃及开始提供援助。因苏联逼债过甚，1976年埃及废除了《埃苏条约》。当时为还债，埃及好一点儿的东西全让苏联拿走了。埃及老百姓说，就是金字塔没给搬走。因此，苏联对倾向美国的埃及总统萨达特恨之入骨。埃及是第一个承认新中国的阿拉伯国家，1976年，当时埃、中关系越来越好。埃及副总统穆巴拉克来访，我国总理华国锋与他会谈，气氛十分友好，穆巴拉克对华说，希望中国能提供援助，但绝不使中国为难，力所能及即可，并表示对中国的无偿军援埃及应该返还一些报酬，否则过意不去。这样，达成了对埃及援助同时我方派人去考察的原则协议。

中央政治局决定派人去看看，组织的25人代表团中13人是厂所的专家。5月，由总参、工办和外交部联合写出派军事技术人员出去考察的请示报告，已经中央批准。

根据分析，出去的工作，立足于不能提供样品资料，花10天时间用于一般考察，然后分专业做8天的专业考察，其中的重点是我国过去从未接触过的米格-23和萨姆-6防空导弹。为了做思想和业务上的准备，代表团请了外交部西非亚洲司的司长，总参装备部的部长和何正文副总长来给我们做了报告，工办、总参外事局和空军的领导也分别来做指示，准备工作是很隆重的。出国计划也经总参领导批准。

离开北京，先飞到德黑兰，过了两个晚上，转机去埃及。那时德黑兰尚是国王统治时期，路上所见，妇女穿着已全盘西化，国家的年收入石油资金多达200亿美元，许多高楼大厦都在建设中，路上行人不多，都是汽车，一片兴旺发达的景象。我们曾去参观了波斯立国2500周年的纪念馆等。

到了埃及，我们住进了他们国防部为我们准备的住处，全天都有卫兵警卫。我们除在外出时在车上所见外，都不许步行出去。但域外风情仍有所领略。

到埃及后，先集体进行一般活动。了解国情军情，如参观金字塔，有专人带我们进入塔内通道，参观狮身人面像，参观旧皇宫、开罗博物馆，参观沙漠中的修养地。又参观了空军基础设施，参观十月战争在苏伊士运河两侧双方的大炮阵地等。路经苏伊士城市可见到大量被损毁的房屋和击毁的坦克等，可看到双方交战炮火是很猛烈的。

然后是分专业考察，我们飞机小组主要考察了米格－21МФ飞机、苏－20战斗轰炸机、米格－23БМ对地攻击机、图－16挂导弹型飞机。米格－21及苏－20除飞机外，还看了其随机的说明书。米格－23БМ则没有让看说明书，也没有看其基本型（МС空战型），而只让看对地攻击型。看飞机时只让看外部，口盖也不给打开。向地勤人员提问时，能回答的也不多，这飞机只飞过几十小时。后来经过团里去交涉，埃方同意由他们按我们的需要照一些外形的照片，由使馆信使带回。此外，还看了一架米格－21的教练机。

苏－20和米格－23都是变后掠翼的飞机，估计我们是国内航空领域第一批看到变后掠翼飞机的人，所以对变后掠翼的技术情况和其机构多花了一些时间。米格－21МФ则是我们正在进行歼7全天候型设计的重要参考,又比较熟,所以记录下的情况较全。

为了向国内同行介绍,我用卷尺量的尺寸,回国内画成了苏-20和米格-23БМ的三面图,放入考察报告。苏-20是由苏-7发展为苏-17,再发展到苏-20这样演变过来的。苏-17就已经是变后掠翼的了。

除了观看飞机、看说明书外,我们还找埃方飞行员和地勤工程师进行了一些座谈,了解使用中的一些情况。总体上工作是很紧张的。

回到国内,代表团不解散,在总参招待所集中整理资料,向有关部门汇报,进行总结。

这时突然遇到唐山大地震。1976年7月28日凌晨3时42分,我在睡梦中突然被一阵剧烈震动所摇醒,走廊上花盆全部呼呼地倒地,我定神一想,惊叫地震了。我自国外回到北京,接到部机关的同志转给我的一封信,是我爱人在成都写的,说因有预报成都要大地震,故她带两个孩子与厂里很多人一起逃离成都,他们到上海去了。这样,我脑子里留下了要地震的概念。与我住同一个房间的786厂总工程师洪民光同志,和我一起赶快起来,拉开窗帘看外边,在大地震动和隆隆声中,外边街上一片片如蓝色闪电的电光不停地闪着。我们住在四楼,走廊又很长,这时要跑下楼,已不可能,我想我们住的钢筋水泥大楼,应该不会震倒吧,只能等稳定以后再跑。一会儿,不震了,我们都纷纷下楼,到楼前广场上大家议论纷纷,不知震中在哪里,估计离北京不远,但事先一无预兆,也无预报。在广场里等了大约半小时,大家说回去睡吧,到了房间里,一会儿又震起来了,太危险,大家不约而同地干脆站到广场上去不睡了。到了上午,叶正大同志带军队同志来了,才知道唐山发生了大地震,告诉大家暂时都住在代表团使用的大客车上,不要回房间,北京居民已被告知,都在室外住,搭地震棚安身。招待所附近有一四合院,其中一间平房整个屋顶塌下来把一位老太太压死了；北京动物园一大段围墙倒了，王府井百货大楼四楼一个角似刀劈一样倒了下来，房间都露在外边了……当天下午大雨滂沱，余震不断，我们坐在大客车里，可以看到水泥电线杆整个在不断摇晃。

过了两天，代表团决定暂时解散，先回各单位，听招呼再集中。8月5日，我坐飞机回成都，这时厂里人全住在地震棚里，厂区内无人上班，进厂可听到鸟叫，一片寂静。邻居们帮我搭了一个地震棚安身。

过了若干天，8月17日，四川松潘平武发生7.2级地震，成都要大地震这一关过去了，我爱人带了孩子回来了，厂里也陆续上班。又过了若干天，9月9日毛主席逝世了。1976年我国真是太不幸了，大地震之外，年初1月8日周总理逝世，我们在埃及时，朱德元帅逝世，现在毛主席逝世，我党连丧三位元勋。

9月23日，代表团再次在北京集中，这次改在京西宾馆住，继续完成考察成果的整理。我写完了三个飞机的资料，并汇入460厂的孙来永写的发动机，空军机务部薛大琮、马保民写的特设，交628所作为内部秘密资料出版。

按叶正大副主任的说法，这是我国军事技术上第一次对外接触，所以总结报告很全面，含有政治关系、军事、外交以及技术援助等内容，并带有5个附件、7份技术资料。其中有向中央和军委以及国防工业部门的建议。7份技术资料是考察的技术成果，其中4份是飞机的，我编写的米格-21МФ、苏-20、米格-23БМ以外，有一份图-16的，是172厂的张砺行编写的。在建议中有关航空工业的，有建议尽快用歼7、歼8更新歼6，要加快歼8研制和歼7改进改型，歼7全天候应以米格-21МФ为基准来改，用米格-21教练机来更新歼教5等。这个总结报告及附件等要发至各军兵种和各军事工业部。

我们还在北京做总结时，10月上旬，"四人帮"被打倒，只是我们一直不知道，以后陆续听了中央打招呼会的传达，大家听了，真是大快人心，我国10年"文革"的苦难就此结束。以后10月21日报纸上正式发表郭沫若写的水调歌头《粉碎四人帮》一词，代表了广大人民群众的心声。

中央要求大上歼7

这时，011基地一直在活动争取歼7Ⅲ的任务改由他们来搞。部里曾有文件，改变承制单位。在1977年初的三机部企事业领导干部会上，得知部内生产局和空军主张132厂继续搞下去，而部计划局和六院主张改由011基地搞。有分歧，因此常有反复。但011基地要停止生产歼6，改为复制我厂定型后的歼7Ⅱ，则是定了的。1977年3月初，011基地第一设计所李秋乐所长（我当年在122厂的老同事），来厂研究如何复制歼7Ⅱ型的准备工作，并初步研究了如何实行主复制厂的相互关系。以后先把歼7Ⅰ型的图纸整套交过去，Ⅱ型改型各项，成熟一项移交一项，直至定型。

1977年9月底，我接部办公厅通知，去北京参加从罗·罗公司引进斯贝发动机关于进气道与发动机匹配的外事谈判。10月中，正拟返厂，接厂通知留北京参加大上歼7的重点企业领导干部会。

1977年10月19日，三机部召开会议，动员研究落实中央最近的重要指示。这是一次在10年"文革"对航空工业严重破坏之后，正在恢复整顿过程中的一次重要会议，132厂党委副书记孙志端、晋川和我参加。会上由李际泰部长传达了华主席讲话，10月12日军委副主席邓小平和王震副总理讲话。

邓副主席在军委的会议上讲了军事装备和全国的科研体制问题，讲了陆海空各军兵种的装备建设问题，其中主要突出空军建设,而空军要用歼7代替歼6,要尽快更新一代。要集中兵力打歼灭战,要搞好齐装配套。讲话中,军委罗瑞卿秘书长插话:"要突出重点,空军飞机很多,多数是歼6,还有米格-15和米格-17,要清理。""要有2000架歼7,集中力量搞歼7。"

邓副主席接着讲了军事工业要严格要求,要恢复总工程师制度,要有岗位责任制,要签字。科研工作要走在生产前面。要搞好近期和中长期规划。要整顿好领导班子。不合格产品、不配套产品不能接收。

三机部这次会议就是落实邓副主席讲话精神,组织动员三机二发一弹的大会战。三机是歼7、歼8和轰7,二发是涡喷7和涡扇9,一弹是霹雳5乙导弹。要求工厂党委科研生产一担挑。我们歼7这个专题组,部革委会范英副主任来参加,孙志瑞和011基地崔光炜共同主持,除歼7飞机011基地要复制外,还有涡喷7发动机的改进。大家第一次听到中央领导那么具体谈航空工业的科研生产,真的很受鼓舞。特别是在"文化大革命"中受到严重破坏之后正在恢复整顿的132厂我们几个。

我发言首先讲,中央提出要2000架歼7,真是形势大好,但仅有数量,机型是什么还不清楚,我个人认为主要是歼7Ⅱ型和歼7全天候。歼7Ⅰ型已定型了,但生产不宜多了。还是带离弹射,发动机是原型。我们已经落后于印度。"四人帮"打倒了,我们可以有所作为了,应该借此东风赶快往前赶。希望部里认真组织总结一下这几年来的教训。

大家的讨论涉及技术攻关、技术改造、组织管理、供应配套等方面的问题。在数量上,提出了一个1980年前完成400架歼7,1980年后完成1600架的方案。李际泰部长听取了大家汇报。会议开了4天半,24日才结束。

李部长在大会上做了总结。会议很重要的精神是要大上歼7。因为这是当前可以拿到飞机的。生产要突出歼7,科研也要突出歼

7。目前生产是歼7Ⅰ型，改型的是歼7Ⅱ型，要组织攻关，使歼7更进一步。中央决策，132厂、011基地和112厂三个厂一起干歼7，尽快用歼7换装歼6。112厂主动提出，1980年后可以拿出1000架歼7。但现在关键是1980年前132厂及011基地出得太少。发动机410厂及460厂分别攻关改型的涡喷7甲和涡喷7乙。原型机生产改进主要是延长首翻期寿命问题，410厂及460厂分别攻关50小时和100小时。

大上歼7，要求很高，鼓舞人心。但"文革"刚结束，国防工办洪学智主任指示抓企业整顿，共有11个方面之多，这的确也十分必要。

回厂以后，我组织设计所的同志，研究提出分三个阶段（3、5、8年）的《歼7飞机发展规划》，打好歼7Ⅱ型的攻关后，也搞好歼7全天候的设计方案。

不久空军曹里怀副司令员来厂，又一次在干部中传达了军委会议决定大上歼7的精神。同时检查了我们解决歼7进气道喘振的问题和阻力伞上移的改进问题。还重点说了"你们歼教5飞机给部队起了很大的作用，空军党委讨论过，不能停产，目前靠它培养飞行员"。孙志端副书记（兼革委会主任）在会上表态说："不完成大上歼7的任务，不离开132厂。"

1977年12月初，李际泰部长带范英及国防工办的一个局长来厂检查"大上歼7"会议的落实情况。对工厂11月写的报告不满意，说大上歼7，132厂是主战场，1978年、1979年是独此一家，011基地及112厂都使不上劲。要求"你孙厂长要亲自抓，问题要一个个落实。总工程师不能光签字，要具体地抓技术工作。"最后说："2000架任务完不成，你厂长提头来见。"工厂担心配套问题不好办，特别是226雷达交付问题。同来的工办宋局长在干部会上拍胸脯说："226雷达交不了，唯我是问。"

正在此时，北京传来两个重要消息：一是中央任命吕东为三机部党组书记、部长，李际泰为此提前返京；二是国务院、中央军委联合发文，决定恢复军代表制，以严格控制军品生产的质量。

为了三厂一起大上歼7，112厂设计科长蒋福新、陆林林，011基地第一设计室主任于希明来厂协调主复制厂技术工作。132厂是歼7飞机的主制厂。

我们与011基地的关系，双方已进行多次协调，早在（1977年）6月，范英副主任带011基地正副主任庄树山、王韬、唐文斌及设计室孙瑞胜来成都与厂里谢明、我等一起确定歼7Ⅱ型的主复制关系。歼7Ⅱ型作为一个独立型号，又于1977年5月由国务院、中央军委常规装备发展领导小组以常装（1977）22号文批准立项和改进方案，当时文中暂以歼7Ⅰ改命名。这个批了长达两年的批文，也算来之不易。

过了1978年元旦，我飞去北京，到空军大院谈1977年完成任务问题，在空军订货部谈4架飞机因发动机问题出不了厂，最后同意算132厂完成了1977年的任务，任务为30架，实际完成20架。此时，听部里同志透露，三厂共同大干歼7的方案，已有些动摇了。在空军科研部与卜刃参谋谈歼7的发展规划时看到了1977年12月空司发的一个文件《关于歼7飞机生产的几点建议》，其中有要9:1的歼7教练型，要5:1的全天候型，以及要求1979年起出厂的歼7飞机都要有压力加油等。卜刃说，歼7发展规划问题可以开一个小型座谈会，132厂可以打个报告上来。这样，我就在北京起草了一个书面建议。

我的建议认为：大上歼7应有两个含义，一是短期内拿出一定数量的飞机装备部队，二是要做到一机多型，性能先进，品种配套。为此，再次强调必须抓紧歼7全天候方案。

年初，三机部召开部务扩大会，吕部长传达军委扩大会决定：3～5年内要求生产2500～3000架歼7及歼8（注：上次会议未提歼8）。所以要求112厂要集中力量搞歼8，要求132厂及011基地搞歼7，至少2000架。要求歼7Ⅱ型尽快定型生产，Ⅱ型以后搞歼7教练机，再搞全天候型。如果歼8（重点是全天候型）全天候各方面都好，再考虑歼7全天候搞不搞。

1978年2月，孙副书记、我和侯建武三人到北京，向段子俊、油江副部长汇报Ⅱ型研制及火箭座椅滑车试验、飞机鉴定试飞等问题。经部领导出面和空军谈定：Ⅱ型要做全机静力试验，试飞大纲由132厂自己报，鉴定试飞也由工厂自己飞，630所可以派人及仪器去帮助。试飞课目中，空中停车要飞，火箭弹射座椅项目要由真人在空中试跳。

第二次国外考察

接部通知，我赴北京于1978年3月2日随段副部长到罗马尼亚考察。我国帮助罗马尼亚建设三条航空辅机生产线（陀螺、膜盒、轮毂），齐奥塞斯库总统5月要访华，届时须正式签订协议，罗方答应我们组团去看看，重点是两种飞机：米格－21МФ和法产PAMA"美洲豹"直升机以及它们的发动机。我们一行共13人，飞机及直升机各一人，发动机四人，仪表附件三人，部外事处刘国民、楼水荣等三人。去的时间共两周。因为是政府的代表团，首先主要是外事活动。罗方有一个航空工业中心，由工业部主管，但总经理是现役军人少将。于是工业部部长会见并宴请，国防部长、第一副总理接见，当然安排了参观；参观了7个航空厂所、一个空军航校，都是走马观花，随着团长走，不可能详细考察。我的主要任务是看米格－21МФ，考察航空研究所的风洞设施，并帮助谈一下轮毂生产线。去航校看飞机是空军一位副司令员亲自陪同并介绍飞机，实际参观和座谈飞机使用情况也只有三小时。参观航空研究所也只有三小时。罗马尼亚在历史上曾是航空先进国家，但目前只能生产初级教练机、农业机、小型运输机和仿制"美洲豹"和"云雀"直升机。航空研究所现有2.5米低速风洞，1.2米暂冲式具有柔壁喷管跨声速风洞（Ma0.2～3.4），直径近1米长达180米的Ma3激波管和直径较小可达Ma7及Ma10的激波管，有一台256K CDC 3500大型计算机。

1978年3月，在我国驻罗马尼亚大使馆内

对我来讲，此行真正考察飞机的时间很短，幸而我已有在埃及考察MΦ飞机的底子及歼7生产使用中的经验，所以座谈时可以提出许多问题从而了解罗马尼亚在使用米格-21中遇到的情况。而重要的一个方面，则是让段副部长对苏联米格-21飞机从Φ-13昼间型之后，不断改进改型达到MΦ的水平，有了深刻的印象，这

对促进我国歼 7 改型作用甚大。在考察过程中，段副部长和我商量，可向罗方索要点什么，我向他建议最好要一架 MΦ 飞机，至少要 1～2 台发动机和双管 23 炮回去仿制。飞机和发动机说明书都借一套复制。后来，飞机没有要到，P13 发动机及双管炮都要到了。

1978 年 3 月，罗马尼亚布加勒斯特斯大林公园内，段子俊副部长（中）和我们合影

回到北京，向部党组汇报时，党组决定立即组织 420 厂和 011 基地联合测绘发动机，不仅歼 7 全天候改型用，而且 601 所有歼 8 改两侧进气方案，正值要加大发动机推力，有了 P13 发动机，正好可用。这一正确决策，在歼 7、歼 8 发展史上推动极大。双管炮则即送第五机械工业部（简称五机部）仿制。

我们回来，正好赶上 3 月 18 日全国科学大会在人民大会堂召开。我作为成都市推荐的先进科技工作者的代表，预定出席大会。我出国衣服都没有来得及换就赶去参加开幕式。隆重的大会上，邓小平同志做了讲话，提出了著名的科学技术是生产力，知识分子脑力劳动者是工人阶级的一部分等重要论断，从而极大地鼓舞了全国人民建设四个现代化的热情，影响十分深远。参加大会的郭沫若同

1978年3月,段部长(后排左四)率我们访问罗马尼亚
(全体代表团成员于布加勒斯特市凯旋门前)

志为此发表了著名的"科学的春天"感言。大会之后,全国各省市相继召开了科学大会,四川代表团决定由我作代表向省国防工业科学大会传达全国科学大会的精神和盛况。

1978年4月中,三机部吕东部长及陈少中局长和六院新机部张金波部长等到厂,与厂共同研究歼7发展的问题。27日吕东等在厂听取工厂关于生产技术方面的汇报,我专门汇报了关于歼7大改的设想。其中主要内容是:

除抓好当前歼7飞机的优质生产和歼7Ⅱ型的设计定型外,要重点抓好歼7的改进改型,争取在80年代初拿出性能赶上70年代的米格-21МФ,在雷达和火控系统性能上超过它的飞机,这种飞机就是歼7大改。首先,有利条件是可以拿出仿P13-300这样大推力的发动机。飞机上把机头及进气道改大,把317雷达装上去,机翼上增加一对外挂,加大垂尾加强起落架加装机背金属油箱,采用吹气襟翼,加装消极干扰弹、半自动导引设备等,飞机争取

1981年上半年首飞，年底设计定型。

吕东部长听后表态说，这符合他的想法，要干这件事。当场指示陈少中局长（陈局长回到北京，正式被任命为三机部副部长）带了我整理成文字稿的《歼7进一步改型意见》，回北京向部党组汇报。吕部长还说："我最着急的是电子、武器系统。飞机上了天，就要靠电子、武器系统，达到保存自己消灭敌人的目的。所以要有人牵头来抓。"

1978年3月全国科学大会中，党和国家领导人亲切接见代表并合影，最上一排带小三角者为屠基达

4月29日，吕东部长在全厂中层以上干部会上讲话，号召全厂干部要为大上歼7而奋斗。

他说倾听了工厂的汇报很高兴。目前生产Ⅰ型是暂时性的，大量的将是生产Ⅱ型。前天听了汇报，三四年内厂里改出更好的飞机，有好的电子、武器配上去，就可以达到20世纪60年代末的水平。

吕部长在厂，不仅调查了歼7飞机的生产和研制，而且整顿了工厂的组织管理工作。要改工厂为党委领导下的厂长负责制，建立总工程师为首的技术责任制,要设立几名副总工程师,设立五师一长,除基建处以外,行政上处一级全部撤销,设立六个分厂,副生产长副总工艺师兼分厂的生产、技术副厂长。

5月22日,孙志端副书记(他实际上行使厂长职权)召常汉臣、唐吉人、我、周砥中四人集体谈话,成都市委已任命我们为副总工程师。后在总工程师谢明召开的会上,明确我分工管Ⅱ型,全天候型及各项改进设计,四个副总间相互有交叉,常汉臣帮助我工作。

6月1日陈少中副部长及六院张金波部长等再次来厂,传达说陈副部长已在部党会上汇报了我厂歼7大改的设想。空军张廷发司令员很重视这个问题,这涉及下一代的空军实力。吕部长决定歼7由132厂作总体安排,歼7中改,歼7大改,改教练机等。还要发挥各方面的积极性,可以交011基地去干一些,必要时,611所的力量也可动用一些,如方案讨论帮忙都可以。他们认为我厂设计所的力量是比不上320厂的设计所及专业设计所,但有不少优点,领导班子和队伍的精神都很好,出现了不少先进事迹,是可以打一些仗的。陈少中副部长在全厂干部会上最后说,大上歼7大干大改,是中央对132厂的殷切期望,我们蹲点调查了三个月,认为132厂是可以承担起来的。首先靠工厂设计所,我们完全有信心。五年内出1000架飞机,而且拿出有先进水平的大改飞机。总设计师由部里来任命。在干部会上谢明最后表态说,厂里开干部会,部长亲自来动员,在历史上是没有的,虽然我们的工作和部长的期望还有差距,但我们会努力的。昨天和设计所干部座谈了,厂里决定加大力度落实知识分子政策,七八月份将提升一批工程师,在分房等生活福利上,工程师将享受中干的待遇。设计所内将成立科一级实验室,加大技改力度。

中央急要 1000 架歼 7 大改

部里电话通知，歼 7 大改的事有突变，急召我们赴京。1978 年 6 月 13 日，孙厂长（吕部长来后，也叫开了）和我二人飞北京。14 日到三机部，段副部长先和我们谈了两条，一是歼 7 大改由三家干，沈阳、成都、贵阳的一把手都召来了（指 112 厂、011 基地、132 厂及 611 所），二是歼 7 大改拿到或拿不到样机，有什么区别；要我们先考虑一下。

第二天，吕部长召开会议，孙厂长和我，611 所革委会主任王南寿，112 厂厂长王新，011 基地主任庄树山参加，部里段子俊、莫文辉、徐昌裕、陈少中、王其恭副部长均出席了。会上首先由段副部长原原本本地传达了 6 月 12 日军委在三座门召开的专题研究大上歼 7 的会议上各领导的发言。会议由军委罗瑞卿秘书长和王震副总理主持，总参，空海军，国防科委，国防工办及三机部、四机部、五机部的领导参加。各领导发言，我记了大意如下。

罗秘书长首先讲：邓副主席指出，生产要以歼 7 为主。今天研究歼 7 问题，要把歼 7 搞上去。但生产什么样的歼 7 呢？搞得不好生产几千架不顶用的，就影响太大了。

张廷发司令员接着发言，他说，天天讲装备的质量，质量有些什么问题？我最近花时间先从歼 7 搞起。外部看，歼 7 有 71 个质量问题，这是不难解决的，但从内部看有什么问题？我看了 1976 年 12 月叶正大去埃及的一个报告材料，谈了应该搞米格－21МΦ的问题，这是很值得考虑的问题。空军建设上换一代飞机是战略问题，是一件大事。我和段部长商量过，段部长的意见，歼 7 Ⅰ不能多生产了,应该生产好一些的歼7Ⅱ。他在罗马尼亚也看到了МΦ飞机,还拿回来发动机。歼7原型飞机的发动机有质量问题,空中停车已出现64次,不改进怎么行?现在是电子火控系统竞赛的时代,电子火控好,可弥补飞机的不足。苏联本来就落后于美国,我们连苏联的改进飞机МΦ那样的也赶不上。我们应该生产好一些的歼7,总的像МΦ这一级飞机,在总数量中起码有一半МΦ那样的,包括有好一些的电子火控系统。1982年前歼7МΦ至少要有1000架,1980年以前把歼7大改搞出来。

吕部长接着说,三机部受林彪、"四人帮"干扰破坏非常严重,科研落后,配套问题也大,整顿要有一个过程。因此,1982年搞不出2000架,要1983年以后,1984年、1985年才能出大量飞机。配套问题,开协调会不解决问题,这样重要的机种,应成立系统工程,以国防工办为主,专人负责。

在听取了三机部六院关于歼8的情况汇报之后,罗秘书长说,1982年还是2000架歼7。其中1000架МΦ型的,歼8可以让路,集中力量打歼灭战,把112厂这主力拿出来攻坚(攻歼7)。1982年拿不出1000架МΦ,无法向华主席、邓副主席交账。歼7的电子火控都落后,由工办洪主任来抓。

军委的会议后,工办洪主任当天下午就召各部领导研究了落实军委会议的讨论。

段副部长传达完后,吕部长说,歼7大改,上次段部长已到罗马尼亚看了。以后陈部长到132厂,研究了歼7大改的状况,4月份我去成都,听了汇报。这过程中,张司令员摸了一下底,发现大改好,出来一个新的方针问题。本来设想大改1981年定型,1982年小批生产。而1982年要2000架,是歼7Ⅱ为主,歼7Ⅱ今年年底定型,救生问题解决好以后,要解决好空中停车问题、机翼振动问题。现在改为要大改为主,而歼7大改实际上是新飞机,发动机改了,飞机改的也不少。军委会议上罗秘书长说的,这种飞机要

1000架，2000架之中要有1000架大改。副总长说了，要保证北京有制空权，没有更好的飞机了，这是一个严肃的战略任务。

吕部长接着说：我们执行军委决议，用什么精神？要用革命加拼命的精神，要保证高质量高水平。发动机要测绘，如决定叫420厂干，给其他单位下命令集中人就要到，哪个厂长书记不执行，就要撤，不能各把一摊，各行其是。飞机，三个主机厂都干，歼8推迟。设计所，主要靠611所，加上几个厂子的，在这个斗争中，锻炼我们的队伍。这事很可能罗秘书长、王副总理亲自抓。

前一天，洪主任对我讲，我、你当办公室正副主任。你们要听指挥，这是一，打这个招呼。第二，一定要严格质量，一定要非常严格、细致，绝不马虎，三班干，你头脑要清醒，不能一着急，就蛮干了。要严格按科学态度，要严格科学试验，按设计程序，一丝不苟，不能让歼7出厂以后，像过去的歼6那样，质量大检查后再出问题，我就找你书记厂长。第三，要加强科研，绝不能放松。否则第三代、第四代怎么出来？现在连发动机停车都解决不好，没有试验手段，六院要把歼7好多问题抓起来。徐、王（其恭）副部长，你们要研究歼7的科研问题，陈部长是挂了帅搞歼7的，更重要的大改总是第二代，要想法搞第三代、第四代，不能顾此失彼。要引进技术，包括引进欧美的飞机。我们要成立对外司和航空进出口公司。现实的，是弄飞机来，还是到国外去（依葫芦）画瓢去。

我想我们这个会，要细致地研究进度，鼓干劲和科学态度要结合。有总进度和分进度，航空工业太复杂，都要列出进度来，没葫芦（样机）1983年后一点，有葫芦1983年早一点，不妨列两个进度表，但你不能拖泥带水，问题要提出来，要有解决措施。要千方百计，要挖潜、革新、改造，包括必要的条件，要提出来。

段副部长接着讲怎么干。他说首先要总结过去的教训，歼6一刀两断后出的飞机发动机附件都很好，飞行员很欢迎。所以大改飞机首先要把好质量关，保证100%的质量。歼7的战场放在132

厂，因132厂领导、技术人员几年来一直在搞歼7，歼9工作让路。112厂和011基地也调集力量。设计完，三个厂部件分工干，前10架由132厂总装，132厂抓总。在成都成立现场指挥部。发动机，主战场放在420厂，410厂也很好，但910任务重，不要影响歼9和歼13。

歼7设飞机总设计师，还要设总工艺师，掌握全机协调。总设计师单位是132厂，王南寿同志抓总，611所可拿出相当一部分力量来上歼7大改。要搞一个总设计师制度，搞个条例，各部工作都要受其制约，部里要往上报告，总设计师、副总设计师各厂提名。首先要立足自力更生，外部条件正在争取。132厂打这个仗有困难，320厂、172厂的力量都可以调动。

当然，打好这一仗，千万别把别的丢掉了，如歼8，要全力以赴抓设计定型。

大会后，与会的厂所领导在讨论中，一致同意部领导的安排。第二天，在陈部长参加时，与部机关同志一起研究歼7系统工程的具体组织安排，包括起草总设计师条例、总工艺师条例等的思路。

18日、19日两天，段副部长带我分别去四机部、空军装备部谈歼7大改，与四机部齐一丁副部长谈大改的雷达电台无线电罗盘等配套电子产品。在北京我谈完总设计师条例、歼7系统工程设计室组织条例后才返厂。

回到成都以后，611所王南寿主任向孙志端厂长谈了，611所同意全力以赴搞大改，厂里有关设计骨干可以参加。

6月29日，在132厂召开了由三厂一所领导参加的歼7大改主题会议，六院新机部副部长张金波主持会议，他传达了6月12日三机部的会议精神，并宣布三机部的决定，由王南寿和屠基达分别担任歼7大改的第一、第二总设计师，周砥中为总工艺师。整个系统工程由国家来抓，系统工程总设计师，委托132厂党委代管。系统工程设计室，是部属厂管。王南寿接着说，三结合搞设计的地点在611所为好。

7月2日，陈副部长来成都，传达6月26日中央开会的精神，这是一个由邓副主席、王副总理、罗秘书长和张司令员、洪主任集体听取吕东部长关于航空工业情况汇报的会。听取汇报的还有杨勇、曹里怀、李人俊、刘华清、叶正大，参加汇报的还有赵建民、段子俊副部长。在汇报前后，邓副主席说了很多，大意是：

我们的空海军是对付苏修的，但目前着眼点是中国统一。中国统一，不管用什么形式，要有力量，没有力量不行，我们不能欺骗自己。

空军要用歼7替代歼6，问题是用什么样的歼7来替代歼6。

要组织共同攻关，共同努力，解决新装备的原材料问题和技术问题，实在不能解决的，去买外国的东西，吸收外国的先进技术。从长远看，可以考虑引进欧洲的战斗机。我们必须抓科研，抓科研甚至要放到整顿工厂的前边。就是引进了国外的先进东西，也要靠科研掌握它。今后谈判引进，空军、三机部、研究机关，组成一个小组，从头负责到底。

邓副主席说，整顿工厂，关键是要解决好班子问题。要精选人才。这些人要有干劲、有技术，挑选的人先当副厂长、大车间主任，这些人中，40岁左右的就不差，将来要30岁左右的，现在就着手培养技术干部、技术工人。要培养研究生，派留学生，重点大学，招生要翻一番，比新建来得快。科研机构和大学要整顿，注意管理人员不能太多，否则上层建筑成了障碍。

大家听了陈副部长传达的邓副主席视野开阔、高屋建瓴的讲话，受到极大鼓舞，因此讨论很是热烈。接着讨论系统工程设计室的条例、总设计师条例草案，条例要由部向上汇报，各工业部有关工作都要受其制约。又讨论飞机的指导思想、进度安排、组织落实等。最后做出了完整的安排方案，由陈副部长带回北京，待吕部长批准。方案中包括试制如何由三个厂分工干，1000架生产又怎么分工干。提出两种方案,以后拟集中工艺专家来议,包括困难的运输问题如何想办法解决。三厂分工的办法部党组定了以后,还要报上级批准。

在议论中,我厂管生产的生产长侯建武就对歼7大改的形势用生动的语言做了概括,三招险棋"设计要一次成功,工艺要万无一失,生产要直线上升"这话很为传神,此后曾多次被引用,当然这里主要说的是量或进度的概念或其难度。

在向厂党委专题汇报歼7大改时,孙厂长在谈到厂所关系时说,厂所结合,但仍是两个实体,只是建制上归厂。过了几天,611所王南寿和革委会副主任吴逢光来参加厂党委讨论设计室的干部安排。决定由611所吴逢光和132厂设计所副所长陈志立为副总设计师。总师下边设总体气动、结构强度、系统和特设4个专业的主管设计师,协助总师工作,再下边设6个设计分室有正副主任设计师,另有一个办公室,132厂派出的主管和主任都当副职。132厂抽出参加大改的设计干部共58名。1978年7月14日,132厂临时党委下发了"我厂代管的第三机械工业部歼7系统工程设计室主管设计师和主任设计师"任命名单,计有宋文骢、李克唐、陈今、常明鉴等四名主管设计师和张仁保、陆英育等两名副主管设计师,以及成志明等26名正副主任设计师(其中有10名为132厂派出的),办公室主任为张颖芝,132厂派出王士忠为副主任。

此后,三机部下发了(78)三计1024号文件,正式明确三厂一所共同承担歼7大改的研制任务,批准了成立设计室的条例和总设计师条例,任命了总设计师和副总设计师(除吴逢光、陈志立二位外,增加112厂陆林林,011系统于希明为副总设计师)。由三机部任命飞机型号总设计师和成立部属厂管的系统工程设计室,这在历史上是第一次。在总设计师条例中,明确了"承制厂选派的副总设计师负责试制生产中的一般设计问题处理""总设计师负责飞机的全面设计工作,直到飞机设计定型移交承制厂为止",都带有三厂一所联合研制的特点。

成立歼 7 系统工程设计室

1978 年 7 月 15 日，在 611 所召开歼 7 系统工程飞机设计室成立大会，三厂一所的同志参加。孙志端代表 132 厂党委在会上宣布了干部任命名单。

从这一天开始，132 厂每天开班车，我和陈志立等 67 名设计人员带着几年来积累的改型资料去 611 所上班。112 厂派出陆林林等 22 名设计人员，011 基地于希明等 31 名设计人员，与 611 所的 282 名设计人员，按专业分别投入了歼 7 大改的设计工作。我在厂里分工的歼 7 Ⅱ 型改型工作已接近设计定型，收尾工作交由常汉臣同志帮助抓。原来厂里准备的联合设计所需的后勤接待工作也就取消了。

按三机部安排，设计室要立即派出两个技术组分别由王南寿和我带队去东欧某国和南亚某国实地考察 MΦ 飞机，收集资料供歼 7 大改用。出国人员名单是厂所分别提出的，由部里圈定。去东欧某国的王南寿小组，由 611 所 5 名设计干部和 132 厂的张仁保、陆英育、张得三、薛炽寿、王寅泰和刘尚德等六名设计干部参加。去南亚某国的屠基达小组则由 611 所的谢顺龙、张声修、陆雄理、李金华四名设计干部和部辅机局干部闫治孝以及 132 厂五个装配工人晏志友、李宗义、沈世权、刘凤林和胡二生组成。

我们一行在京听取了陈副部长关于出国任务的指示后，于 1978 年 8 月 18 日离京，经卡拉奇转机到达该国。在我国驻当地大使馆领导下开展工作。在南亚某国一共工作 40 天，我们在外身份笼统地说是三机部的工作人员,不说具体厂所,与该国空军接触则说是国防部的工程师。

由于该国的政治情况复杂,空军内部亲苏的多,我们去考察是最高当局同意的,但工作仍采取严格的保密措施。我们的工作内容除接见我们的助理参谋长外,仅陪同的两位空军军官和基地司令员三人知道。由于白天工作时间有苏联专家在现场,故我们现场工作均在晚间并戒严后进行。

供我们察看的飞机是苏联援外用不装蓝天系统(地空数据传输)的两架米格-21 MΦ 飞机。这两架停放在机库的飞机均不完整,一架无发动机,另一架仪表拆去甚多。据我空军专家组了解,这两架飞机停放在该处均一年以上了,所以飞机上蛛网密布。刚到该国时,每晚仅能工作两小时,后延长至四小时。白天我们只能关在空军军官宿舍查阅他们提供的说明书,整理数据,抄录资料,带回一些零组件测绘。晚饭后乘车去现场,前后共进行了20个晚上。南亚某国气候炎热,夜晚工作常是汗流浃背,蚊子又厉害,条件相当艰苦。而且该国要求拆卸口盖机体必须当晚恢复原状,所以工作甚为紧张。有些拆卸费时的、有铅封的或拆了要更换新件的,都不许拆。生活上全由该国空军接待,但每晚工作至午夜,只供应一个香蕉充饥,为了工作,全组同志都无怨言。

此行的收获,一是对主要改动部位外形、前机身结构、航炮安装以及系统、吹气襟翼、仪表安装、舱盖等进行了测绘,对有关的系统、起落架、机尾翼进行了数据测量;二是拍摄了11卷底片的飞机实物照片;三是索要并带回技术说明书,使用维护说明书30本和一套双管炮说明书照片底片;四是索要17项系统成品。

小组同志于9月30日搭乘使馆联系的便机直接自该国飞返成都。我们去时,本来打算半个月完成,以要东西为主,到后才知条件甚差,很难要到东西。使馆领导说不要急,要做三四个月的思想准备。但家中工作进度十分紧迫,我们都急于完成任务回去。

王南寿小组在东欧某国的工作条件很好，除考察飞机外，还要到手13箱资料和67项实物。他们按期完成任务回去，为7897会议的方案论证起了很好的作用。

三厂一所的设计人员，按专业分工很快开展了工作。利用歼7整机资料和132厂已有的资料，以及国外考察报告等，用了一个多月的时间，分别提出了歼7大改飞机的总体、系统、装配配套方案，一共编写出了27份文字报告，绘制了47张图表，在9月份由三机部（陈副部长主持）在成都召开的7897会议上，完成了首次方案论证，以及飞机的成品配套和试验协作安排。在全机482项成品中，有163项新研制、测仿或改进改型，约占总数的1/3，有90项试验（包括吹风、强度、系统、飞行试验）要进行。

总体方案论证以后，全室开始打样，组织了10个协调区，绘制了2823张A4的协调图，同时开展结构打样和系统安装打样。

全机设计工作按照参照设计的原则进行，即在满足战术技术要求的前提下，能继承的尽量继承，可参照MΦ飞机的就参照，实在不行的就自行设计。

11月三机部飞机局在温江召开"歼7大改飞机规范、载荷、强度咨询会"，崔副部长出席并讲了话，由我主持，请北航、南航、西工大及601厂、623厂、630厂等厂所同志参加。会议按规范载荷和强度两个阶段进行，在听取飞机设计室的同志汇报的基础上，对飞机的设计规范修订完善，空地载荷的制定，涉及重量、强度计算的原则和强度试验工作，飞机疲劳寿命和选材，以及飞机的气动弹性等问题，进行广泛的讨论。对飞机结构可参照，但规范、试验要求等无法参照这个固有矛盾，而飞机必须保证一次试成，提出了很好的建议。

与此同时，还召开了进气道调锥系统工作会议，请发动机设计室和161厂的同志，就调锥系统的传感器和信号组件设计方案和其技术协议、有关试验等进行了讨论。

要到了两架样机

1978年11月底，接三机部通知，要我率组赴埃及，接收 MΦ 飞机。小组成员有611所谢顺龙、132厂的张仁保，以及132厂曾赴南亚的4名装配工人和翻译，共8名同志。

我们一行于12月1日离开北京。对于埃方合作的态度我们并不摸底，只是估计了可能出现上、中、下三种情况，我们如何应对。但在一个多月的实际执行中，比我们乐观估计的还要好，我们真可说是喜出望外。

1978年12月我第二次访埃

在埃及的工作分两个阶段，前一阶段对两架飞机的检查、试飞、分解、油封、装箱，直至12月20日发运，交我国远洋公司银川号货轮启运出港。后一阶段是催办索要的备件、设备，直至装箱发运。在催办过程中，我们在该国飞机中修厂学习调查一些飞机上的新设备、新系统的使用检查经验，弄清专用工具和设备的使用情况。

1978年12月在埃及亚历山大港

使馆党委很重视和支持我们的工作，我们就直接住在使馆宿舍，在使馆食堂吃饭，大使、参赞、武官分别多次听取我们的汇报，给我们出主意。

两架飞机的事情，是事先由三机部机关外事处同志与该国空军商定的，我们去了很快就接上了关系。该国主办此事的空军工程部部长巴茨少将在接见我们时，十分诚恳友好。他指派哈梅特中校当联络官，始终陪同我们，工作效率很高，接触到的基地、修理厂的官兵，对我们都很友好。与我1976年那次来访，在态度、坦诚、出手大方等方面，简直不可同日而语。我估计这与我国已援助他们不少歼6有关。

该国移交给我们的两架飞机，一架是米格-21 МФ歼击机，一架是米格-21YC教练机。分别于1970年和1971年出厂，已分别飞行了597小时和642小时,还未达到大修期正在使用的飞机。这两架直接从其他基地飞来,经我们检查了完整性并当场做了飞行表演后交给我们的。表演前该国飞行军官问我,要不要做离地面3~4米的通场飞行,我说不要那么低,保证安全吧。

1978年12月全组在埃及金字塔前合影

飞机随带的各种外挂、副油箱、弹射弹、救生伞、救生包及全套飞机发动机履历本都一起交给我们,并交给我们K-13导弹三枚、C-5m及C-5K火箭弹各三枚、23炮炮弹200枚,一起随船运回。

在北京出发前,三机部油江部长还专门找我谈了要接收两台米格-23的旧发动机回来,与该国已经谈好了的。在接收完飞机之后,该国又把两台很新的P29-300发动机交给我们,它们都只分别使用了32小时和24小时。因进气道进了沙石,一级压气机叶片打出了小凹坑而停用待修的。发动机装箱与两架飞机一同装船运回。我回北京后,两套履历本当面交给在京出差的410厂厂长程华明同志。这是后来涡喷15的参照样机。

1978年12月,我和611所谢顺龙在埃及

除飞机整机外,该国还应我组要求,给我方提供了很多新旧备件、仪器、设备等共计111项之多。计有双管23炮、起落架、座舱盖、机背油箱、襟翼、弹射座椅、通信电台、轮胎等。这里所谓旧的,是经过返修后在库的可装机使用的。答应提供项目之多,出乎我们意料。

一个偶然的机会,我们在修理厂某处发现了堆放着许多较完整的飞机部件残骸,我考虑测绘好用,就向联络官提出要,联络官马上回答,你们要什么就给什么。结果我们要到了机翼等21项残骸请他们装箱运回。

此外,我们还对不能运走的实物照了很多相,包括一架偶然看到的侦察机,还与该国空军空地勤人员、修理工程师进行了座谈,借到各种说明书44套(本)。

这一次来埃及可以说丰收而归,这是两国间友谊日益发展的明证。当然,这里也与我们自己的努力主动有关。一是我们尽可能使工作有预见,谈问题心中有数,小组内部各人都有分工,做到不漏不乱;二是体现出我们小组成员的知识面广,技术在行,水平较高,提问题都在点子上;三是主动做人的友好工作,使人感到是平等的真朋友。

1979年1月我在埃及伊思梅里亚的苏伊士运河管理局前

我们一行1979年1月7日离开埃及回国,在该国工作前后共一个月零五天,元旦是在使馆过的,伊斯兰国家不过元旦。

运飞机的远洋轮,把两架飞机及发动机等运到天津,飞机及部件由132厂派人运回了厂。

分歧从此开始

回到北京以后,除了汇报总结以外,我本人作为总设计师,鉴于样机到手的情况,按段副部长的意图,给部飞机局留了书面意见。主题是建议歼7大改由参照设计改为测绘设计。认为全机可分

成三类情况:

1. 全机外形包括进气道,主要承力结构、起落架及方案相同的系统、成件,均按 MΦ 飞机测绘。测绘的成分应尽量扩大。

2. 由于雷达、部分特设成件、座椅方案上与 MΦ 飞机不同,因而安装及系统线路仍需自行设计。

3. 可以继承歼 7 飞机的,经过分析决定继承,如阻力伞舱。

从埃及引进的米格–21MΦ 飞机

我的书面意见,同时抄送给了王南寿总设计师。

我写建议的动机,是感受到中央下那么大决心,要赶快出飞机,我们这些人的担子很重。而有些设计干部总感到测绘设计的地位太低,按昌部长的说法是依葫芦画瓢,没有发挥设计人员的创造力,如在讨论进气道方案时,我认为应尽可能按样机,但设计干部认为自己设计进气道管道技术上并不复杂,而不考虑我国当时做进气道和发动机匹配试验的条件并不具备。如果谁都想露一手,用参照来扩大自由度,这麻烦就会大起来的。

我的意见显然不符合一些同志的意思,于是1月25日,不包括132厂的其他三位副总设计师由吴逢光带队到北京,向飞机局汇报,认为不宜改为测绘设计,而应提为充分利用样机,扩大测绘面,进一步搞好参照设计。主要理由是,基本上自行设计的结构有前机身、火控雷达、导弹、通信导航、救生、燃油、座舱照明、干扰装置等,而且要全面进行测绘实际上不可能,要有两三架样机才行。至于为什么前机身要自行设计,恐怕没有具体搞过设计工作只听汇报的同志也未搞清楚,因为空军要求飞行员座高由940毫米提高为960毫米,前机身就要大改了。

事后,我从飞机局得到了上述汇报的记录稿,感到要兼顾好共同工作,611所又有建所问题,所以不再坚持测绘设计的提法。2月20日在一次向飞机局和王总设计师的书面意见中,只提"充分利用样机,扩大测绘范围"这样实际工作的方针。但是在一起共同工作的设计领导班子有分歧而不当面说,总感到不正常。

早在1978年12月,国家经委和国防工办联合批准方案论证时把歼7大改正式命名为歼7Ⅲ型飞机。

1979年2月27日下午三机部党组召开扩大会,由吕东部长主持,听取歼7Ⅲ的工作汇报。由飞机局副局长张金波作汇报,是前一天莫、崔二位副部长召集预备会准备的。

预备会及党组扩大会,王南寿和我都参加了。当张局长汇报到歼7Ⅲ的设计原则拟改为"充分利用样机,尽量扩大测绘面,能测绘的部分特别是关键部位,就尽量测绘,不能测绘的搞好参照设计"时,吕部长讲"能99%测绘更好。空军要增加一些新项目,别让他改,要MΦ飞机就给MΦ,不要花样翻新,否则1983年也出不来,原则上就测绘。""邓副主席过去问过我'歼7大改怎么样?'我说'没有样机,没有把握'。现在样机来了,邓副主席问'来了样机如何,我说'照抄',照抄就容易出来,必要时再去要一架样机来。"

当汇报到空军要求歼7Ⅲ的外挂,要按《北大西洋公约》标准搞三化时，吕部长说："我看歼7Ⅲ就照老样子干，不要在歼7Ⅲ上搞三化了，等歼13吧。在中央看来，似乎明年就可使歼7Ⅲ飞起来了。就MΦ，别变花样了。"

在汇报完后，徐副部长发话说："歼7Ⅲ要定型，试验条件要早些提出来，有哪些试验，谁来做。希望早一些和航定办商量。歼7Ⅲ算仿制还是新飞机研制？如属新飞机，试验要求就多了。"吕部长说："就是仿制。"徐部长说："前提要定，如测绘仿制，则试飞就简化了。"

王其恭副部长发言说："歼7Ⅲ的优缺点各在哪里，要如实向上汇报清楚，这涉及歼7Ⅲ生产多少总数的问题。我同意吕部长的意见，歼7Ⅲ就是测绘仿制，这样试验任务周期就可缩短，能测绘仿制的就测绘仿制，把握就大了。"

当发动机局王副局长说发动机要1981年底方能提供上天的发动机，张金波副局长说太晚了时，吕部长说："辅机和发动机均应1980年出来，如把飞机拖到1983年才定型，就等于吹了！那时歼8都出来了，到时歼8多生产点儿就行了。我们的精力可放到歼13和歼轰7上去了。我和空军去谈，空军不能加特殊要求了，一加要求，什么都得试，我要向洪（学智）主任汇报清楚。"吕部长接着强调说："性质确定为测绘仿制，可以有点变动，但不是另外搞新飞机。"

会后，我整理了会议记录，回成都后，由王南寿同志向全设计室同志做了传达。

1979年3月，三机部下达文件，112厂退出飞机设计室，三厂共同生产歼7Ⅲ方案改为二厂生产。要求歼7Ⅲ于1981年上天，1982年定型，1985年前132厂和011基地共同生产出500架飞机。并决定歼7系统工程设计室改为委托611所党委代管，要求所党委切实抓好设计室的思想政治工作和后勤保障工作。

这时，厂里曾讨论今后规划，我又提出除歼7Ⅲ外应开展歼教

7的工作，由于工厂当前压力太大，厂里讨论时又被否定了。当时米格-21YC飞机还放在厂里，我感到可惜，下边的设计员有的也跃跃欲试。

3月底，国防工办叶正大副主任来厂听取歼7Ⅲ工作的汇报，工厂孙、谢和我参加，611所王南寿、吴逢光、张颖芝来参加。汇报中，叶正大发觉吴逢光对测绘二字有不同意见，甚至在叶讲一些具体问题时和叶当面争论了起来（这与叶原来是老所长，跟他们比较熟有关），但叶还是沉住气说："吕东部长在党组扩大会上说，能99%测绘更好，现在要据此拿出一个意见，把99%的意图落实下去。"叶这时很在意厂所要结合好，今后要成立一个统一的公司。

4月初，厂里成立歼7Ⅲ现场办公室，并指定专人管理样机，准备在测试完一些系统性能后，搞外形测绘。

歼7Ⅱ型飞机编队飞行在西沙群岛

4月中，三机部崔副部长陪同空军曹里怀副司令员来厂观看MΦ飞机。曹在样机旁两次对我们说："空军党委意见，照样机干，不要搞什么新花样了。"晚上，叶正大、曹里怀、崔光炜等领导在锦江宾馆9楼会议室，正式听取谢明、试飞大队李湘君大队长汇报歼7Ⅱ型定型试飞等情况，听取王南寿汇报Ⅲ型工作，我参加了。曹副司令员又讲："这飞机，别乱改，就测绘。"

这时歼7Ⅱ型飞机正用两架全状态新飞机，由我厂试飞大队做设计定型试飞，进展比较顺利。在此之前，歼7Ⅱ型四项主要改进，都已分别试验试飞，刘尚德同志主管的大副油箱及张功勋同志主管的阻力伞舱上移项目，已由三机部和空司于2月和4月联合单向鉴定通过；李宗俊同志主管的弹射救生和寿伯康同志主管的换装发动机两项也都进入收尾；全机结构更改和燃油、空调、冷气、军械、特设系统，地面试验都完了，正在试飞验证中。于是改进工作前后历时10年的歼7Ⅱ型，终于在1979年9月正式取得设计定型的成果，这是后话了。歼7Ⅱ型大部分详细设计都是在彭仁颖同志指导下完成的，沈泳沅同志主管了联锁点火项目。而自力更生的火箭弹射座椅等试验，则是在冯玉麟、杜志光、吴明初等同志的领导下完成的。132厂设计所打了一个漂亮仗。

歼7Ⅱ型飞机编队飞行在天涯海角

矛盾公开化

按照主管歼7Ⅲ型的崔副部长要求,我们到北京去做歼7Ⅲ型方案的汇报,由王南寿总设计师带队去。为此王总召开了我参加的准备会。设计室办公室主任张颖芝在会上讲了汇报材料的准备情况,包括各项机载设备项目的情况,王总最后讲了几点意见。1979年5月初,部电话通知到北京去汇报,南寿同志突然因为心脏不适住进医院,走不了了,临时只好决定由我带队,于是由我和吴逢光、宋文骢、张颖芝4人于5月6日飞北京,在飞机局听张金波介绍安排后,第二天在部讨论汇报内容。讨论当天吴逢光也病了,没有去,而张颖芝说没有准备任何材料。于是这次汇报变成了对我这临时替代者的"考试"。幸而我不是能考得倒的。临时由我起草了"关于歼7Ⅲ型研制的情况和方案汇报"稿,包括了在崔部长主持下飞机局辅机局张金波、李兆翔、杨光中等同志参加研究各成品的安排等内容在内,并经与吴、宋、张三位一起讨论同意,最后经崔部长审定,在部打印成文,以便正式向部党组汇报。

5月19日部党组召开扩大会,吕部长主持会议。孙志端厂长来京参加了,并开了头。由我汇报,崔部长、陈部长、油部长都发了言。

汇报稿的基调是:一定要充分利用样机,尽量扩大测绘面,能测绘的(特别是关键部位)要尽量测绘,不能测绘的,要搞好参照设计。据此,具体对外形、结构、规范、强度、系统等做了原则说明。写入了吕部长以前在党组会上的意见:"能99%测绘,更好。"写入了叶正大副主任在成都发表的意见,他赞成三机部党组的意见，认为可以用四点来具体化：①气动外形和进气道内管道（按 MΦ）不改。②结构不改（不是绝对）。③成品附件已批生产的性能相当，用批生产的继承，批生产没有的，测绘。④空军提的外加要求，分步实现，第一步试制的不加新要求，让批生产先上去，第二步在批生产以外更改，改成一项上一项。还写入了曹副司令员几次说明空军党委的意见，即歼7Ⅲ研制要争取时间抢速度，就按米格-21MΦ样机测绘，先仿出来，不要加新东西，改什么新花样了。

汇报稿如实地说明了飞机改型后的优点和缺点。与样机相比，有7项不装不带的项目和歼7Ⅱ的项目。说明了全机配套的机载设备项目及承制单位协议情况。最后还分析了全机研制中部内外的技术关键，应采取的措施、研制进度和经费。经过部内上下结合，汇报中的总进度是1982年上半年首飞，1983年设计定型。

党组扩大会同意了这个汇报稿。

这时，全国的形势有了新的变化，中央决定对国民经济在综合平衡的基础上做全面的调整，歼7Ⅲ的研制进度和数量可以重新研究。在党组会上，也有人提出歼7Ⅲ和歼8的关系，因为歼8的原设计是全天候型。是否要搞两个新的全天候型飞机？对此，吕部长在做结论时说："在部机关里讨论，有不同的意见，并非对歼7Ⅲ研制有了动摇，吹了冷风。"成都研制现场，出现各种情况。吕部长说："全权交孙志端同志现场指挥。"

接着，按部里安排，我带了汇报稿，向国防工办、空军、四机部、五机部分别去汇报。汇报完后，工办又召三机部、四机部、五机部负责歼7Ⅲ型的副部长开会，由叶正大副主任主持，在我汇报之后，研究落实各项部外配套设备。会后，工办起草了一个向国务院中央军委的工作报告。1979年5月24日，我们去空军汇报时，张廷发司令员未参加。但他要亲自听汇报，于是我和吴逢光留在北京，于6月4日再次由崔副部长带我们去空军汇报，出席的除张司令员以外还有曹副司令员、姚副参谋长等不少空军领导干部。我按汇报稿汇报完后，张司令员说了不少，我都认真做了记录，但我感到很多是说给在座的空军同志听的，如飞机配套问题的严重性，电子设备和武器配套的重要性，不配套飞机发挥不了作用等。又谈了歼12飞机打起仗来没什么用处，是教训，歼6Ⅲ也是教训。谈到歼7Ⅲ，说这是不得已而为之，没有更好的飞机。说歼9我们要切合实际，相当于米格-25，我们一下子能搞出来吗？一会儿说 MΦ 搞不出来，一会儿说要搞歼9，矛盾。咱们有个误解，要雷达，不光是为了全天候，更重要的是要老远就可以发现敌机、雷达和导弹配合在一起好攻击，雷达还是要研究下视能力。飞机上设备配套好，比飞机本身重要，要打仗，首先是电子设备火控系统……接着张司令员再次强调，现在决定生产一些米格-21MΦ，我们是不得已。

会上，张司令员当场决定，要亲自去成都看样机，于是6月6日由崔副部长和我陪同张司令员坐"子爵"号专机直飞成都。第二天，去看了两架飞机。按崔部长安排，我还向张司令员简要汇报了与英国谈判引进马可尼航空电子设备的情况。看完样机坐下开会，厂里孙志端、谢明等参加，试飞大队大队长李湘君汇报了歼7Ⅱ型试飞情况。张司令员除歼7Ⅲ型问题外，还谈了歼教5飞机，说歼教5飞机很好，这飞机一开始即干得很稳。

我这次去北京整整活动了一个月。6月9日去611所向设计室干部传达去北京汇报和活动的情况。吴逢光同志要求说，所党委要求先结合思想状态布置工作。我不是所党委成员，也不了解大家的思想状况，所以请吴出面主持布置工作。我在传达去北京汇报及活动的情况时，本来一起去北京汇报的吴逢光借故不参加了。此前1979年3月，三机部文件更改了歼7系统工程设计室由132厂党委领导改为委托611所党委领导，看来发挥作用了。

继3月文件决定112厂退出歼7Ⅲ任务后，7月又有三机部文件，011基地设计人员因有歼教7任务，退出设计室。

北京汇报活动结束后，7月初三机部下达歼7Ⅲ研制的通知，除样机管理和成件研制问题外，主要内容有三条，一是设计原则调整为测绘设计，二是研制进度后退为力争1983年达到设计定型，三是成立现场指挥领导小组，决定由132厂厂长孙志端为领导小组组长，张金波、王南寿、谢明为副组长。

5月去北京汇报，让我一个人唱独角戏，看我的笑话，已让我很为恼火，正拼命压着。这时，在北京又听到了一些人在背后对我的人身攻击，说我到611所捞个人的好处。真是岂有此理，歼7Ⅲ原来一直是132厂的任务，现在变为611所为主，究竟谁捞谁啊？三机部党组决定歼9让路（实是下马），用歼7Ⅲ作填补611所空白的角色，从大局出发，我是可以理解的。歼9下马这本是非常正常的事，高空高速已不是歼击机发展的方向，也并不是被歼7Ⅲ挤掉的。我力促歼7Ⅲ上马，并不是歼9下马的罪魁祸首，要达到什么个人的目的？现在王南寿同志脱身了，所里一些同志怨气向我而来，我已无法再留恋这已经为之奋斗了六七年的歼7Ⅲ了。再联想到前些日子，在所里听到议论说，611所的所级干部是省委组织部任命的，而我这厂副总工程师是市委组织部任命的。言下之意，我当总设计师领导所级副总设计师不般配。我听了没多去理他，只想到611所大部分技术骨干，都是当年我在112厂飞机设计室时的同事和部下。现在看来，我对这些人事关系十分麻痹了。611所虽然是新所，很多人这辈子尚没有拿出具体成绩，但设计研究所的人，从骨子里瞧不起工厂的技术人员，这不是一朝一夕所养成的，现在已不是50年代当年飞机设计室那时的精神面貌了。

没有向厂领导汇报，我以个人名义于1979年5月14日在北京写了一个书面报告，请飞机局张金波局长转送主管歼7Ⅲ型的崔副部长，全文如下：

张金波副局长转崔副部长：

前不久部在京召开飞机外挂三化会议期间，611所两名代表（一火控组长，一总体设计员）对132厂叶家琪、王再刚两同志说"屠基达把611所弄得不死不活""屠基达把611所的人弄死了，还要捞一把骨头"等。

这两名611所同志，我均无直接关系，可见是另有人煽动对我进行人身攻击，把由于领导决定歼7Ⅲ型改为测绘为主后产生的极不正常的不满和怀恨集中于我。联系其他情况，我认为在当前这种组织情况下我不可能有效地参与领导好测绘设计工作，请求部领导同意我个人在这次汇报完后即退出歼7系统工程飞机设计室。

特此报告

132厂　屠基达

1979.5.16

我这报告给上去以后，没有下文，也没有人找我谈。我仍继续带人坚守歼7Ⅲ岗位。但部3月文件下达之后，所里起了变化，飞机设计室的组织机构无形中被撤销了，因歼7大改提的设计组长，被说成是冒牌的，也撤掉了，设计室的办公室被说是黑户口。在没有和我商量和通知的情况下，听说吴逢光直接通知去掉主管这一级签字，主任、组长都恢复原职，也不找厂里派出的副主任副主管了，我和陈志立副总也被架空了。

现场的工作还在抓紧进行。1979年5月开始，工厂Ⅲ型现场办公室，按设计室的要求，组织力量在样机上先后做了飞机操作系统、自动驾驶仪功能、雷达电校靶、进气道调锥、全机共振等26项地面试验和参数测验，分别做出了测试报告。之后又进行了22项外形测绘、37项轴线定位和交点测量、绘制参数模线等大量工作，递交设计室使用。后边这项工作是1979年8月开始的，当时厂所成立了样机测绘小组，我任组长，吴逢光和工厂总工艺师金春祥任副组长。外形测绘的办法，继承当年歼5甲的办法，铺设精确的大平台，把飞机架设在大平台上，用样板和画线测出飞机外形和进气道管道内形，同时绘制参考模线光顺纠正，再反过来取出理论外形图数据。

这时三机部机关已不像过去那样抓紧了，什么原因我也不清楚。而按照部和空军的指示，飞机研制要坚持按照程序办事，飞机的战技要求将再次讨论。乘此机会，我起草了一个厂里的报告：为明确技术责任制，132厂退出歼7Ⅲ设计室，改由611所承担全部设计工作。谢明总工程师同意这个报告稿，孙厂长则主张先由他口头向三机部领导汇报请示，不用文字。

1979年9月底，在北京由空军科研部召开了歼7Ⅲ方案论证预备会，除三机部外，并请总参、国防工办派人参加，我和吴逢光都参加了。科研部的论证室会前做出了歼7Ⅲ飞机的论证报告，曾报请张司令员批示。张司令员批了：要积极支持三机部搞歼7大改，未落实的技术问题要和三机部诚恳协商。请曹副司令员关心这事。我们听了传达后理解这是张司令员授权曹主管了。

9月6日，我参加了航空产品定型委员会在成都召开的歼7Ⅱ型的设计定型会议。第二天，召我们汇报歼7生产上的问题，国防工办叶正大副主任、三机部莫文祥副部长等出席。会上又谈到歼7Ⅲ的问题，曹副司令员谈到在北京召开一个方案论证的预备会，暂时不请四机部、五机部参加，先由三机部和空军协商。

预备会曹副司令员和三机部赵、油、崔三位副部长都出席并讲了话，都强调歼7Ⅲ型飞机基本上是仿制МΦ，气动外形是测绘的，结构是基本测绘的，有些机载设备改用国内的。要求三年左右搞出来。

论证报告涉及飞机座高问题，增加压力加油和消极干扰问题，火控系统和半自动引导问题，外挂三化问题，以及是否要引进国外电子设备问题。讨论的时候，吴逢光几次在会上说测绘设计的原则不松动的话，很多成件问题不好办。

1979年12月初，我和吴逢光、宋文骢等一起赴京向崔副部长汇报歼7Ⅲ型总体方案。由宋文骢具体汇报。之后又在部飞机局张金波主持下，与空军交换了意见，意见一致后，纳入战技要求，确定总体方案。

撤销飞机设计室

1980年1月，三机部正式发文，同意撤销歼7系统工程飞机设计室，改由611所承担歼7Ⅲ型飞机设计任务。原由部任命的总设计师、副总设计师及有关机构也相应免去和撤销，并提出按实事求是量力而行的原则，把研制规模和进度控制在力所能及的基础之上。接到文件后，厂所分别向有关人员做了传达。然后我率张仁保、陆英育与611所吴逢光、李克唐、张颖芝讨论起草联合设计歼7Ⅲ飞机的工作总结。

在1978年至1979年长达一年半的时间里，132厂有67名同志，每天往返厂所之间，认真参加了歼7Ⅲ型飞机的方案论证，成品协调，打样设计以及气动、载荷、强度计算等工作，还包括飞机说明书、飞行员手册等的翻译出版工作，应该说身心是挺辛苦的，家里也顾不上，原单位脱开了，两头不讨好，说做了无私奉献也不为过。撤销设计室前，要求我厂设计人员妥善向611所同行移交了全部文件资料。一年多的辛苦、几年的积累，全交出去，空手而归，没指望听到一句感谢的话。

总的看来，由于工作周期长、任务复杂，开始时又来势凶猛，成立联合的飞机设计室，未必是一个成功的经验。歼7系统工程飞机设计室做了一次试验，完成了历史使命，也结束了歼7Ⅲ型总设计师曾经由132厂转换至611所的过渡。

之后，由于样机移交611所管理后，因测绘需要，样机被破坏，又到国外用美元买来第二架可飞的样机，做Ⅲ型试飞参改。

1980年6月，中组部曾志副部长率工作组来132厂蹲点调研，按照干部四化的标准，寻找一批知识分子出身的厂级干部，在当时厂级干部都是老干部。同年9月，三机部党组任命我为副厂长，孙志端厂长调部任六院院长之后，11月，中央组织部任命谢明为厂长我为总工程师，我想这是在贯彻邓副主席的指示：大型军工企业要任命总工程师，加强技术责任制。这时我曾组织过一段时间的歼7Ⅲ型生产准备工作，这是从另一个方向过问歼7Ⅲ型。

尾　　声

三机部决定歼7Ⅲ型由611所设计，132厂和011基地共同研制之后，1980年6月，经国务院和中央军委正式批准立项，要求1984年设计定型。实际情况是1984年4月26日实行首飞，经过4年的定型试飞，至1988年2月4日由国务院中央军委常规军工产品定型委员会批准设计定型。

在飞机定型试飞基本结束以后，按照惯例，132厂提前做好小批生产的工作，自行决定投料15架份制作零件。但1988年当年，空军迟迟未向三机部发出小批生产订货的信息。厂里十分着急，因为各项配套成件须要及时正式订货，各承制厂都有一个生产周期的问题，大部分也都涉及二次配套及原材料订货的问题。当时正好空军接替曹里怀的副司令员林虎中将来厂检查工作，厂里提出歼7Ⅲ定型后的首次订货问题，林副司令员当着我们（132厂主要领导和成都飞机发展中心的领导）的面说：歼7Ⅲ任务是过去领导定的，现在空军领导已决定，不订货生产了。原因他没有细说，我们也不好问。事后我们回想设计定型的时候，空军果然没有提出定型后小批生产的任何文字和问题，看来是早已内定了的。但是我们着急了，因为这15架飞机零件投料是工厂自己决定的，怎么办？另外飞机研制虽然主要是国家投资的（3亿多元投进去了，多浪费）。但按规定研制中的工装费用70%由工厂垫付，好几千万元垫进去了，如何处理？之后不久莫文祥部长来厂（莫部长已接替吕东部长工作），中心和厂里领导又反映了这个大问题，莫部长对我们说，这事三机部也没有办法，当年三机部和空军联合上报定歼7Ⅲ任务前，吕部长带三名副部长（其中一名为莫部长）和张司令员及三名副司令员一起开会，吕部长问张司令员，歼7Ⅲ究竟要不要，要多少？张司令员说，要300架，我们就投入研制。当初就那样定的。现在空军换了新班子，决定不要了，部里也没有办法。

这真是个意外的结局。歼7Ⅲ后晚至1988年才定型，回想起1979年2月27日三机部党组扩大会上吕部长讲话，竟然不幸被他言中，我心里真是感慨万千。

幸而峰回路转，1988年下半年传来好消息。1989年，我国40年大庆，空军要准备有新飞机飞过天安门受阅。决定有6架歼7Ⅲ参加。

因此决定订8架歼7Ⅲ飞机。真是谢天谢地。这样，小批投料的15架中8架落实了。此后，工厂和部继续做工作，其余7架后来也订了货。

工厂最后总算迈过了这个坎。

（2007年4月）

第九章

逼上梁山背水一战

——歼7M型飞机诞生记

1978年科学的春天来临之后，我们技术人员摆脱了20年来的重负，又还未套上名利的枷锁，心情的确陶醉在春天的芬芳之中，不知道什么叫困难，没有后顾之忧地大踏步往前走。

1979年2月21日，我带着厂设计所和特设科的7位同志，应部里安排，赴京参加为歼7改装引进平视显示器等航电设备的对英谈判。出发时我脑子里全是歼7Ⅲ的事，我当时是厂副总工程师兼歼7Ⅲ第二总设计师，刚率小组从国外考察和要了两架飞机（MΦ和yC）、收集了不少部件残骸回来，没有任何主持引进航电设备的思想准备。原来厂里定的是由主管特设的设计所副所长陈志立同志等去谈判，临行前不久，谢明同志接到部里电话，指定要我带队去主谈，于是补买了火车票，就和陈志立、邱普达等同志一起出发了。

在硬卧车厢坐定之后，我向军械设计员高维勤同志借了一本载有介绍平显文章的《航空设备》，开始从书本上了解什么是平显，临阵磨枪，仓促上阵。

在此之前，1978年11月，吕东部长及段子俊、陈少中、徐昌裕副部长率20余名专家去西欧考察，这是有史以来航空工业部部长到西方的第一次考察，考察中决定首先从西欧引进电子火控设备，以提高我们航空电子的起点。春节前在北京开过一次考察后的情况介绍会，我没有参加。之后，部里决定首先邀请英国马可尼航电公司来京谈判，以后还要与史密斯公司、费伦梯公司以及法国的汤姆逊公司谈。当时，联邦德国不同意和我们合作。引进设备先在歼7上改装，改装工作定在132厂，132厂对外开放。引进后确认好，再改歼8。我们一行到京后，听了主管这项引进的外事局魏祖冶局长和随吕东部长一起赴西欧考察过的杨光中处长介绍了情况和设想后，就与谈判组全体同志一起投入了准备工作。

谈判组除三机部和四机部部、院机关的有关领导同志以外，共有三机部、四机部所属18个单位42人组成。陈少中副部长指定由我牵头和部机关的苏大鲁、杨光中、顾伟豪三位同志组成领导小组，由我对外主谈。改装歼7是为了装备空军，空军派出科研部章克文、唐志坚同志参加。

第一次和魔鬼打交道

我虽然已出过几次国，但面对老牌资本主义国家、老奸巨猾久战沙场的英国佬谈生意，却是第一次，更何况要谈的是现代化的航空电子，我还是一个门外汉。

马可尼公司派出了由一、二把手常务董事彼得曼和助理常务董事兼技术董事马利纳率领的12人庞大代表团，包括公司内雷达、无线电、平显、惯导、飞行控制各分部的经理和专家。这阵势显示了在英国政府的支持下，马可尼公司在我国开始对外开放后率先步入中国市场的决心。

谈判虽然有段子俊、陈少中两位副部长作后盾，但出面主谈，对我来说压力是很大的。这一轮谈判，预定中间还要去一次成都看工厂的飞机，这是我们厂第一次接待西方国家的外宾，如何安排好，我也得一起考虑。因此在谈判前，关于谈判方案的书面请示中，同时纳入了关于工厂对外的口径。我在报告中考虑到开放的长期性，第一，建议工厂对外叫成都飞机公司，地名作公司名容易记，也不叫制造公司，公司不应该光搞制造；第二，从生产能力、机构、人物到产品都如实讲，只是厂长改叫总经理。这个书面请示，当时即经段、陈副部长同意并报吕东部长批准了。

1979年3月3日，在北京饭店的第一轮谈判开始了。由彼得曼全面介绍马可尼公司开始，然后其他人分别介绍他们的产品。我们在谈判开始详细介绍了歼7飞机，使英方感到我们要引进他们的设备是有诚意的，因此明显地感到振奋。讨论越来越深入和有针对性。看样子，彼得曼这个老板，技术上还是有一定水平的，在第二天的讨论中，比如谈到飞机内部空间紧张时，他建议换一个小的无线电罗盘；飞机电源紧张，他建议改用效率高的静止变流器；他还提出小飞机航程短不必用惯导，等等；而无线电罗盘、静止变流器都不是马可尼的产品，惯导却是马可尼管的产品，使我感到他们还是实事求是的，谈问题有分寸，并不像我年轻时在上海看到的滑头商人样子。

谈了三天之后，我们感到好些事与我们原来设想的不符合。一是原来设想买现成品，当年即将开始改装，实际不可能那么快开始；二是想通过他们引进脉冲多普勒雷达技术，英方认为歼7机头空间太小，且明确提出这要政府专门批，即一下子不容易引进；三是我们想引进惯导技术，英方主动说歼7这一级飞机不必用惯导，我们不顾实际，硬要装，也不合适；四是我们原想先拿设备来试改，飞机改成后再谈订货，他们说不可能，单引进技术，不买成批产品不可能。这就必须修改我们原来的设想了。另外，我考虑到由歼7一家对付几个外国公司，去货比三家，担子太重，因此建议段、陈副部长考虑扩大一个机种谈对外引进。

陪英国客人到成都看了一天工厂和飞机，又返回北京继续谈判。他们看了我们成飞后，首先一个主要印象是中国的航空工业规模不小。对飞机他们立即看出我们的歼7Ⅱ型和米格–21不一样，座舱盖不一样，防弹玻璃取消了，等等。为了处理好雷达受进气道影响产生假截获，马利纳问我，可不可以把进气道唇口有一段改成非金属的？为了提高雷达罩的效能，能否把锥形改为球形的？我当场从技术上说明不可能，把球踢回去了。

回到北京，部长们已研究决定歼7就不引进惯导了，雷达改为测距雷达；此外，歼8已经上级批准可以对外开放谈引进，惯导及脉冲多普勒雷达由歼 8 引进。

　　整个活动到 3 月 17 日才完，谈判有一个纪要由彼得曼和中航技副总经理江同共同签的字。这一轮谈判时间达半月之久，参加单位及人数多是很突出的，加以事先的组织工作比较仓促，中间的变化又大，外事工作也缺乏经验，虽然圆满结束，但教训也不少。

　　回到成都，我身上仍主要担负歼 7Ⅲ 的担子，主要抓落实部党组关于歼 7Ⅲ 的决定。3 月初 4 月中又先后接受叶正大、曹里怀首长来成都检查落实歼 7Ⅲ 的工作。5 月初 611 所王南寿第一总设计师病后，我只好先挑着，按原定计划去北京向部、工办、空军等领导机关汇报歼 7Ⅲ 的方案，6 月初汇报完后又随崔副部长陪张廷发司令员来成都观看 M 样机，等等，我处在两栖的状态。

　　直至 1980 年初，部决定我正式退出歼 7Ⅲ 设计工作，虽然我为歼 7 全天候已花了五六年的时间，离开有些舍不得，但可集中搞引进了，也好。

令人烦恼的十轮谈判

　　怪不得王震副总理对歼 7 引进改装的谈判太慢发过脾气，我们也没有估计到谈判那么费口舌。

　　马可尼公司的谈判方针，是先把技术状态弄清楚，然后开始谈合同文本，最后谈价格，在此过程中技术规范逐步成熟一致，这也是合乎情理的。谈判中，我方虽处在"顾客是王"的位置上，但实际上有两大固有难处：一是技术业务水平处于劣势，二是语言障碍。技术上，什么平视显示/武器瞄准计算机，什么数字电路，我方可以说还没有入门，第一次谈判我们向马可尼提出各项设备的技

1979年8月我带队去英国马可尼公司平视显示器分部谈判

术要求,集中三机部、四机部和空军的专家,只写出了10页纸的要求,对比于最后合同签字时经过双方一字一句反复细抠长达300页的技术规范文本,不太可怜了吗?在谈判中,既要设法弄懂又不能太示弱于人,还要避免吃亏或让人牵着鼻子走,难啊。唯一的办法是天天开夜车,应付白天的谈判,至于谈合同,合同稿是英方提供的,我们几个人,中航技的罗毅,我们厂的王孝业,部机关的顾伟豪和我,只好第一天晚上一起消化谈论,研究好几条,第二天罗毅出面谈,谈完一天,晚上再讨论第二天谈的内容。语言障碍,在1979年那个年代,更是可以想见的。英方用的是本国语言,我方必须用英文,无论技术语言、合同法律语言,我方花的功夫就成倍地增加了。因为稍有不懂,一句话未看懂,一句话未说透,就表示YES,就要出问题。好在1979年中开始,孙肇卿同志以中航技副总经理身份来主持这个项目,他谈判打交道比较有经验,我从他那里也学到不少东西。

1979年3月开始谈,到1980年6月签订合同,前后历时16个月,不计领导层的活动,具体谈判英方来华8次,共70人次,我方去英2次,共43人次,一共谈了十轮。其中酸甜苦辣样样都有,我为此出差200天以上,再加上1979年还有歼7Ⅲ型的出差,家里妻子叫苦不迭。谈判中有时往往谈得面红耳赤,不欢而散,第二天还得耐着性子再谈。比如有一次谈雷达性能,英方回去做了工作后想往后退,就耍赖说当初谈的性能是不带雷达罩的,想一下子退30%,而且由道貌岸然有学者风度的技术董事出面谈,幸好过去文字上我们已抠死了的,才把他们压了下去;电磁兼容的责任问题,则反复争论了好几次,直到合同签字前夕才谈妥。最伤脑筋的一次,是1980年4月在上海国际饭店谈价格,谈得双方气都很大,本来预定晚上由孙肇卿请英方耐罗等吃饭,也撤销了,从来不动摇的我,那晚也感到谈不下去,吹了拉倒,却不料第二天耐罗转变了态度。

陈少中副部长(左三)带队访问英国马可尼公司(1979.7)

1979年7月，在英国达比与陈少中副部长合影
（左一刘治国、左二陈志立、左五邱普达）

在谈判过程中，我们生活上也很艰苦。好多次住在第二招待所，没有合适的车坐，每天来回跑路，夜夜加班到12点，还得保持仪容。谈到中午，外国人一坐车子被接待走了，我们只好买几个面包啃一啃。最有意思的有一次中航技蒋士钊同志给安排在民族展览馆十楼谈判，外边零下20摄氏度，谈完出去找中饭吃，碰到刺骨寒风，至今记忆犹新。总之，个人受苦受累甚至受气是不少的，但是为了国防现代化的大目标，为了建设人民空军，这些事也就无足轻重了。

1980年6月，我们赴英谈判小组经过一个多月的艰苦奋斗，终于达成双方一致的合同文本和技术规范。仅我和邱普达二人经手有账可查的就谈妥了一百个左右的大小问题，我们付出的心血可见一斑。我国改革开放后对西方的第一个军工合作项目合同终于在英国国防部大厦里签字了。国内派出了以段子俊副部长为首，由工办叶正大副主任、总参装备部崔文波处长、空军订货部范俊秋部长、成飞的谢明总工程师以及四机部十院副院长、海航科研部处长等组成的代表团，出席了签字仪式。合同由孙肇卿总经理代表中航技签字，技术附件是由我代表中航技签字的。谈判小组成员11人包括空军科研部章克文同志、总参装备部张之苓同志等，自始至终都参加了。

合同共为空军装备100架改装的歼7飞机（国内叫歼7ⅡA），引进设备外加20%的备件，一二线地面设备按空军科研部代表的意见按三个基地配置。合同里同时达成了引进设备在我国生产的制造许可证转让的条款，转让费为24套设备的价格，因此又增了引进生产线培训所需的20套设备散装件。飞机改型由我们自己负责，设备装机后的试飞双方共同负责。

飞机改型由谁负责，曾经有不同的看法。有的同志担心我们对引进航电设备吃不透引起改装飞机上的失误，因此考虑包给马可尼负责，马可尼公司也认为可以干，可在英国找飞机公司去合作，当然这要花更多的钱。我考虑到：第一，飞机究竟是我们最熟悉，拿出去请人家改型，不像话；第二，自己干省钱，可为国家节省大量外汇（三七工程飞机改型设计和顾问费要价450万美元）；第三，自己改型，虽然有风险，但可逼我们自己在技术上多学一些东西，而熟悉先进航电这条路，迟早要走出来的。因此，在与厂里同志商量以后，我就表态由我们承担不要英方管了。现在看来，连同我在谈判中竭力坚持马可尼应无偿向我提供平显软件并随后无偿培训这件事一起，为我们后来扩大出口改型掌握了主动权。

从急需改善我空海军装备出发，1979年我国即成立了总参、工办、三机部、四机部、空海军组成的歼7、歼8改装领导小组，由段子俊、曹里怀分任正、副组长，中央由王震副总理直接抓。为了要出国签订合同，三机部、四机部联合向中央写了报告请示，中央主席、各副主席全部圈阅同意，并具体批示，如引进生产线的国内建线费用如何处理等，事情办得很慎重。

签完合同，我们就回国了，但孙肇卿同志留英长驻了，所以后来在北京向部党组汇报，向歼7、歼8改装领导小组汇报，都是我具体做的。曹里怀等领导同志对合同和引进设备都认为很好，表示同意。我还参加了国防工办叶副主任主持，三机部、四机部、五机部、总参装备部参加的7项引进设备国内定点仿制分工和费用的会议。会上研究，大气数据计算机由161厂，雷达高度表由782厂，电台及保密机由712厂，静止变流机由秦岭航空电气厂，照相枪由248厂，测距雷达由781厂，平显由171厂（电子及总装）及248厂（光学部件）分别定点形成生产线。

合同签订一个月后，中英双方互相发出了政府批准的文件，合同正式生效了。我们的飞机改型工作、马可尼的研制工作、双方如何合作的谈判、引进生产线的具体条款谈判都接着全面推进了。7项引进设备中，马可尼公司除负责系统综合外，自己生产4项，其中平显是小改型，大气数据计算机是大改型，测距雷达是全新研制的，电台也是全新研制但签合同前早已开始并不是专为我们的。此外，静止变流器是购自美国的成件，照相枪是英国另一公司的改型产品，雷达高度表则是由我们单独与史密斯公司订的合同。总之，马可尼公司的研制工作量也不小。

合同生效后，北京成立了"歼7改装联合办公室"，总参、工办、空军、三机部、四机部派人参加，我们部里由杨镛、毛德华同志为首参加，也要求厂里有相应的专职机构。不久我们老厂长孙志端同志调北京，谢明同志就任厂长，我就任副厂长、总工程师，但设计、引进出口仍由我分工负责。我们成立了外事办公室，除一般的外事工作外，并兼引进的项目办，由王寅恭副主任主管引进项目。

132厂副总师以上干部欢送孙志端同志（前排右五）赴北京工作（1980.12）

风 云 变 幻

在科学不发达的过去，"天有不测风云"，而今风云早已可以预测，可我们的经济建设反倒像过去的风云了。

1980年底，严格说12月29日，我接到部办公厅电话，急事要我立即赴京，我立即设法坐飞机赶去，31日早上赶到段副部长办公室，陈副部长已在那里了，在座的还有中航技引进处处长柯德铭。到后才知道要研究上级决定撤销马可尼引进项目的问题，我的脑子里不禁嗡的一声：当初中央催得那么紧的政治任务，现在一下子变得那么快！

段部长正在工办开会，等他回来前，陈部长和柯处长先向我谈了情况，根据整个国民经济调整的情况，12月23日，张爱萍副总理召开了会议，决定从马可尼公司引进的项目"停止工程，撤销合同，不再谈判。"现在马可尼公司及史密斯的两个合同，预订金已经付出，有关银行的信贷保险、手续费、保函费也已经付出，国内飞机改装等费用已经发出，如果退合同，预订金退不回，约有600多万英镑，加国内费用，损失将达4000万元人民币。

他们算经济账，我本能地谈了技术账：战斗机上装平视显示器是一大技术进步，是世界的发展趋势。1976年我出国去看米格-23，还是瞄准具，后来报道米格-25也仍是瞄准具，可见苏联在这点上已落后一步。我们歼7好不容易可以装上这种F-16也才开始用的数字计算机，进行火控计算实现快速热线射击，一旦放弃，何时再装？太可惜了。

当场，我们议论了经济上要不损失，技术上又能保住希望，只能合同不退，设法把引进设备装上飞机卖出去，以出养进。

过了一会儿，段部长开会回来了。他说，上边讨论了国际关系的政治账，特别是外交部对要退合同很吃惊，认为我国在国际军事贸易中，领导人说了话，不算，现在订了合同又不算，今后国际信誉怎么办？

英国对我们是比较开放的，法国的汤姆逊公司就未被政府批准来谈，联邦德国是没门，现在英国谈成了，又要退合同，今后还和西欧打不打交道？会上又提出空军没钱，准许三机

在英国谈判引进航电设备试飞

部改装了飞机一起卖出去的想法，但曹副司令员又不同意……

接着我们四人就讨论了如何减少引进费用的方案，包括缩小引进数量，减缩引进生产线项目或暂时不引进生产线等。讨论完，我就从部里直接赶机场飞返成都了。

原来合同预定1981年1月要去英国讨论接口控制文件等，我们正在积极准备之中，这么一来就出不去了。

2月12日，毛德华同志自北京给我打电话说，给上边的报告尚未批复，但看来不行了，工厂的飞机改型工作暂停吧。我说，厂里工作早已全面铺开，现在气可鼓而不可泄，要停简单，但再启动就难了，我的意见，我们工作先不停，等等上边的消息吧。

歼7M飞机

2月26日，空军科研部章克文同志给总参装备部打电话说：空军看到了三机部给张副总理关于引进马可尼项目的调整方案报告。现提出空军意见如下，大意是：一、建议撤销与英国的改装合同，主要理由是改装的歼7不能全天候作战；二、若三机部坚持改装下去，则费用由三机部负责解决；三、赔偿英方的费用应由承办单位三机部负责。

刘华清副总参谋长看了上述电话记录稿后批语:"歼7引进改装的谈判、考察、签合同,三机部、四机部、空军都参加的(总参签合同时参加的),去以前和回国后据说都向张司令员汇报过,当时都赞成,现在要三机部负责赔偿,将来定要扯皮。"

1982年6月5日,彭真副委员长视察成飞,中为张汝声书记

话又说回来,在谈判期间,陈少中副部长指定我代表中方与马可尼公司谈引进的技术规范,并由我签字,我曾向陈部长说,要我代表可以,但国内有四机部,又有空军,部内又那么多厂所,是否以后内部先大家签了字,然后我一个人与外国人签?陈部长笑着说:"老屠,你真顾虑太多,我们共产党办事,一起讨论定的,说话是算数的,用不着办这种内部手续,你就大胆去签吧。"陈部长说了话,我也不再说了。到了这当口,因为国民经济调整,空军没有钱引进,我看大家都是通情达理互相谅解的,你不说这个,而是把要退合同的责任一股脑儿推到没有改装出全天候飞机这技术状态上边来,显然无视合同谈判自始至终都参加的这个历史事实,是嫁祸于人的。

接着按照上级的指示,孙肇卿同志在英国出面与马可尼公司谈判终止合同的问题。终止合同当然引起马可尼公司的损失,不仅许多研制工作废于一旦,而且元器件订货、外购设备订货都有合同,都要退出合同,甚至为了这个项目雇聘的人员都要解聘,这些钱加起来,预订金是远远不够的。以后每谈一次,赔偿金额增加一次,因为工作仍在按合同进度抓紧进行,我们什么都未拿到,光往外赔钱，太冤了！

我一辈子为了改善空军的装备苦苦追求，一不为名、二不为利，想到的只是一个革命者的责任所在，现在千辛万苦地干，到头来落个技术上不符合、事后捏造的空军要求，损失几千万元的罪名，多想不通呀。

3月中，我去北京，与中航技的刘国民同志等一起研究了约旦来买歼7的事情，并决定用文字介绍引进设备的优点，向约旦推荐用平显等改装的歼7飞机（约方事先并未要求改航电），约方4月中可答复我们是否要引进西方的先进航电。4月份，中航技刘国民等去约旦，我们彭仁颖同志参加了，约方正式表示要装有平显的歼7飞机，但要同时实现其他改进项目。这对我们是极大的鼓舞。

绝处逢生

与约旦的合同，1981年6月签字，8月付预订金后生效。因约方急要飞机，双方商定先交不装引进航电的B型机后交M型机。

1981年7月，我们的一架飞机在外场发生一等事故，最高当局做了严厉的批示。才从"文化大革命"中全国有名的老大难单位复苏过来的我们厂，开始进行全面质量整顿，莫部长亲率工作组来厂蹲点。飞机生产线上国产雷达出不来，发动机又常出问题，飞机出不了厂；歼7Ⅲ的研制进展缓慢，工办很不满意。现在又加上一个出口合同，与引进工作交叉在一起。我们的确处在内外交困之中。好在谢明厂长一贯对我支持和鼓励，使我能沉着应付。

章克文同志的这个电话，断绝了我们歼7ⅡA飞机为空军提供好装备的"单相思"，只能被迫把劲使在做好善后工作上去。咬紧牙关，不使我们国家的信誉受到损失，不让部里赔冤枉钱，不让引进工作的一切努力付诸东流，最大的风险和担子都要担起来。

的确，我们的风险够大的了。比如，第一，全部引进生产线的7个专业厂和参加学技术的607所、613所、618所等研究所一下子全部退出这个项目了，领导机关的联合办公室也撤销了，全部专业技术工作只能由我们飞机厂自己来承担。如要向英方提供武器弹道参数，本来是有现成的，但兄弟单位退出后不给了，我们只好下决心自己搞，并且逼着我们自己学火控精度计算。我动员陈金琰同志从气动计算专业上转过来带人解决这个问题。

1982年夏，摄于住房前，当时子女均尚未成婚

第二，约旦要改型的飞机，不仅进度急，而且改型项目多，没有技术鉴定定型的时间，没有回旋的余地，必须一次成功。比如他们坚持在机翼上不仅能装玛特拉R550红外格斗导弹，而且要外加一对挂架增加一对机翼副油箱。5月份我在京参加对约谈判，他们非常明确地说，不加机翼副油箱，飞机就不要了，我们只好咬咬牙，答应他们。我说在技术上加副油箱重心配不过来，必须加配

重，他们说宁可加配重也要改，就当场敲定了。我内心想的是进度太紧。

第三，进度问题更突出的是引进航电设备满足不了飞机出口的进度，研制一批新设备试飞时还不知道会出什么问题，暴露出来的问题能及时处理好吗？指标精度能达到吗？新设备投入生产后没有我们先用一段时间的熟悉考验期，会出洋相吗？更何况合同订的飞机出口时间要早于引进合同的设备进口时间半年。但飞机出口时间晚了约旦就不要飞机了，这个风险，陈部长说就冒了，我们看也只能如此。我们飞机厂答应这话是简单的，但这是一副千斤重担。

两个合同这样的复杂交叉，我们并不愿意，但又是自愿的，我们没有向部里讨价还价，我们甘冒风险。

1981年9月10日，陈少中副部长带工作组来厂，在我们招待所召开有20个厂所参加的歼7B型和M型技术经济协调会，即有名的7819会议。

在此以前，9月1日莫文祥部长即对我们说："出口约旦的合同，是逼上梁山背水一战，必须统一思想，打好这一硬仗。"

事实上的确如此。要救活引进合同，只能抓住唯一的出口机会，而要达成出口合同，又必须答应对方的进度和技术要求。三机部和我们厂都被逼上了梁山。

所以陈部长在7819会议说："歼7B型机和歼7M型机，要一次试成，要冒这个风险。总设计师要给下边承担责任，部长要给总设计师承担责任。无限风光在险峰。搞成了，132厂算闯了路子，要请国务院给你们半吨重的勋章……做好这篇文章，要打105分。"

挂半吨重的勋章，我们没有这个奢望，但争取打105分，倒是有此雄心的。实际我们厂面临的这个工程，不是两个改型机型而是三个改型机型（还有歼7ⅡA）同时并进。要搞好它，不像放原子弹、卫星那样一鸣惊人，但摆在一个厂的力量面前，是够掂量的。

何况我们厂还有企业整顿、Ⅲ型研制、批生产等任务。

出口合同的 16 个月内即 1982 年，就要交付 20 架歼 7B 型机。B 型机要改进飞行员弹射救生性能，要提高飞机成附件寿命，并必须装上红外格斗导弹。

当时我们国内没有玛特拉红外格斗导弹，处理设计交联是一个复杂的问题。而且，我们出口的飞机既能装它，就应该试验验证，不能一挂了事。试什么呢？导弹挂架是改型的，转接具是我们新设计的，悬挂后外形、气动性能、重量均起了变化，电源系统采用了静止变流器，这些，要进行风洞试验、系统功能试验、强度试验、地面共振试验及空中投放试验等。而更重要的，要进行防止空中停车和武器发射的一系列试验。格斗导弹采用丁羟复合炸药，总冲和比冲高，烟雾大，泼辣性不好的涡喷 7 乙发动机易于引起空中停车，所以必须采取防止空中停车的措施，即飞机上有一套连锁点火装置，发动机改为煤油起动，以避免汽油在高空产生气塞。设计的连锁点火装置连同改装的发动机，由设计所副所长沈泳沅同志主

1982 年 7 月歼 7B 型机在西昌打靶。左起：孙德生、陶发宽、屠基达、逄景和

管，去630所做了18次地面小火箭吞烟试验，24次空中吞烟试验，结果可行之后，再改装上飞机，由我们厂自己作实弹试飞。1982年10月，歼7B型机由副总陶发宽同志带队转场至西昌试飞。不料，第一次发射火箭弹即发生了空中停车。幸而改型的发动机我们已进行四次空中停车后一次起动成功的试验，这次意外的停车，空中起动也成功了，飞机安全返航了。但若吞烟后会空中停车，打起仗来是不容许的。这事可大了，年底要交出20架飞机呀。我带着铅块似的心情，赶到了西昌。

试飞员李湘君大队长反映，发射导弹后，飞机被黑烟罩住约1秒钟，飞机颠簸似骑野马约10秒钟，并且风挡一片模糊，影响进场着陆。我看了飞机：发射架、进气道、中锥、垂尾前部、风挡玻璃有一片白色沉淀物，发射架前端有局部烧蚀痕迹。经过查看了仪器记录与大家分析，停车原因首先是连锁点火时间稍晚于飞机吞烟时间，其次是飞行员没有掌握好发射导弹后的飞行姿态，飞机大量地吞了烟。这些，都是可以改进的，但是改进再试，年底交飞机，来不及了。我们决定冒一次风险，飞机改进后先交出去再补做试验，于是把我们的技术分析报告给部里。经部批准，20架歼7B型飞机年底按合同交付装箱发运。以后在1983年8月，我们转场至一基地进行了五次空中实弹射击，都未发生空中停车，我们这才放了心。

两架改型的歼7ⅡA飞机，除装备从马可尼等公司引进的7项航电设备以外，还装有7项罗综-2等国产新设备，飞机上做了上移空速管等11项改进。1979年10月三机部在我厂召开了有空军、四机部及有关厂所参加的方案论证会和成品协调会。以后1980年7月引进合同签订后，三机部于1980年10月向我厂下达了歼7ⅡA改型任务，并同意我厂上报歼7ⅡA飞机总方案并向总参转报。

引进工作中，签合同后我们与英方进行了五轮技术协调，签署了接口控制文件，讨论和制定了设备试飞的大纲，向英方提供了各项武器的弹道参数，核算了系统精度；通过预研机的试飞，向英方提供了空速管激波修正量，改进传感器修正曲线、雷达高度表天线造型、电台天线配置方案；审签了马可尼起草的飞机安全试验程序等四类程序；派人参加了英方的各项试验及四套预生产型设备及地面系统试验台的验收，按英方技术要求在我厂建立了一个系统试验的工程实验室……所有这些，对我们厂来讲都是全新的业务，如果引进工作按原定计划进行，其中很多工作可以依靠各设备的引进厂和专业研究所，但现在不行了，逼着我们自己一边学一边干，在探索中一步一步前进。

1982年10月，两架全新的歼7ⅡA型飞机经过工厂调整试飞后，转场去630所进行全面鉴定试飞。国内第一架装平视显示器的飞机首飞的飞行员是我们试飞大队副大队长余明文同志。在我厂及630所共试飞212个起落，包括在大连的雷达精度试飞。事先有4名试飞员曾赴英接受培训。

试飞中，各项引进设备不断发现故障。这些从客观上讲，也是不可避免的。比如，平显显示重影、抖动、中断；雷达高度表低高度及高高度乱告警；照相枪卡片漏光；静止变流器三相不平衡；大气计算机输出达不到告警范围；电台发射时啸叫等，特别是测距雷达截获进气道和截获地杂波两大难题，解决它们真是费了不少周折。解决这些引进设备故障主要是英方处理，但是有时扯皮得很厉害。他们往往要找飞机或飞行中的毛病，说你飞机有干扰呀，安装得不好呀！或者干脆说这不是问题，想蒙混过关。反正我们要卡住试飞中发现的质量问题，也得有技术上的说服力，客观上逼着我们的技术人员往技术深度钻。

1983年7月，我们的飞机在大连试飞，我率人去大连与英方谈判，10月又去北戴河与英方谈判，1984年1月去英国催促验收，往往都是在几天的唇枪舌剑之后，才最后碰杯谈友谊了事的。在大连那次，英方善于扯皮的技术经理硬说雷达是好的，只是飞机在航路上遇到了山头或大树，所以截获了不应有的地杂波，而且逼着我们马上把数据从西安送来，可是我们分析飞行线路上没有那么高的山，绝不是这个原因。后来他又说除非是脉冲多普勒雷达，否则总会有地杂波，好像技术规范不对。我们分析后要他改进内部线路，他又说了可以改，但一要有足够时间，二要影响距离分辨率和试飞结果……扯皮扯得没完没了。我们必须在卡住质量和保证进度之间做出最好的选择，因为飞机出口进度等着要合格的装机设备。改进，再试飞，再讨论，几次一反复，而且设备改进只能在英国，进度拖了。

向英方交涉他们拖了进度，他们拿出日记说，你们试飞拖了进度，哪天到哪天本来可以飞，你没有飞……使我们哭笑不得。英国人的工作比我们细，习惯也好，他们出差在中国，每天都有详细的工作日记，而且每天要中方代表审定认可，日后可以作为正式依据。而我们往往忙了一天之后，就只想明天如何了，不严密。后来谈的过程中，他们又把开始执行合同时，我们国内动摇，与他们几次说退合同，我方推迟派人出国、谈接口问题拖后5个月等原因，认定导致合同拖进度是中方的过失，我们哑巴吃黄连，有苦说不出。

在装机试验前，我们及时发现了飞机上的国产风挡玻璃光学质量差，用平显校靶镜校靶不行，于是决定紧急从英国"三重"公司引进光学质量较好的风挡防鸟撞玻璃，这就又增加了一项配套引进。

背 水 一 战

打不好歼7M型飞机首次出口这一仗，我们将连同航电引进一起全军覆没，这的确是前临大敌后无退路的背水之战。

歼7M型飞机是要装全套引进航电设备和配备红外格斗导弹的飞机，所以要全部继承歼7ⅡA及歼7B的改进成果，此外按合同还要进行其他改进。所以我们通常讲歼7M型飞机即广义地包含了歼7ⅡA及歼7B的共同成果。

歼7M出口合同签订之后，我们在抓引进及歼7ⅡA的同时，立即着手改歼7M的其他改进项目。提高外挂能力、增加续航时间和距离，是歼7M另一项重大改进。这要求飞机机翼增加一对挂点，使全机增加外挂能力，可同时外挂三个副油箱，也可加挂火箭炸弹。这样，燃油系统、武器系统都要改进，机翼结构既要改进又要加强，重量大了，前、主起落架要相应加强。由宋开基同志主持机翼改进设计就是很成功的一个例子。从飞机制造经济性和缩短研制周期出发，要求改进有最大的继承性，设计的结果达到新歼7M型机翼与Ⅱ型机翼有75%零组件是通用的。由于设计上掌握得好，1981年11月即发出了改型图纸，副总工艺师姜诚豪和副生产长胡勋琪等率领广大干部、工人奋力拼搏，1982年底即完成了首批两架份的机翼试制。以后经过9项强度试验、机翼油箱的振动寿命试验、机翼的共振试验、全机的共振试验等，终于达到可以装机试飞的要求。

火箭弹射救生系统的提高指标，是在谈判中逼出来的。约方本来要求达到零高度零速度安全救生，这涉及火箭弹射座椅和座舱盖两方面的问题。火箭弹射座

又一次来到伦敦格林尼治天文台，在东西经分界线上（1984.1.15）

第九章 逼上梁山背水一战

椅可设想买个马丁贝克零-零座椅，但座舱盖要达到零-零指标也不容易。何况到国外采购座椅要花很多钱，我们自己的座椅又出不了口。因此，我们耐心地和约方谈，最后达成零高度小速度130千米/时的协议。我们原来的座椅是零高度250千米/时的指标，要提高。130千米/时的小速度指标是苏联米格-21МФ和米格-23的指标，所以约方能够接受，我们根据过去的试验分析感到也是可行的。有速度弹射试验要由航空救生所组织去兰考试验场做火箭滑轨试验，所需人力、物力及费用都很大，我们座椅设计组研究后提出请西安飞行试验研究所协作用轰5飞机地面滑跑进行小速度试验的大胆建议，我很支持这种创新精神。经派人与西安飞行试验研究所商定后，由设计所副所长杜志光同志带人去西安飞行试验研究所，不仅很快圆满地完成改进指标的目的，而且节省了费用和时间。

机翼上加挂副油箱后，要改变全机的输油控制，我们在一年的时间里，对四种设计原理方案用简陋的设备进行了四轮地面试验，分工这方面工作的副总设计师彭仁颖同志为此度过了很多个不眠之夜。地面试验成功之后，26次地面开车测试试验，空中投放了14个副油箱，终于认可了设计方案。

访问英国strafrod莎士比亚故居（1984.2.12）

没有装引进设备的歼7M型飞机，于1983年8月30日即首飞上天了。又用改装飞机做了其他项目试飞，初步判断飞机结构及系统改型是可行的情况下，1983年10月我们就决定冒险投入10架份飞机的零件生产，抢出口飞机的周期。

歼7M

按照飞机制造的规律，飞机型号的研制，除了指标方案论证报批以外，首先要通过完整的定型试飞，暴露设计中的问题，不断加以改进，然后进行设计定型。定型以后又要以几十架飞机分成若干小批生产反复进行工艺鉴定，最后达到生产定型，才能成批生产，以保证稳定的产品质量，这就是生产飞机的四阶段。但是出口飞机没有那么多的时间允许我们走完四阶段，而出口飞机的质量又必须得到充分保证。所以除了设计上必须反复论证、精心从事、严格试验、避免差错以外，制造上只能设法通过这10架飞机的制造，做好1300多项新零件的工艺鉴定工作。这样的做法，对我们广大工艺人员来讲既是空前的又是责任重大的。

从技术上解决这个工程错综复杂的矛盾，我们采取了分散矛盾逐个吃掉的方法。除了设计、试制、地面试验以外，不算开始飞天线的试验机，我们先后共用8架飞机进行验证鉴定试飞，共飞了489个起落。用两架歼7B型机飞挂装格斗导弹及防停车措施、两架歼7ⅡA飞机飞引进设备外，又用一架改装飞机飞外挂物投放及武器发射，另一架改装飞机飞燃油系统，用两架M型原型机飞飞机性能、操稳特性，之后再补装上引进设备作歼7M型飞机的全面试飞。除两架歼7ⅡA外，其余6架飞机都是工厂自己飞的。我们使出了浑身解数,"拳打脚踢",全面开花,从而赢得了宝贵的时间。

为了保证出口工程的完成,部里对我们首次实行了技术经济总承包,这项改革的尝试,也是歼 7M 研制的一大特点。在与部机关协议好总承包的条件后,我们首先组织了一个"BM 工程技术经济联合办公室",由设计、外事、计划、财务等部门抽人组成,由设计所技术室主任许德同志兼任办公室主任,由我和经营副厂长张建勋同志直接领导,副总会计师王恩荣同志也积极支持。我们制定了研制费用内部包干的管理条例,应用网络管理,落实各子项目的承包,建立严格的费用核算程序和合理的奖励制度,设立攻关奖和节约奖,推动所有研制人员人人当家理财,事事节约算账,使技术方案尽量优化。如上边说的用轰 5 飞机地面滑行代替低速度火箭滑车试验的建议落实后,不仅抢前了半年时间,而且节约了 20 万元研制费,B 型机试飞承包后,试飞大队、飞行实验室和设计所研究后,节约了 10 个试飞起落,节约研制费 3 万多元。我们都给有关人员发了节约奖。小头给个人,大头在工厂,我们最后算账,整个引进及出口工程承包总费用中,大约节约出了 2000 万元成为纯利,为工厂的发展和集体福利在资金上做出了实实在在的贡献。

引进设备经 1984 年 4 月由西安飞行试验研究所最后完成了试飞结论,1984 年 3 月我带队在英国接收了第一套生产型设备,比预定的速度拖后了 11 个月。不管怎样,万事开头难,以后就可以陆续交付了,陈志立同志作为我们的总代表留在英国。第一套设备以最快的速度运回国,在厂内做了预定的地面试验之后,1984 年 4 月完成了第一架完整的歼 7M 型飞机的总装,1984 年 7 月第一小批飞机经过出厂试飞胜利地装箱发运出口,同年底完成第一个 30 架飞机的出口,1985 年 5 月前全部 60 架出口飞机已发运完毕。这一惊人的速度,是由任何重大步骤都保证一次成功、紧张的组织工作和确保质量的技术工作作后盾,广大职工辛勤劳动的成果。也是在上级正确领导和兄弟单位大力协作下全厂上下决心为国争光为民争气的一曲胜利凯歌。

国家和三机部的国际信誉保证了。引进合同和 2 亿多美元的出口合同保住了。背水之战胜利了。歼 7M 型飞机在严峻的条件下诞生了。适应国际市场激烈竞争需要的冒险路子走通了。

这里要说清楚的，完成出口的时间，大致也比开始预定的时间晚了 11 个月，但这是中航技副总经理刘国民同志不断与约旦谈判后取得约方认可的，他为此做出了很大的贡献。

为推销歼 7M 型飞机，与中航技赵光琛、赵鸣歧等访问泰国，在曼谷旧皇宫前合影（1984.12.6）

正像陈少中同志在1984年11月歼7M型飞机鉴定大会上所说的："歼7M型飞机是我们拿在手里的轻型歼击机中最好的飞机……它从开始下决心研制到现在研制成功，是一个大胆尝试的过程，也可以说是一个果断的决定，表现出勇敢的进取精神，可以说是在特定条件下执行特定的任务。"高镇宁副部长出席了鉴定会，代表航空工业部宣读了贺信。外事局孙肇卿局长以十分激动的心情回顾了五年多来的艰难历程，满怀信心地展望了歼7M型成功后出口的前景，并特别向他任外事局长三年多来在精神上给他以支持的同志表示衷心的感谢。是的，没有这五年生死与共的共同奋斗是难以体会他的心情的。此时，我这被历史推上了马可尼引进项目和歼7M型飞机改型出口的主角，激动得眼眶充满了泪水，五年的辛苦总算有了结果，国外的压力和国内的危难，此时都抛到了九霄云外。

支持我们这个工程的领导包括段子俊、陈少中副部长，还有崔光炜、何文治副部长，飞机局的张金波、毛德华、李周书、陈宝琦，各位局长都先后管过我们这个工程，支持我们的兄弟单位，除中航技外，如西安飞行试验研究所、黎阳公司等，就更多了，他们为工程都尽了很大的努力。

这时，陈少中同志已经从副部长岗位退下来了，我也不可能为在整个工程完成过程中做过巨大贡献的同志向陈部长要求他兑现过去的许诺："请国务院给你们半吨重的勋章。"我向高部长请示，可否给立些功，但没有成功。歼7M型出口，此时只剩下了中航技公司一级的经济意义，失去了主要装备我们空海军本应有的政治意义，因此没有嘉奖，没有颂歌，没有鲜花。

从另一方面看，最大的收获是否定了一路上的各种非议和可能遭到的厄运，因为如果不成功，还不知道单位和个人的风险有多么大。

1983年初，航空工业部召开企业领导干部会议，大会上张爱萍副总理讲了话，批评航空工业部引进上的三件大事是三大洋马，第一是引进斯贝，第二是引进马可尼的航电，第三是"海豚"直升机，要求吸取教训。我当场听了，脑子里才有些清醒：为什么不少原来参与这项目的同志后来与我们保持距离不积极了，原来领导上对没有退掉合同，态度还很严厉呀！后来，部里组织了三项引进的调查组下来调查，我只能如实向调查组做了汇报，这是一个党中央正副主席全部批过的项目，不是三机部私自行动……他们怎么向副总理做出交代，我不知道。但至少让我预感到在向歼7M型飞机成功的顶峰攀登的时候，弄得不好，大约会掉下深渊，粉身碎骨的。因为全局性的不成功是存在的：引进工作上技术失控，或不适用或质量很差或吃了大亏；出口改型不能一次成功出现大问题，或性能达不到合同要求或进度严重拖后或质量太差，导致买方终止合同要求赔偿——这一切，恐怕就不仅是技术问题、经济问题了，还可能成为政治问题。

柳 暗 花 明

为了在文字上留下航电引进和飞机改型出口中的技术经验，我组织了歼7M等三个机型的经验总结，出版了两册研制文献。在没有上级鼓励我们，整个工程还处于低谷的1984年6月，我为文献写了一篇代序"成绩和光明"，用我微薄的力量努力鼓励我们有些精疲力竭的技术人员，提出了平显等航电设备在歼击机上将必不可少，包袱会转化成起飞的助力，特别是在出口机型上。五年后的今天，令人欣慰的是：事实证明这是对的。

1983年7月，歼7ⅡA在大连搞雷达试飞，以西安飞行试验研究所为主，我们参加，条件是很艰苦的。我们正在孙肇卿同志主持下与马可尼的人谈预生产型设备试飞的问题，刘国民同志陪着巴基斯坦空军参谋长贾玛尔中将来大连看歼7ⅡA飞机了。在听了我和邱普达同志介绍飞机及引进设备情况以后，在机场停机坪上，贾玛尔看了飞机上装的平显等，连声说歼7飞机改装了先进的航电设备，太好了，符合歼击机的发展方向。当场表示了要这种飞机的意向，两个月后将派飞行员来中国飞这种飞机，但是有两点要求：（1）飞机试飞之后最终要以实弹打靶来验证火控系统水平；（2）希望英国设备在中国有生产线，这样比较放心。

以后巴空军的确派出两位有经验的飞行员来西安飞行试验研究所试飞歼7ⅡA飞机，共飞19个起落。

在中航技积极推销活动中，1984年4月及11月，埃及两次派飞行员来我厂试飞歼7M型飞机，主飞的是参加过中东战争年近50的给克里少将，试飞以后，他向空军司令希勒米中将报告说："这实在是一种极好的飞机，好极了。""飞机操纵性能好；在空中使用平显，字符清晰，性能很好；机翼上增加一对副油箱航程加大了；换了新导弹，增强了攻击能力。我从内心里喜欢这种飞机。"

外国人买飞机，很苛刻，在我们国内飞还不够，还要送到他的国家去飞。1984年6月，应巴基斯坦空军的要求，两架歼7M飞机转场到巴基斯坦白沙瓦基地，开始由一名上校和一名中校飞行员进行实弹打靶和对抗飞行。当时我国空军还没有空空航炮实弹打靶的能力。陈宝琦副局长和我厂谢安卿副总工程师率我厂和西安飞行试验研究所等兄弟单位一行共30人一同前往。在两个多月的时间里，共组织了20个飞行日，40个起落的飞行。分别进行了空空航炮、空地航炮、空地火箭和空地炸弹的实弹打靶，以及与歼6、"幻影"5、F-16的积极对抗飞行。这是歼7M型飞机的第一次实弹打靶和与西方飞机实战模拟，也是巴方飞行员第一次在歼7M型飞机上进行这类飞行。即便如此，打靶结果还是证明歼7M型的火控系统精度比原歼7M的瞄准具精度提高1倍。至于飞机，巴方飞行员认为"'幻影'5飞机除续航性能外，空战是打不过歼7M型飞机的"，与F-16比，雷达和机动性都不如F-16，但可以与之周旋。后来贾玛尔中将对刘国民同志说："歼7M型飞机在巴基斯坦打靶结束后，我召集有关军官认真地进行了分析研究，认为各试飞课目进行得很顺利，飞机很好，加深了我们对歼7M的了解，飞机打靶非常成功，你们专家工作很好。"

歼7M飞机这次出国亮相，对阿拉伯世界的各国空军，也产生了良好的影响，为歼7M的继续出口提供了十分有利的前景。

1986年，第一批可挂装霹雳8导弹的歼7M型飞机交付了我国空军。

几年以后，1989年12月，我们出口的歼7P（给巴基斯坦的歼7M）在巴基斯坦一次大规模空军军事演习中，创造了意想不到的好成绩：

（1）在18架歼7P和6架F-16均每隔10秒钟起飞一架的情况下歼7P连续起飞成功率为100%，F-16为80%；

（2）空中远距搜索，F-16大大优于歼7P；

（3）空中近距对抗格斗，F-16和歼7M评分成绩基本相等；

（4）紧急起飞，评分成绩歼7P优于F-16。

歼7M型飞机在外国飞行员手里发挥出了巨大的潜力。板荡识诚臣，路遥知马力。它已成为我国军机出口的支柱，创造了一个机型出口创汇最多的纪录。主要为了出口，最后共引进380多套马可尼航电设备，装备飞机。

1985年，歼7M飞机获得国家科技进步一等奖（作者注：在申报获奖人名单时，我曾建议加上中航技的有关同志，但此事无果而终）。

开始谈判航电引进后的第十个年头，1988 年，歼 7M 型飞机获得国家质量金奖。这是国家给予 10 年来为它出过力的全体人员的最高荣誉。

(1990 年 9 月)

第十章

润物细无声

——记亲切关怀航空工业的小平同志

  1982年9月20日上午，小平同志专程自北京陪同朝鲜劳动党总书记、朝鲜民主主义人民共和国主席金日成同志来成都飞机公司访问，朝鲜代表团成员有吴振宇大将、金永南书记等。小平同志由中联部部长乔石以及四川省党政领导谭启龙书记、李大章省长、成都军区尤太忠司令等陪同。

  当天上午，小平同志先一步到成飞，在12车间南门与我们一起迎候朝鲜贵宾。金日成同志一行到达后，即由小平同志亲自陪同，参观了我公司初装车间、总装车间及正在总装的歼7飞机，然后到事先安排的作为临时接待大厅的试飞站新机库，听取了谢明厂长的汇报，向金日成同志赠送了飞机模型。金日成同志以朝鲜劳动党中央和国家中央人民委员会的名义向成飞赠送了一面锦旗和30瓶人参酒。

  在此之前，我国向朝援助由成飞生产的××架歼7Ⅰ型飞机已完成了境外交接，金日成同志等一行来川是专门来感谢成飞的。对成飞来说，这是一次十分隆重和罕见的政治待遇。

  金日成同志讲一口地道的中国普通话，我们一路介绍情况完全不用翻译。在正式坐下举行赠送仪式之前，到达放了一架歼7飞机的接待大厅的时候，金日成同志指着飞机对小平同志说："我们的飞行员已飞了这种飞机，一致反映它的性能很好。这飞机可以对付×××飞机，只是航程短一些。"小平同志说："这个飞机有差距，电子、雷达、火控系统赶不上。我们正在谈判购置一批'幻影'飞机，不买飞机就不卖给技术。"我听了这些话，感到十分惊喜、兴奋和崇敬，真是令我终生难忘。为什么呢？军用飞机上有火控系统是世界上第三代战斗机应用机载计算机后才发展起来的，其全称是火力控制系统（Fire Control System），"火控系统"这个简称术语在我国行业内部也才使用不久，可以说知之者不多，而小平同志却脱口而出，这说明他对我国战斗机的弱点已有相当的了解并十分关心。

1982年9月20日,邓小平同志陪同金日成主席(中)到成飞访问

这事得从头说起。

十年"文革"动乱结束之后,全国百废待兴。1978年底,根据中央的精神,针对航空工业的落后情况,航空工业部吕东部长率领三位副部长及20多位专家赴西欧考察,发现要引进新一代军机整机费用较高,改为针对我国军机的薄弱环节引进航空电子、火控系统。1979年初开始以歼7、歼8为窗口,与英国外商谈判引进包括平显、雷达、惯导、大气数据计算机、雷达高度表等航电设备的专利生产技术,以提高行业水平。我去北京主持谈判,第一轮即发觉外商坚持必须购置一定数量的成品,才能转让生产技术,于是首先要买设备改装飞机。在1979年中赴英国具体考察之后,因为歼8配套较贵,谈判需要时日,决定先引进歼7配套的7项航电设备(已决定歼7不用惯导,当时国外的多功能雷达也装不下,只能配测距雷达)。由三机部和四机部联合正式报告党中央,报告中用的

术语是引进电子火控设备。当时中共中央主席和四位副主席都批示同意,包括进口和引进用汇及国内建生产线的费用。

这是我国改革开放以后与西方国家的第一项军工合作。小平同志当时是中央四位副主席之一又兼中央军委主席,看得出来,决策之前他认真听取过汇报。我当时主持引进工作,也只知道部长是向当时主管军工的王震副总理汇报的。引进工作对外谈判时,空军和总参的同志都参加了,估计可能是军队系统的领导向他汇报了。1980年年中,引进谈判完成,合同生效。几个月后,全国国民经济调整,经过曲折的过程,原定歼7装备国内的设备改为改装出口,也无钱引进生产线了,歼8设备的引进工作更是全部中止。这个情况看来小平同志也是知道的,因此他说:"这个飞机有差距,电子、雷达、火控系统赶不上。"这里讲"差距"和"赶不上"是针对金日成说第三代×××飞机讲的。

后一句话,我知道的事实是空军商同工业部门正在考虑引进当时才试制出来不久的新一代"幻影"飞机——"幻影"2000,派

谢明厂长(前排左三)代表工厂向金日成、邓小平等领导汇报(1982.9.20)

人去法国考察并试飞，反映较好，正在接触谈判中（1978年，法国人曾提出与我国合作研制"幻影"2000）。看来小平同志已肯定了这个思路，否则他不会轻易对外宾说的。

小平同志对航空工业的关心历来是很具体的。更早一些时候，据1977年10月三机部李际泰部长"大上歼7"的会议上传达，小平同志在1977年10月一次商议科研和装备问题的会上说：

"科研有四个方面军，一是科学院；二是大专院校；三是工业部门，这是最大的方面军，不光是工厂，重要的小厂也要设立科研机构；四是科普。"

"歼6生产十几年了，要转过来生产歼7为主，将来还有歼8、歼9。""现在用歼7更新歼6。"

"歼7生产多了，也应有教练机。成都飞机厂有年产500架的能力。"

"军事工业要严格要求，要恢复总工程师制度，技术方面要有岗位责任制，要签字。""从长远讲，科研要走在生产前边。"这样，小平同志彻底否定了"四人帮"时"歼6可以打遍天下"的谬论。

1978年6月，小平同志听取三机部吕东部长汇报时，问他"歼7大改怎么样？""歼8怎么样？"又说"歼8技术过了关以后，可以考虑引进两种（战斗机）：'幻影'2000、'旋风'战斗机。""'猎兔狗'这样的飞机，我很感兴趣。""三机部科研人员中尖子有多少？""有20%，很不差了。""风洞只搞一个东西（单位），为全国服务，为国家所有，不是哪个单位所有。""没有专门机构抓航空电子，把飞机上的电子工业交给三机部。"

1979年6月空军张廷发司令员传达，小平同志说："要搞80年代的（飞机），要能制住米格-23、苏-19。""实在不行，买。"

20世纪80年代初，小平同志据情决策，拨出5亿元经费，给三机部搞我国自己的新歼击机,当时简称"新歼"。从此开创了型号的早期研究。

邓小平同志陪同金日成主席来访(成飞总装车间 1982.9.20)

1981年10月在一次中央政治局扩大会上,小平同志说:"国内航线飞机要考虑自己制造,包括支线飞机、干线飞机。"

作为党的第二代主要领导,中央军委主席小平同志如此具体地关心航空工业,真是我们航空人的幸福。

(2004年初稿,2009年8月修改)

第十一章

为发展超7飞机的奋

超7发展中,仅是我经历的,就遇到4次生死存亡的险情,所以很多同志都说超7是搞不成的。十几年了,几起几落,的确很困难。

要搞出一种军用飞机,一无国家的预算拨款;二无公司自己的雄厚财力;三无确切的用户订货;而作为一种需要国际合作的出口飞机,又置身于国际形势风云多变、风险重重之中;再加上里里外外诸多因素的影响,的确是道路曲折,步履艰难。

我陪同成都飞机发展中心主任谢明(右一)和成飞总经理侯建武(左一)赴华盛顿,为发展超7飞机奔忙

但是,超7不是空想出来的。

总体上,它是国际关系和航空工业历史的产物。现实中,上上下下又有一些积极分子为之奋斗,总想为振兴我国的航空事业奉献自己的无悔年华,回报祖国的培育和人民的期望。

于是超7飞机得以在坎坷中前进至今,直至首飞成功,开创新局面。

闻风而动　歼 7CP 出世

地处辽东半岛南端的大连，空气清新，芳草遍野，扼守在黄海和渤海之交，风光明媚，涛声竟日，海边离岸数百米有个棒槌岛，岸边圈了一个棒槌岛宾馆小区，原来是大连的国宾馆，现在对外开放了。一栋栋小洋楼坐落在起伏的绿荫之中，海滨雪白的沙滩及泳区也就成了宾馆专用的好去处。

1983 年 7 月 21 日开始，中航技邀请英国马可尼航空电子公司来人，在这里与我们成飞谈判。歼 7M 型飞机上的 7 项预生产型电子火控设备在试飞中暴露了不少技术问题，预期会是一场大争论。为缓和气氛，找一个谈判的好环境。谈判在马可尼公司外宾住的那栋小楼里（费用每天 800 美元）进行。楼里有块铜牌上写着"敬爱的周总理接待外宾时曾在这里住过"。

在大连棒槌岛宾馆前的海滩上（1983.7.21）

正是游泳季节，海边游泳者如织。但这里则清净得多，专用场所多。我们和马可尼谈判的同志，除段部长、陈宝琦副局长善于游泳以外，孙肇卿、蒋士钊、陈志立、王寅恭、王忠全、赖振章和高维勤等都不善游泳。但每天中午也到海里泡泡。至于马可尼公司的外宾则游起来有劲多了，尤其是那位中文翻译史密斯小姐。

此时，改装了英国电子设备的两架歼7ⅡA飞机，连同一架作为雷达试飞靶机的歼7Ⅰ，正在大连以三十里铺机场为基地，利用海军的地面精测设备进行雷达试飞。

试飞由西安飞行试验研究所组织，我们和英方派人现场参加，参试人员多达百人。

7月27日，部外事局长兼中航技总经理孙肇卿和我，赴三十里铺机场，在那里迎接巴基斯坦空军（简称巴空军）第一副参谋长贾玛尔中将一行。他们是专程来看改装了英国电子火控设备的歼

在大连棒棰岛宾馆，首次接待巴空军第一副参谋长贾玛尔中将，右一为屠基达，右二为空三军副军长，右四为刘国民（1983.7.27）

7M型飞机。由外事局副局长兼中航技副总经理刘国民陪同，自北京出发，途经沈阳时看了歼8飞机，然后来到大连。当时歼8装的还是瞄准具，这套老的火控系统，贾玛尔看了不感兴趣，歼8失去了一次出口的机会，很可惜。

在三十里铺机场，贾玛尔听了我和邱普达同志的汇报并实地看了飞机，当即表示有极大的兴趣。认为这个改装完全符合他们的想法，因为战斗机装上平视显示器等设备，是当今世界上发展的方向。

巴空军要这样的飞机，并立即决定要派2名飞行员来飞这种飞机。当晚，我们一起返回棒槌岛宾馆，中航技孙总、刘总宴请贾玛尔中将，我和陶发宽同志作陪。

歼7M型飞机在第一个出口合同之后，又开创了向巴出口的前景，这对我们大家都是鼓舞。8月，刘总赴巴，巴方提出去巴实弹打靶演示的意见。

同年8月15日，奉航空工业部莫文祥部长之召，我到达北京。因莫部长生病，崔光炜副部长代表他与我谈话，我卸任厂总工程师后再次明确我任歼7M型飞机总设计师并兼部歼7M型办公室副主任，对这款型号要负责到底。当时，毛德华副局长参加了谈话。此后，与英马可尼公司又进行了北戴河谈判、香山谈判等。

12月中旬，巴方果然派出2名飞行员到西安飞行试验研究所，试飞成飞的2架歼7ⅡA飞机。歼7ⅡA改装有英国7项电子设备，原定交空军的，其机翼外挂等没有像歼7M型那样的更改，可认为是歼7M的前身。在14个飞行日里，一共试飞了19架次。飞后认为飞机很好，只要引进设备像介绍的那样，则飞机是颇为理想的。同时也提出了一些对飞机改进的小建议。

1984年6月9日，我公司2架飞机（一架歼7ⅡA、一架歼7M型）转场到巴基斯坦，进行实弹打靶和演示。在前后三个月的时间里，共组织20个飞行日，由巴方飞行了多种武器的空对空、空对地实弹打靶，进行了与歼6、强5、"幻影"5和F-16的积极对

Technical Assumption on
F-7M Modification

Based on the discussion between Mr. Sun Zhaoqing, the President of CATIC and Mr. Jamal, Air Marshal on Oct. 26, 1984 we now give you our specific assumption on the modification of F-7M aircraft in the future for the discussion of Pakistani experts coming to China in November we hope through discussion of the experts from both sides, We can come to an agreement on the basic technical for the requirement for the modification in order to carry out the aircraft madification design.

A. Basic mission and purpose of aircraft:

抗飞行。这次赴巴由部陈宝琦副局长和成飞谢安卿副总师带队，6个单位30人参加，试飞证明了火控精度有极大的提高，飞机改型是很成功的，巴空军贾玛尔中将在9月15日对刘国民副局长说："这次试飞课目进行得很顺利，飞机很好，加深了我们对歼7M的了解。飞机打靶非常成功，你们专家的工作很好。"

在此之前，1980年开始巴基斯坦空军已多次派出代表来成飞考察和具体谈判购置歼7飞机事宜。

至此，由歼7Ⅰ型谈到歼7Ⅱ型，直到现在的歼7M型，歼7飞机的向巴出口，总算露出了端倪。

不料，到了1984年10月，巴方突然来了个大转弯。

军用飞机出口，的确都是成亿美元的大笔买卖，但要做成功，又谈何容易。

1984年4月和10月，刘国民陪同埃及空军司令和训练部副部长到成飞考察和试飞歼7M型飞机。飞后认为"飞机性能非常好"，"从内心里喜欢这种飞机"。大家感到再次向埃及出口的希望很大，却不料后因种种原因，仍未能出口。

向巴出口，前后足足谈了8年多，才达成第一个合同，似乎令人难以置信。1984年10月，巴方来了一个大动作……事后看，也不稀奇。

10月的北京，是秋高气爽、红叶飘香的好季节。在歼7M型飞机背水一战取得决定性胜利，已经开始出口并且即将全面技术鉴定的前夕，歼7发展史上又一个转折点却突然来临了。

1984年10月23日，巴空军贾玛尔中将率团再次访华。在北京，由孙肇卿总经理接待洽谈，成飞派王寅恭、郑维川参加，贾玛尔带来了一份改装歼7M的建议书，要求加强飞机的机动性，加大作战半径，改进截击效能，并具有可接受的对地攻击能力。具体要求是换装F404-100发动机，增加机内燃油容积1000~1500升（宁可取消一门炮），加装具有下视功能的雷达等三项基本改进。

此外，还希望加装惯导、雷达告警器、空中加油、改善飞行员后视界，同时考虑双座教练机等。发动机及设备，巴方可以提供。巴空军并且建议这种改进要经过双方政府一级的会谈，两国空军具体磋商来解决，并且由巴方卡姆拉飞机厂参加合作，这要求很高，我方答应按此做工作。

贾玛尔中将约见了我空军司令员，希望中国空军参与"歼7M改进"这项目，建立起政府一级的关系。我空军领导对此表示，担心资金不落实，而且改动太大，飞机的单价会上涨。

在贾玛尔带正式建议书来华之前，我驻巴外交官已预先通知国内其建议书的主要内容。对此，莫文祥部长、姜燮生副部长分别批示，要外事局和飞机局认真抓，成飞和成都飞机发展中心要参与研究，提出方案。所以谈判还是有一定准备的。

这时，由于我们与英国马可尼公司合作改装歼7M飞机成功，美国沃特飞机公司、英国卢卡斯公司都向中航技表示，可以合作进一步改装歼7M型飞机，这年12月沃特公司就拟了一份飞机改型的建议书给我们。

要准备给巴方的答复。10月底，在北京，孙肇卿同志问我，老巴这种改型飞机，由巴方供设备和发动机，我们搞机体，3年出来行不行？我说，机身全部要改，3年出飞机上天，已不简单，要向巴方提供飞机肯定不行，5年差不多，因为改动很大。

10月与巴谈判，已经超出过去买卖飞机的范畴，而是一种国际合作了，看来，巴空军对此是认真的，他们提出的改进方案，前景也是诱人的。这样，我们便开始按巴空军的要求认真做方案了。我提议这种改型方案叫歼7CP方案，CP的含义是中巴合作，而且我们过去歼7已有A型、B型和D型（歼7大改），这中间空了型。目前对巴合作叫CP型，如果巴方不合作了，我们单独干，就叫C型。厂内讨论，大家都同意。

歼7CP方案主要涉及的是机身要让出空间装大雷达，故需改为两侧进气，没有涉及机翼及尾翼。

超7的"万里长征"，可以说是1985年迈开了第一步。搞飞机是很艰巨的工程，特别是国际合作，又是新朋友，难上加难。谁能未卜先知预料后来的种种变化呢？

我们一边等巴方派组来具体谈判，还希望他们能带些发动机和雷达的资料来，一方面自己做歼7CP的初步方案。在多功能雷达方面，有三个可供选择的型号，即APG-66、APG-67和APG-69。通过对这三种型号的分析比较发现：APG-66是F-16用的，天线较大；APG-69是F-5用的，性能较差；较理想的是APG-67，F-20用的，比较先进，大小适合，所以我们用APG-67作方案。发动机就用F404。

2月初，得知贾玛尔中将已赴美谈购置F404发动机了。他回巴后将向齐亚哈克总统汇报，得到指示后，才会派人来。这倒给了我们以更多的准备时间。

过了春节，我又赴北京。为了争取歼7CP方案得到多方面支持，由驻厂海军总代表李自禹与上级机关联系，我以成都飞机发展中心副主任身份带队去北京，向海军装备技术部（简称"海装"）领导汇报歼7M和改两侧进气的歼7CP方案。20世纪60年代初，我调到成都搞飞航式导弹时，曾到海军大院来汇报过，已25年没有来了。听取汇报的除海装张逸民副部长、蒋都庭处长外，还有海航副参谋长，海航司令部作战处、训练处、军务处、科技处、海航工程部技教处、海航后勤部战勤处、军械处、航材处的同志和海9师李副师长等。他们一致认为飞机配备一定要高低搭配，歼7改装引进的平显等电子设备，大方向是改对了，虽然对歼7M装的测距雷达不大满意，但对改两侧进气，装上多功能雷达，使"腿"长一些，很感兴趣，甚至认为势在必行。此外，还提出能带空舰导弹，能空中加油和在此基础上发展舰载机的问题，为以后做舰载机方案出了题目。这次汇报会空军装备部也派人来参加了，会议的气氛大大促进了我们搞歼7CP的信心。

巴空军米扎尔中校访问成飞（1985.3.11）

赴北京汇报前，成都飞机发展中心主任谢明、成飞厂长侯建武，听取了准备工作的汇报，对改型方案都十分支持，并且指出要两手准备，巴方如不合作，或供不了美发动机和雷达，我们就上国产的。必要时，改型费用由自己出，要求大家采取进攻的姿态，争取得到好的经济效益，同时要设计所稳定队伍，发动大家走出一条路子来。

3月10日，巴空军派出的米扎尔中校等3人小组到北京，次日由中航技总裁助理李泽蕃同志陪同来成都，我主持了谈判，第一次向巴方抛出了歼7CP方案。双方交换意见后，形成了一个讨论纪要，我方由李泽蕃签署。这次谈判，工厂设计所所长沈泳沅、副所长邱普达、宋开基，外贸处长王寅恭都参加了。谈判中，我方向巴方提出了要巴方提供的发动机、机载设备的清单和资料清单，巴方向我们提出了进一步的改进要求，如要求有双座的教练机；发动机安装不要脱后机身；飞机尾部要有拦阻钩；飞机具有空中加油能力；对飞机2000小时总寿命希望延长；机内油量要能加到4000升；有整块式风挡和气泡式座舱盖；装多弹挂架等。最后确定双方在五六月份再次会晤，讨论确定设计方案、合作研制方式以及费用承担等问题。

谈判过程中，航空工业部王其恭副部长、张金波局长等正好在成都调研，听了歼7CP方案和对巴谈判情况汇报后，一致认为这种国际合作的路子是对的，搞出来市场就活了。

纪要签署前，稿子由孙肇卿及军机局王若松副局长联名报莫、姜部长审批。莫部长批示："拟同意，合作决定一定要慎重，特别是资金问题。"事后，部外事局又向国防科工委邹家华副主任做了汇报，邹家华认为这种出口飞机合作很有必要，今后出口飞机应形成序列。

但是米扎尔中校答应的五六月份再次会晤，并没有实现。原因是巴方改变了合作方针。此后，再也没有见到米扎尔中校。这是后话了。

巴空军要求我方与美国合作"佩刀"Ⅱ飞机

巴空军谈判小组被送走不久，美国格鲁门宇航公司派人来了。1985年4月3日由格鲁门国际分公司总裁佩莱哈克、顾问王承栋陪同总公司副总裁肯尼尔，来我公司访问。我和王寅恭出面接待，看了工厂，谈了一般性合作前景，看来没有具体目的。当时，我未意识到会与超7大有关系，也不知道实际是国防科工委邀请来的。会面前，中航技的同志告诉我，肯尼尔是美国的退休海军上将，前驻欧美军司令，我听了将信将疑，因为海军上将是和平时期最高军衔，这么一个高级官员，干这个？见了面也感觉不到其叱咤风云的几十万大军司令官的样子，直至交换了名片，才知不是假的。以后我到格鲁门公司（简称格鲁门）去，知道他是公司驻华盛顿负责做政府联系工作的副总裁，估计设法让政府批准申请，做院外活动等，都经他的手吧。从这方面看，美国国防承包商是花了大本钱的。

歼7CP的设计工作展开后，对巴谈判却没有那么快，与巴方的合作能不能成，美国的发动机、航电能不能拿到，也都在未定之中。

为了统一思想，4月上旬我起草了歼7CP型飞机研制工作的指导思想。其大意是：一要求能生存，所以要快、要好、要取得各方面的最大支持，方案要可进可退；二要求有好的经济效益，故研制费用要低，生产成本要低，要适应第三世界潜在用户的要求，才有可能扩大销售量。这些，后来都纳入1985年10月改型设计总体方案里了。

1985年6月4日，李泽蕃陪同沃特公司斯科勒曼一行来访。我和新任厂副总工程师王寅恭、陈金琰及彭仁颖副总设计师一起与他们谈判，王寅恭负责外事。陈金琰才从英国回来，他在英国宇航公司当了一年雇员，回来后厂党委任命他为副总工程师，负责歼7CP的设计技术。沃特公司已得到巴空军要合作改进歼7M的信息，这次来，他们主要是推荐用普·惠公司的PW1120发动机和APG-159雷达或缩小APG-69天线，使歼7不用改机头。但是他们又没有带来PW1120的必要参数，LAV1用的发动机进气流量很大，进气道不改也是不可能的。可能由于保密的原因，他们去年12月曾书面建议用F404，这次却避而不谈。

几乎与此同时，北京又来消息了，张金波局长打电话给侯厂长说，美国通用电气公司（GE公司）认为米格-21改型在国际上第

第十一章

为发展超7飞机的奋斗

三世界市场宽广，如改装上他们的F404发动机，很有前途。要获得这种发动机，通过波音公司（简称波音）较有可能，张又说："改型出口飞机，可以由你们总承包，中航技和你们订合同，共同投资共同分成。总承包了，你们可以不受限制地向各方面找技术搞引进。"

SECRET

EMBASSY OF PAKISTAN
BEIJING

No. 302/16/3/AA

18th June, 1985

To

China National Aero-Technology Import & Export Corporation,
Beijing

Dear Sirs,

PROGRAMME FOR UPGRADING CHINESE F-7 AIRCRAFT

1. Enclosed herewith please find a copy (Copy No.4 of 11) of a guidance paper on the above subject.

2. The document contains comments and deliberations on current concepts, as such you are requested to protect its security.

(SYED BARKAT ALI)
Group Captain,
Air Attache

Encl:- As stated

SECRET

1985年6月18日，巴驻华武官向我方转交由巴空军司令部于1985年5月制定的名为"SABRE Ⅱ（"佩刀"Ⅱ）项目"长达24页的招标书

1985年6月，巴空军贾玛尔中将升任空军参谋长，晋上将衔。看来，歼7CP合作更有希望了。

果然，6月18日巴驻华武官转来巴空军司令部受政府委托，于当年5月正式发出名为"'佩刀'Ⅱ项目"的长达24页的招标书。

"佩刀"Ⅱ项目，开宗明义是为了改进和提高中国制造的歼7M，使之发展成为一种多用途战斗机。该项目要求接到招标书的各公司，按巴空军对飞机改进设想提出方案，巴方在向我发出招标书的同时，派出空军代表团赴美，直接接触美国各大飞机公司，包括通用动力公司、诺斯罗普公司、格鲁门公司、波音公司和沃特公司。打算在美国飞机公司中找出一个主合同商，然后由主合同商和中航技联合向巴政府提交可行性建议。

招标书正式提出发展两架原型机，一架装F404发动机，一架装PW1120发动机，经试飞后决定发动机的取舍。然后采购150架"佩刀"Ⅱ飞机，飞机单价应少于600万美元。其发展、改型和装配工作由巴基斯坦卡姆拉航空联合企业负责。

巴方在这份招标书里提出了大量的新问题，诸如，歼7M飞机本来是我们的，为什么另找美国公司做主合同商；要有两架不同发动机的原型机，研制工作量很大，有那么多钱吗？决定主合同商后一年出原型机，经6个月试飞后即决策投产，两年半内交付完150架飞机，能那么快吗？至于技术性问题。那就更多了，如要求机体4000小时寿命，机内油量达到4000升，要求能对抗米格-29等。

巴方如此多的想法，都是我们原来搞歼7CP方案时未曾意识到的，中外合作的确有巨大的文化和历史背景的差异，需要交流融合，达到理解。

部机关上下对巴方开口要150架"佩刀"Ⅱ飞机，也十分重视，认为一定要抓住这个机遇。对巴方，我们必须满足他的要求，也考虑他的利益。至于美国公司，要利用他的技术和积极性，但不能让他拿大头。1985年8月5日,按部领导指示,部机关五人小组,由军机办毛德华副主任率领,中航技李泽蕃、财务司单祖茂、办公厅棠丁、军机办朱荣章参加,来厂落实歼7CP方案和答复巴方的问题。

毛副主任带来了莫文祥部长于8月3日给成都飞机发展中心谢明主任的亲笔信,要求发展中心除继续领导好两个重点型号的研制工作外,还应把开展飞机外贸、打入国际市场作为一项突出的任务,切实做好歼7改出口型的工作。

中华人民共和国航空工业部

中心会领导传阅匿,尽如两任还
成、侯三位。 谢明
8.6

成都飞机发展中心谢明同志:

发展中心自八四年十月组建以来,围绕歼七Ⅲ飞机、××工程研制在促进厂、研结合、技术开发等方面进行了大量工作,这是符合中央改革精神的,要继续深化和发展。

当前航空工业正面临飞机成批生产订货数量锐减的严重局面,发展中心的主要任务除继续组织领导好歼七Ⅲ飞机和××工程研制外,并把开展飞机外贸,打入国际市场作为一项突出的任务。请

屠
85.8.7

中华人民共和国航空工业部

发展中心统筹安排好厂、所力量,发挥方方面面的积极性,切实做好歼七改出口型的工作。

莫文祥
一九八五年八月三日

莫文祥部长的亲笔信

原来,我作为成都飞机发展中心副主任用了不少精力寻找进入

民用飞机行业的机会。一个飞机工厂只生产军用飞机不行,在军转民上,最大的优势是转民用飞机。本来航空工业就是军民两用的,但在我国历史上,民用飞机的发展被耽误了,而显而易见的是从国民经济的全面发展来看,民航事业必定有极大的发展。因此,我们找了不少外国民用小飞机厂商或中间商来谈合作生产,向部机关、中航技建议搞公务机,向四川民航局征询小民用飞机方面的意见,希望借助于当时蒋民宽省长关于"发展四川经济应搞民机生产"的批示,向省有关领导反映生产小型民用飞机的设想等。后来发现引进国外民用小飞机合作生产不易,首先必须提供国内市场,于是转向取得部机关支持进入大民用飞机转包生产领域,直至找到了上海转来的麦道机头。

现在部长要求把歼7CP飞机/"佩刀"Ⅱ项目作为一项突出的任务,也的确很有道理。而且部长的信一来,关于"佩刀"Ⅱ的定点,明确就是成飞了,有些不必要的争论也就自动停止。谢明主任、侯厂长就亲自与我们一起与部五人小组连续直接讨论汇报了四天。期间还讨论了外贸体制改革问题。

歼7CP的工作,工厂决心很大,除纸面设计工作以外,还做了两侧进气道内管道1:1的木质模型。缩比的进气道吹风模型已送去吹风,1:1的全机金属样机正在制造,对"佩刀"Ⅱ项目也做了很多论证工作。

这些看得见摸得着的行动,给部工作组留下了深刻的印象,认为我们争取改型飞机出口的实际行动和积极性十分可贵。对我们主张飞机发展分两步走,先做歼7CP一期工作的设想,也给以肯定。要求工厂要不怕风险干到底,并且要快干。因为这时我们主张快上歼7CP一期工作,一方面有了自己先走一步的改型直接经验,使我们对巴、对美都有了谈判的合作本钱,腰杆就硬;另一方面,只要一期工作成功,即使对美谈判不成,我们单独干也有了好的基础。

经过向部工作组汇报取得同意，我们向巴方发出了一个"佩刀"Ⅱ方案的初步建议，建议附在中航技孙总裁给巴空军贾玛尔上将的信里，同时表达中、巴双方尽早面谈的意见。

8月10日，通用电气公司飞机发动机公司副总裁在驻京办事处代表张维陪同下来成飞访问。了解歼7改型情况，我正式向他们说，歼7M要进一步改型，其中有一项重大设想是改装他们的F404发动机。

9月2日，美格鲁门宇航公司第二次来成都访问，这次是其董事长比尔沃思亲自出马，其余3人仍是4月间来过的。谢明主任以成飞董事长身份出面接待。国际部总裁佩莱哈克，原来是F-14飞机的总设计师，这次亲自来了解歼7M型飞机以及改两侧进气、改装雷达、发动机等技术情况。从会谈看，他们打算成为巴方的主合同商。

一架标有PIA字样的波音747飞机，在首都机场于晚8时载着我们起飞了。从北京直飞巴基斯坦首都伊斯兰堡。1985年9月2日，我们一行5人，在刘国民同志率领下，首次为"佩刀"Ⅱ赴巴了，同行的有中航技的李泽蕃、军机办的朱荣章和翻译房颖同志。飞行8小时后，当地时间9月3日凌晨1时到达，就住在中航技驻巴办事处。大家睡了四五小时后，当天即乘车赴巴空军司令部切克拉拉。

我过去只到过卡拉奇，伊斯兰堡是第一次去，这是一个街道规划得如同棋盘的新城市，是在巴基斯坦原首都拉瓦尔品第边上全新建立起来的，一张白纸确好画图，它的街道以数字和字母命名。5，6，7，8，9……是南北纵向路名；D，E，F，G，H……是东西横向路名。中航技办事处即在E7作区名的这一块上。既好记也好找，世上不多见。由于建城不久，高楼大厦还不多。一座宏伟的大理石清真寺也正在建设中，中航技办事处租的一栋二层独立花园住宅，据说造价十多万美元。在这条街上，都是这类高级住宅，可见巴国内是两极分化。

由于办事处事先已经做了安排，刘总又常来司令部，所以10点到达后，刘、李二位即去见贾玛尔上将，我和朱到计划助理参谋长海达尔准将办公室里和他交换一些情况和意见。海达尔曾随贾玛尔访问过大连，我见过他，这就算是老朋友了。

我和李泽蕃（中）、朱荣章（右）等首次赴巴谈"佩刀"II方案（1985.9.5）

刘、李在贾处谈完后，又和我们一起去见了主管"佩刀"II项目的作战副参谋长萨必尔少将。他听取了我们CP项目的进展情况和对"佩刀"II项目的意见。最后与他们约了第二天上午10点钟为双方正式会谈的时间。

第二天，我们全体和海达尔准将做了一次比较长的交谈，他是前不久巴空军访问美国代表团成员之一，对美国政府的态度和各飞机公司的情况有第一手了解，而且他管计划就管钱，对技术又有一定发言权，故是个关键人物。

9月5日上午，刘、李二位又去见了贾玛尔上将，并带去了我们，两天谈下来以后得到信息连夜拟就的以刘总名义写给贾玛尔的信，作为这次我们来访后的正式文字意见，代替双方的会谈备忘录。

此行，我们弄清了巴方提出"佩刀"II项目的来龙去脉。

第一，"佩刀"II的历史背景。贾玛尔与海达尔等1983年访问大连之后，对巴空军选择歼6的后继机提出了各种方案。其中一个最有吸引力的方案是歼7M改型，这样巴空军就选定和上报了这个方案，在过去的两年中，巴政府内有各种不同意见的争论，但最后同意了巴空军和国防部关于"佩刀"Ⅱ项目的意见，因为它不仅是个军事合作项目，而且更重要的是巴基斯坦为加强独立自主的能力，建立自己的航空工业，在中国的帮助下能生产自己的战斗机。这是涉及巴基斯坦国家荣誉和前途的一件大事。

第二，主要改型要求增加到四项，1984年时提的是三项主要改型，即发动机、机内燃油量和雷达。现在增加一项即飞机的总寿命要求增加到4000小时。原因是计算全寿命费用时，发现歼7M的总寿命及返修期都太短，否则西方发动机寿命还没到，机体总寿命倒先到了，且150架飞机总有20多架在大修，这都不好。

第三，何以找美国飞机公司作主合同商。这个问题我们没有直接问，我们只是反复申明关于项目管理的观点：由巴方总管，中方为飞机总设计单位，美方只是发动机和设备的承包商，负责组织各设备供应商与成飞进行技术协调和技术合作。但从巴方的谈话中，可以看到他找美国飞机公司作主合同商的决心已定。原因是：①巴方认为美国飞机公司能力强，什么都能干。②一切"佩刀"Ⅱ项目的费用都从美对巴军事援助项目中开支，故这项目必须取得美国政府同意，也必须把大部分钱扔入美国商人手中。③在美国采购发动机、航电等设备，由一个美国飞机公司来总承包选型，并在美国内开展取得政府批准的活动，都比较有利。贾玛尔上将理解了我们对此的不满之后，反复说：我们中巴是一方，是友好关系，是好朋友。对美国是另一方，是买卖关系。我们应当共同对他们有戒备。

第四，每架飞机单价600万美元和1990年前交付完150架飞机的进度，都不是绝对的。可调整而且新的军援计划要1987年才开始，故改装费用要1987年起才能启用。

第五，关于美国方面的反应，经巴方在美活动以后，美国政府方面完全同意巴空军用便宜的飞机取代歼6，其中80%的人同意用投资少而作战性能又有很大提高的"佩刀"Ⅱ方案，20%对转让航电设备、技术表示出担心安全保密得不到保证。故局势估计要两三个月后才会明朗。

接到"佩刀"Ⅱ招标书的几家美国飞机公司，由于各自的利益不同，因此对招标书的态度也各不相同。诺斯罗普公司和通用动力公司出于自身的利益，反对"佩刀"Ⅱ项目，因为会成为F-20和F-16的竞争对手；沃特公司、波音公司、格鲁门公司，没有同类飞机，赞成"佩刀"Ⅱ项目。

这个情况正好满足巴方的希望，因为美国法律（《反托拉斯法》）规定，不允许政府只给一家公司以许可证，必须有三家公司竞争；同一种飞机，必须有三个不同方案、三种飞机单机价格。

格鲁门公司对"佩刀"Ⅱ项目热情很高，他们收到巴方的招标书后，初步开展了工作，也派人到中国来了。他们正在A-4飞机上改装F404发动机，因此对F404发动机非常熟悉。F-14的航空电子设备正在更新。原装普·惠的发动机现要改装GE公司的，所以这方面都有经验。波音公司的军用飞机分公司对"佩刀"Ⅱ项目也有兴趣，他们也正在做A-4的改装工作，也有经验。现在，他们正在等待政府批准后到巴基斯坦。

上述三家公司都争取应标当"佩刀"Ⅱ的主合同商，均已正式向政府申请一揽子出口许可证。

我在会谈中反复向海达尔准将说明，万一美国政府不批准发动机向巴出口，我们有一个改型的发动机可以推荐，目前推力可达到7000千克力，以后还可提高一些。为了加深印象，刘总在临别时对海达尔说："本着有备无患的精神，屠先生提到的备份方案，是否可行，请你们研究，包括要不要进一步对这个方案再做点什么工作？"

9月7日，我和李、朱二位在办事处同志的陪同下，访问了卡姆拉基地，要帮他建航空工业，应先有个大致印象。

伊斯兰堡在巴基斯坦北部，纬度相当于我国郑州，比地处南部纬度相当于我国福州的卡拉奇气候温和多了。有一年我在卡拉奇中转飞机，一下飞机，身子犹如进入充满蒸汽的浴室，又热又湿。在伊斯兰堡虽已进入9月，气候仍颇热，室内全开空调，长期开着，有燃烧橡胶似的异味，噪声又不小，加以连日睡眠不足，头都痛了，也没有办法。

巴基斯坦航空联合企业，坐落在伊斯兰堡北部40多英里①处的卡姆拉。从伊斯兰堡到卡姆拉，一路都是平地，到了卡姆拉也是一抹平原，办工厂要扩大有的是地方。飞机跑道就在工厂边上。

联合企业属国防部生产部领导，与空军不是一个系统。但企业里的干部都是空军军官，工人是士兵。联合企业的总负责人（中国人称他是航空局长）是一名少将，叫阿贾玛尔·汗。其下属三个厂的厂长，都是准将。他们的军衔和职位是完全一致的，一个萝卜一个坑。我们一行到后，总负责人亲自出面接待并宴请，三名厂长全体作陪，甚为隆重。参观时由一名厂长陪同。

首先看了歼6大修厂。现在大修歼6和歼教6飞机，已修完56架飞机；以后强5及歼教5也在这里修，还生产副油箱，年产150个。发动机及特设成品还不能修。全厂1423人，其中干部45人。

其后看了"幻影"飞机大修厂，修"幻影"Ⅲ和阿塔发动机，特设仪表也能修。

最后看了飞机制造厂，生产和修理一种四座轻型小飞机。

看了以后，给我总的印象是：他们要自己生产或部分生产歼7这样的飞机机体，还差得很远。作为空军和国防部的领导，希望通过可靠的国际合作项目，把本国的航空工业建设起来，成为独立自主国策的一种体现，其用心是完全可以理解的。

参观完卡姆拉，次日我和李、朱一行三人即飞返北京。刘总他们二位转到孟加拉国去了。

---

① 1英里＝1.609千米。

9月10日，我们向莫文祥部长、何文治副部长汇报，孙肇卿、计划司长厉义市、军机办副主任马承麟在座。莫部长在听取汇报后说，方针是要力争我们拿总，因为我们的筹码不简单，没有我们，你美国也造不成飞机。但要有灵活性，大干也干，小干也干，卖壳子也干，变不成百万富翁，五十万富翁也行。

1985年9月19日，巴基斯坦高级军事代表团一行11人，由我国国防科工委副主任叶正大中将陪同来成飞访问。代表团团长即我在巴见过面的巴空军作战副参谋长萨比尔少将。谢明、侯建武都出面接待，我有意带着歼7CP的飞机模型出席，既再次与巴方直接谈CP方案，又间接向叶副主任汇报。萨比尔少将当场具体谈了油量问题，要零－零性能的弹射座椅，又担心我国产发动机推重比不够大及结构变动量较大等问题。交谈中，代表团其他成员纷纷对着模型发言询问，表现得很有兴趣。

同一天，有消息说，格鲁门公司对月初访华时，我方表态含糊不满意。返美后通过我国驻外人员转告，如航空工业部在美三家飞机公司竞争中不支持他，他在美国国内将不说有利于我们的话。咄咄逼人的争斗姿态，难以言表。航空工业部怕他捣乱，决定发函表示支持他。

不久，航空工业部决定10月中旬在北京召开歼7CP（改型出口）机技术方案汇报会，同时研究对外合作的形式等。这次会议还要同时成立航空工业部飞机总设计师顾问组，把歼7CP方案评审作为第一个工作项目。为此，工厂抓紧做以歼7CP一期改型为主的方案准备，谢明、侯建武都亲自召集了几次讨论。10月14日，总设计师技术顾问组成立会和歼7改型出口机方案汇报会，在北京航空工业部及小经厂招待所召开。我和陶发宽、陈金琰、沈泳沅、邱普达、宋开基、王月新、向文政等专程参加。王寅恭已先在北京。

因为是两个会一起开，所以很隆重。大会在部第一会议室一连开了两天，何文治、王昂副部长，刘积斌副总工程师及外事局等11个司局的同志参加了会议，第一批由部聘请的8名总设计师技术顾问组成员（后改称"飞机设计顾问组"）也参加了会议，他们是：沙正平、赵沛霖、李志广、苏隆清、孔繁训、余松涛、张克荣和我。会议由军机办毛德华副主任主持。

何部长首先讲话说，总结航空工业多年来的实践经验，有必要成立一个总设计师技术顾问组，当好部领导的参谋和向飞机总设计师提供技术咨询，而且要像元老院那样对选择型号总设计师的人选提出意见，因此这次会，部人劳司秦副司长也来参加听取意见。又说了军机出口的重要性；歼7M飞机在很困难的条件下出口成功，很值得总结。现在形势很好，歼7CP飞机大有希望，但因涉及三个国家间的合作，更需要用系统工程矩阵管理的办法来抓。军机办里应成立一个歼7CP型号办，使工作纳入正常渠道。

设计方案在大会汇报后，顾问们仔细地进行了讨论，对进气道设计、机体总寿命、先装国产发动机后装引进发动机其外形、安装、系统等不能互换等问题以及飞机的阻力估算、操稳特性等提出了一系列具体审查意见。

总设计师技术顾问组的同志在会中还专门讨论了顾问组的工作条例，为以后正式成立顾问组开展活动和补充成员做了准备。王昂副部长在10月17日总结时说：今后不管什么新型号或重大改型，都要发挥顾问组的作用。顾问组要集中部内最优秀的力量，成为国家队。

为了抓好歼7CP飞机，在型号办未成立之前，部机关决定由计划司段大扬、秦德馨，军机办毛德华、朱荣章，中航技的孙肇卿、刘国民、李泽蕃等同志负责型号协调联系。

在CP方案汇报会期间，传来一个消息，美国国务院中国事务办公室军政事务官斯托弗先生，受主管东亚太平洋事务助理国务卿的委任，即将来华，并要求到成都考察歼7改型出口机，以便草拟政策性报告，供美国政府决策。莫部长对此指示：欢迎他来，同意到成都商议歼7改型的问题。

第二天，我们向莫部长汇报了格鲁门王承栋来谈的情况。关于向格鲁门提供必要的资料数据，莫部长授权由孙局长定，不必报批了。何文治副部长的意见是，在以后的合作中，我方应争取多一些份额。

1985年10月24日，格鲁门公司以肯尼夫先生为首的4人小组，在孙肇卿、李泽蕃、毛德华、朱荣章的陪同下来到成都，第一次进行"佩刀"Ⅱ的技术谈判。我和陈金琰事先组织了一个30多人的谈判班子。谈判中，我们发现格鲁门对我歼7飞机了解得很肤浅，因此一些方案设想是粗的。其实收集一些公开的米格-21资料，也会深一些。从这里可以看出美国人爱吹嘘自己的特点，为了竞争，他们什么都敢吹。10月27日，中、美双方签署了纪要。陈金琰代表成飞签署。

1985年11月7日，美国务院斯托弗先生在美驻成都领事柯克先生陪同下来成飞访问。我和王寅恭、陈金琰等会见了他们，并陪同他们观看了歼7M生产现场。斯托弗倒也直截了当，说此来的目的是了解改装歼7M飞机向巴出口的情况，以便回国向政府报告。谈话涉及改型飞机的进度、月产量设想、机体要多少钱。两种美国发动机中哪种好（我们认为F404更合适），在巴总装行不行，飞机的维护后勤支援是否仍要靠美、中两国技术人员等。最后，斯托弗说，他们此行已对成飞有了深刻的印象，关于"佩刀"Ⅱ，运气好的话，明年初美国政府就可以做出决定。

我们第一次接触到美国政府官员，感到他们办事还挺深入。

"佩刀"Ⅱ的竞争者少了一家。1985年11月8日，美国沃特公司正式电传中航技，表示他们已决定退出"佩刀"Ⅱ项目的竞争。

通用动力公司已表示对"佩刀"Ⅱ不感兴趣,波音军用飞机公司有兴趣,但并不积极,剩下最积极的是格鲁门公司。

中航技孙总裁一行于11月25日访问了格鲁门驻华盛顿办事处,12月6日访问了位于纽约长岛的格鲁门公司总部,受到了公司董事长比尔沃思和国际部总裁佩莱哈克的接待,对"佩刀"Ⅱ项目有关技术方案和下一步打算进行了商谈。格鲁门认为巴方对改装的技术要求提得太高,须说服巴方放弃一些。

实际上,在此之前,孙总裁已于11月25日和26日分别访问了美国商务部和国防部,心里已经有了底。商务部助理部长格尔菲尔德和国防部国家安全援助局局长盖斯特将军分别接见过他。两个部都表示了对"佩刀"Ⅱ项目的支持。盖斯特将军还说,美国国防部已做出决定,同意发放F404发动机及航电等有关改装用设备的数据给巴基斯坦,中方可以通过巴基斯坦获得所需的数据。但巴方对此项目,是通过FMS(美国对外军事销售)渠道,还是自己出钱购买即商业渠道,尚未最后做出决定,估计还需要一年时间进行分析比较。

经过这次访美,孙总裁有了总的印象,"佩刀"Ⅱ项目进展不可能很快,目前关键仍在巴方的态度和要求上。所以最好是争取中、巴、美三方有关人员能一起商谈一次,统一想法,促使进展。

为了争取主动,我们内部歼7CP的工作一直在抓紧进行,低速风洞试验已在12月20日完成第一轮选型试验,高速风洞测力试验也于12月29日完成第一轮吹风。飞机金属协调样机已经搞出来,正在进一步修改外形。国产装机成品在12月部计划会议上与各厂签订了供货合同。12月中旬,与英国马可尼航电公司谈判提供歼7CP的雷达,英方同意用猎狐雷达进行改型以满足我们的要求。

为了管理好"佩刀"Ⅱ项目,巴空军任命萨里姆上校为项目负责人。萨里姆，飞行员出身，飞过歼6和"幻影"飞机，原是巴基斯坦空军司令部的一名处长。上任不久，他就带了工程师伊夫铁卡少校于1986年3月9日飞到北京，在巴驻华武官陪同下与中航技谈了一天后，于3月11日由李泽蕃、朱荣章、牛新棠陪同到达成都。

萨里姆向我方重复阐述了巴方对中、美、巴三方合作的分工原则，机体改装、风洞试验等在中国或美国进行，飞机的装配、测试、试飞都要在巴进行。原型机研制，走商业的道路，巴方自己出钱，待进入批生产，走FMS的道路。因为这有出口的问题，而且是用军援的钱。关于对飞机的要求，以中低空作战为主，高空性能是次要的。除发动机航电以外，归纳了7点要求：5000磅[①]机内油量；7~8个外挂点；能空中加油；总寿命3000小时以上，首返期1200小时；能承受9的过载；加尾钩、美国水平的座舱全景式风挡。

萨里姆向我们通报了1985年11月、1986年1月格鲁门访巴，1986年2月波音访巴，1986年3月GE公司访巴的情况。

关于飞机的单价，他说巴政府同意提高到800万美元，生产150架飞机，总费用12亿美元，这12亿美元是国防部分给空军的预算。

萨里姆来成飞前，不知道我们已经做了许多工作。他在听了我们的介绍，看了有关模型和图纸，又看了我们CP飞机全尺寸金属样机后很惊讶。

我们告诉他我们设想的研制方案，要有5架原型机（包括强度和疲劳试验），1986年中开始设计，总共大致4年时间，即1990年中可飞完原型机。早下决心投产，1991年可拿到第一架生产型飞机。

---

① 1磅=0.454千克。

巴空军派萨里姆上校、伊夫铁卡少校首次访问成飞，谈"佩刀"Ⅱ方案
（1986年3月12—14日）

经过双方三天的讨论，最后形成了一个纪要，于3月16日由李泽蕃、萨里姆签署。双方一致同意应由巴方出面组织中、美、巴三方尽早会晤，以统一认识。成飞对"佩刀"Ⅱ项目的书面建议，包括附有三面图、性能估算、外挂方案、飞机油量以及向巴索要发动机、航电的安装数据细目，都一起提交给了萨里姆。

萨里姆上校这次来，可以说是丰收而归。第一，他通过我方认真坦率地介绍和亲自观看实物，再加以讨论，第一次弄懂了许多过去没有接触过的设计技术问题。第二，他带回我们对他所提各种问题的满意回答及有关的书面数据。第三，他受到我们提高规格的接待。从买主是"上帝"的角度出发，中航技决定提高一级接待萨里姆，即按将军级军官来接待，进出机场，都在贵宾室，吃、住、行都是高等级的。在北京，中航技两位总经理都出面见他。到了成飞，他更是被待如上宾。

美国政府批准美国飞机公司为"佩刀"Ⅱ项目可以与中、巴接触后,格鲁门公司、波音公司连续争相赴巴,带着方案与巴空军领导人谈,赴卡姆拉基地考察。巴空军正好货比三家坐享其成。美国国防部内,海军认为可以上"佩刀"Ⅱ项目(原因是F404发动机属海军所有),空军则主张支持通用动力公司向巴出口F-16,加上诺斯罗普公司的反对活动,情况相当错综复杂。

波音公司得到我方信息后,反应也快,4月中旬即派组访华。

巴空军萨里姆上校来访,传达了巴方上"佩刀"Ⅱ项目决心已下、明白无误的信息后,我方又获悉巴空军4月将赴美等重大行动,部机关也抓紧了对"佩刀"Ⅱ的工作,一面派出刘国民等赴巴,一面于1986年4月1日由军机办主任张金波、外事局局长孙肇卿、计划司司长厉义市正式联名向部长写出了"关于歼7M改型出口机情况的报告"。

报告分析了形势后,认为为了贯彻部党组"保军转民争出口"的方针,一定要千方百计拿到"佩刀"Ⅱ项目。为此,要多做巴方的工作,使巴方在一切重大行动上,先与我商量;我们要主动掌握巴、美动向,分析哪个美国公司对我有利,就支持他夺标,最终要达到研制原型机机体由我方负责的结果。为了做好这项复杂的国际合作项目,据姜燮生副部长指示,部内成立军贸开发领导小组,由计划司厉司长,军机办张主任,外事局孙、刘局长4人组成,孙、张二人担任组长。另外,报告还建议成立由毛德华担任主任,李泽蕃、朱荣章担任副主任的型号办公室;请谢明同志任研制现场指挥部总指挥;经与谢明、侯建武、屠基达同志商量推荐成飞副总工程师陈金琰任总设计师;"佩刀"Ⅱ项目作为中航技的经营项目,由中航技与成飞商定如何进行经济管理。

这个报告经莫文祥部长和姜燮生、王昂副部长分别批示同意,并要求抓紧落实。事后,现场总指挥没有正式任命,陈金琰任总设计师的任命于1986年5月6日正式由部文件下达。关于总设计师的问题，1985年10月北京CP方案汇报会后，一直在酝酿，部里有关领导希望我能担任，故1985年11月部下发成立飞机设计顾问组文件时，就把我的名字从顾问组名单上划去了。从我的能力、资历和精力看，总设计师是可以干的，但是从发展来看，我向有关征求我意见的同志说，培养年轻一些如陈金琰那样的同志来担任比较好，我可以全力帮助的。另外，事情主要由厂里来办，我现在不在厂的领导班子里，隔了一层，有些事也不好办。他们同意了我的意见。后来部里又发文增补我为飞机设计顾问组副组长。但因我正任成都飞机发展中心副主任，故我分管"佩刀"Ⅱ等出口机型也未受影响，只是在技术上我不签署。

美国承包商的竞争

一提起波音公司，大家的印象就是大型民航客机，其实是因为波音公司在西雅图的民用飞机公司在中国活动比较多，民航机用得多，补偿贸易工作也多，印象比较深的缘故。

波音军用飞机公司参加"佩刀"Ⅱ项目竞争后，1985年1月21日在政府批准后派出技术部主任拉尔夫和国际项目主任李湘渝来成飞访问，李泽蕃、朱荣章、牛新棠陪同。拉尔夫尚未形成正式的改型意见，只是口头讲了一讲，我们也在口头上向他们介绍了CP方案，请他们看了歼7M飞机和CP型全尺寸金属样机，之后，他们即赴巴基斯坦活动。

4月初，中航技通过波音驻京办事处向他们传达了巴方对他们比较粗浅且不改机体的方案和可行性研究周期太长都很不满意的消息后，波音公司立即派出李湘渝并带气动力、航电及发动机专家共

4人到北京,并与其驻北京首席代表彭运高等二人一共6人于4月17日到成都。第二次来访仍由李、朱、牛三人陪同,我和王寅恭、陈金琰等接待。

波音小组感激我方对他们的支持,所以向我们介绍他们国内的背景情况时以及与我们谈方案都比较敞开和大方。他们一来,就拿出一份准备好的"佩刀"Ⅱ概念性方案给我们,有100页之多。我们看后,感到他们在1月来谈之后短时间内在缺少歼7资料的情况下,写出这个方案,快速反应的能力是较强的。

这次波音的书面建议,飞机改为两侧进气,进气道是不可调的,翼尖挂弹,有7个外挂,结构设计要达到4000小时总寿命。

航电有两个方案,其中一个方案是大量用F-16的航电设备,并采用F-16C/D的座舱仪表布局。两个方案都采用APG-67雷达,火控系统都可发射"麻雀"中程导弹。

发动机建议从M88、PW1216、RB.199及F404/RM12中选。在论述分析后,波音倾向于用F404/RM12,它的可靠性高,推力也较大,视情维护;寿命:热部件2000小时,冷部件4000小时。波音已经和GE公司接上关系,GE公司要求共同做发动机与进气道的匹配试验以保证质量。安装方式波音建议用后机身下部大开口的形式。此外采用类似F/A-18和F-20的AMAD(发动机配套的飞机附件机匣)。有空中加油,用美国空军的标准。

为了达到高可靠性,波音建议大量采用货架产品和成熟的经过验证的技术。

原型机研制,波音建议两年内完成两架原型机的制造和试飞,飞机首飞成功即决策投产。为了快速研制原型机,波音公司建议采用洛克希德臭鼬工厂那种的非常规试制的办法。

20日双方签署了备忘录。按照公平竞争原则,我们给波音的数据资料与给格鲁门的相当。当然口述的是另外一回事儿。这次谈判达到了我们原定的目的,灌输了我们的改型设计概念,增强了他们推出方案的实力,也鼓舞了他们的竞争斗志,让波音进一步认识到改型中的机体工作必须以中方为主。

此后,1986年5月12日,外事局副局长兼中航技副总裁江同,在美国访问了维其达波音军用飞机公司。该公司古懋萱总裁亲自接待宴请他,由拉尔夫、李湘渝共同与之洽谈。总的情况双方思路比较接近。

古总裁说,波音参加"佩刀"Ⅱ项目,与格鲁门不同。波音不是为了得到多少利润,主要是美国政府要求波音干,目的是加强巴基斯坦的力量,以便支持阿富汗反苏,是从政治上着眼的。这个项目如能办成,得益者主要是巴、中以及美国的发动机、机载设备公司。波音在完成飞机研制后,生产阶段没有多少工作,得不到什么效益,但是由于美国政府的推动,波音是要争取的。

波音问江同,有无可能让巴方在卡姆拉生产一部分机体？江回答,只要巴方要求,我们可以帮助他生产。波音公司原来担心中方不愿意拿出一部分机体工作让巴方干,江同一说,波音就放心了。

古总裁最后建议尽早促成中、巴、美三方一起直接会谈。

通过这次会谈,江副局长感到,波音的长处是在理清三方关系如何实施工程项目上思路清楚,弱点是技术上、方案上研究得不深。格鲁门则正相反：在技术上较深,而如何组织这种工程,则想得有点天真。因此,江副局长自维其达来信向国内建议,我们今后对波音多从技术方案上帮他准备,而对格鲁门则不要在技术上和盘托出了。还建议中航技主管这项目的李泽蕃同志能主动赴美,与波音直接会谈。

1985年10月,格鲁门公司来华谈判时,我们已经给了一些基本数据和资料,如飞机和机体结构的重量重心、打算与新机头对接的11框12框外形、飞机改型前后的切面面积分布图、发动机舱空间图等。这些作为提出竞标方案的依据已够了,但要进行实质性的"佩刀"Ⅱ可行性研究当然是不足的。

我们把"自成商品"的飞机叫C型，也指仅是中国自己的，以区别于与巴合作的CP型。部里决定立即研究"自成商品"，谢明主任、侯建武厂长亲自召集我们一起开会，听取汇报研究方案。并于1986年4月9日，一行8人立即飞赴北京。8人中，谢、侯、我以外还有陈金琰、邱普达等。

航空工业部军贸开发领导小组紧急召我们赴北京研究对策。1986年6月9日我们一行8人飞到北京后，下午就在小经厂招待所开会。部军机办张金波、毛德华、朱荣章，外事局孙肇卿、李泽蕃、牛新棠，计划司徐仲奎等同志都来了。这是一个座谈性质的会，首先是传达信息，然后是研究对策。

法鲁克自成都返回北京后，谈得还可以，姜燮生副部长出面请他吃饭。法鲁克说，"佩刀"Ⅱ这个项目，巴政府的意图是要把它搞成的，否则他就不来了。总的预算，巴政府打算花15亿美元，12亿美元用于150架飞机，3亿美元用于建卡姆拉基地，达到能生产机头及飞机总装试飞的水平。这就不仅是巴空军的事了，齐亚哈克总统也支持。这个信息的确表明了巴方下的决心。

另外，格鲁门公司的王承栋在北京活动，来中航技谈过，李泽蕃直截了当地向他表示了我们对格鲁门无合作诚意、对我们封锁消息、企图绕开的抱怨。王承栋做了一些勉强的解释后提出希望安排6月23日格鲁门的人再次来华谈判。

我们这次会议要讨论的问题是：对外，如何落实部长关于"佩刀"Ⅱ的合作方针；对内，为了防止"佩刀"Ⅱ久拖不决或最后吹了，即使成了，我们也没有自主的推销权，受制于美国和巴方，所以在对付国外合作的同时，我们自己应该独立干，自成商品，而这应是什么样的方案。

会议讨论了一天半。成飞抛出了"自成商品"的C型机方案，作为中航技和成飞合作的经营项目。整个工程分两步走，第一步不装最终航电的飞机，可以飞行试验，主要改机头及进气道，预计要花3000万元研究费。

6月11日，谢、侯、我与部机关张、孙、朱、徐一起去莫部长那里汇报，12日又向姜副部长汇报。然后在军机办具体研究起草座谈会纪要，以便由部正式批发。

会后，谢、侯和我等赴长春第一汽车厂等为我厂上汽车模具项目进行考察活动。

1986年6月30日，部以航军函（1986）536号文批转歼7改型出口座谈会纪要。纪要的主要精神是：

巴空军对"佩刀"Ⅱ的要求在一定程度上体现了第三世界国家的要求；是一个有希望、有发展潜力的军贸项目，我们必须紧紧抓住。这对进一步打开军贸市场促进航空工业产品开发、稳定军品生产线和航空科技队伍，均具有相当重要的意义，即使我们在技术上、经济上承担一定的风险也是值得的。

纪要接着分析了风险：我方在"佩刀"Ⅱ中只能是13框后机体的子承包商；我们向美方提供大量歼7M型资料，而由于美国政府的限制，我方得不到美方有价值的发动机、雷达、机头和进气道等的资料，"佩刀"Ⅱ项目巴方要分三阶段进行，预计历时6年，很可能因种种原因中途夭折。

因此，我们的方针是：支持巴方建立自己航空工业的政策，促进"佩刀"Ⅱ项目；在与巴、美合作中坚持平等互利原则，以斗争求联合；在技术资料上坚持有来有往的原则，防止美方利用我方资料后把我甩掉；以合同条款保障我方的经济利益和主权。

为了摆脱美国的控制，主要的对策是在进行"佩刀"Ⅱ项目的同时，积极开发我们自己的歼7改型出口机（歼7C型），以便我们今后独立向第三国出口，歼7改型出口机拟分两期进行，一期所需研制费3000万元，由中航技和成飞联合经营，各投资1500万元。

这样，根据部座谈会的精神，成飞歼7C型的设计工作大步前进,并准备迎接航空工业部的9月方案评审。

6月23日格鲁门的人没有来,改为7月底才来。

此后,波音的投标书按期于7月15日送给巴空军。

6月,部决定"自成商品"的方针后,进一步形成了内部、外部两线作战的局面。

歼7C型的研制工作,成飞正在紧锣密鼓地进行着。设计方案的细节正在总设计师陈金琰的主持下逐个落实;迎接预定在9月召开的评审会,厂总工程师杨宝树主持研究了评审准备措施,并且组织了定期检查;建立了行政指挥系统和总设计师系统以及新机型号办;力争C型和一期工程能于一年后上天的研制一级网络理出主干线和关键;试制总方案也开始制订;设计性系统试验开始筹备;进一步吹风的模型正在制造。为了寻求发动机的出路,除国内涡喷13改进型、14号机外,也设想在美国以外寻找,故向罗·罗公司索要 RB.199 发动机的资料和数据。

格鲁门公司那里,直接信息什么也没有,但是他们在积极活动。

7月17日,格鲁门公司董事长比尔沃思致函我国防部长张爱萍,希望我国支持格鲁门承担中、巴、美三国歼7改装("佩刀"Ⅱ)和歼8改装工作。

与此同时,在贾玛尔上将陪同巴总理居内久访美之机,格鲁门董事长等直接找了贾玛尔,贾玛尔向格鲁门方表示,已选定格鲁门为美方承包商。

"佩刀"Ⅱ项目的可行性研究,巴空军已内定格鲁门公司,我们实际上倾向于与波音军用飞机公司合作,因为两家与我合作的态度大不一样。目前看,与格鲁门合作会令我吃亏,而与波音合作,则因波音方案实际上以我歼7CP为基础,对我极为有利。分工上,机体改型由我方负责,波音除负责采购外,并负责航电综合、总装试飞等。这个方案如能实现,则对我全面掌握飞机改型设计技术,争得更多工作份额，以及研制自己的后继机都极为有利。

但这决定权在买主巴方那里，因此我们主张由两家公司同时做可行性研究。进行公平竞争。我们呢？谁与我合作好就给谁以更多的支持，必然可使波音方案中选。但巴方强调申请做可行性研究的预算只有一家研究的费用，既没有必要也没有钱由两家做。除非波音压价。按波音开始做投标书时是一个小改的方案，后来经过我方的帮助启发逐步认识，故其向巴方索要的费用由50万美元、100万美元上升至150万美元。

7月底，波音驻北京办事处透露，即使巴方不给钱，波音也要做可行性研究。波音已预定7月29日赴巴，8月初自巴返美时，途经北京向我通报，8月16日再派组访问中国。

1986年8月2日，部军贸开发领导小组书面报告姜燮生、何文治、王昂副部长，报告在分析了当前形势以后，提出：①积极支持与波音合作；②如果巴方只选中格鲁门一家，应准备如何与之合作的方案；③争取与普·惠公司合作搞PW1216发动机。姜副部长等批示同意。

8月5日，波音军用飞机公司以丁·拉尔夫副总裁为首一行4人，赴巴谈判后来向我方通报。我方孙肇卿、江同、毛德华局长等出席会议，成飞派陈金琰赴北京参加会议。拉尔夫是美国退役少将。曾在西点军校和普林斯顿大学航空系学习，现在波音军用飞机公司主管项目开发。

拉尔夫首先通报这个项目是高层次决策、是波音总公司要求搞的，情况要向总公司报告，7月11日向巴方的投标建议书也是7月9日由总公司批准的。原来军用飞机公司并不想干这件事，总公司则要求要保证搞出来的飞机有世界一流的质量，要使波音和中航技都感到骄傲。

之后，波音公司自他们公司召来3名专家（气动方面、结构方面、系统方面）连同李湘渝、彭运高等5人，8月13日由牛新棠陪同赴成都。因为15日前波音要答复巴方,成飞所有的资料能否使用。巴方才会考虑波音是否可以成为竞争者之一。所谓能否使用,指的是全不全、深度够不够,在美方使用时,概念和习惯上是否相容,因为技术体系不一样。

波音公司李湘渝带三名技术专家来成飞谈"佩刀"Ⅱ方案(1986.8.14)

14日他们进厂,我和杨宝树、陈金琰、黎茂杰等接待了他们。双方一谈,因为坦率敞开,所以马上就理解了。波音事先声明,这10个方面的资料,现在只要看一看,不要求带回,也不作记录,只是要判断一下可不可以用,是否可输入电脑进行工作。他们又说过去波音有挫败的经验,原因是得不到合适的资料,失败有3次,一次是改DC-9为货运机;一次是改L-1011为货运机;一次是为F-4改电子设备,虽用尽了力量去竞争,但后来都放弃了,原因都是得不到合适的飞机数据,也包括公司间技术工作的差别、不相容。

这一下,我们就放手拿出资料来让他们看,包括全套出口飞机的英文资料,以及我们吹风的资料、强度计算报告等;显示了我们飞机设计资料上的实力。通过回答问题更显示了我们的设计技术和水平。一天的看和问答下来,波音公司方5人心里完全有底了,当晚立即向公司总工程师发出了汇报电传,大意是:在成飞所看到的大量设计资料相当完整,十分有价值,与美国习惯差别不大,可以按此立即开始可行性研究工作;中国同行以他们引人入胜的专业知识和理解能力,回答了我们提出的许多问题;整个来访小组为成飞主人的慷慨、合作和支持态度所感动,等等。电传之外,李湘渝晚上还直接与其总工程师蒙图里通了电话,蒙图里已收看了电传,十分高兴,告诉小组,剩下唯一担心的问题,是与我方如何交流信息、沟通思想,即语言障碍如何解决。

第二天进一步交换意见后,波音客人带回了充分的信心。他们返美途经北京时,部里和中航技宴请了他们,他们一再表示,此次访问成飞收获很大,相信今后一定能合作好。

莫文祥部长来成飞检查工作(1986.9.11)

这一步可惜走得太晚了。

我们的C型机研制继续在吹风，协调打样也已开始。

1986年9月初，巴方仍未决定。据说他们内部对仅由格鲁门一家搞可行性研究还是交由波音和格鲁门两家搞，有分歧，又涉及增加费用的问题，现矛盾上交报给总理了，总理还来不及批。又有消息说，格鲁门在加紧活动，希望巴方劝波音退出竞争，或由美国政府向波音施加压力。从形势分析，由格鲁门一家做可行性研究的可能性非常大。

巴的底牌就这样了，我们一方面争取两家做，一方面要准备只有格鲁门一家做。针对这种形势，莫部长内部指示，在与格鲁门一家合作时，我们的王牌不能丢。

为了防止不丢，我提出的对策主要有两大条，一是抓紧我们自主发展歼7C型飞机，先走一步，必要时先搞出来推入国际市场；二是努力在与美、巴合作中保有我方关键设计资料，不落入美方手中，要有顶住美、巴压力的决心，宁可做不成"佩刀"Ⅱ项目，也不能提供我方的关键设计资料。

紧接着，莫部长带领一个工作组来成都蹲点，落实大上民品的方针。到厂不久，9月11日莫部长亲自到设计所看歼7C型机和歼7Ⅱ改的设计工作进展情况。莫部长又当场和陪同的谢明、侯建武及我谈了一旦只和格鲁门合作，我们的王牌不能丢，只要有一线希望，我们都要争取与波音的合作。

波音军用飞机公司总裁古懋萱先生一行于9月16日到成都，事先莫部长指示，要充分让他看，并将当面与他探讨"佩刀"Ⅱ的合作问题。

古先生到北京时，先由何文治副部长、张金波主任等与他谈了一次。古的谈话很坦率和诚恳。他说：

①由巴方给波音50万美元作可行性研究，是不平等的，波音不能干，如果巴方的200万美元平分给格鲁门和波音，可以干，如

果两家各给50万美元,也可以干(何副部长说,中方总的支持波音干,如巴方把150万美元给格鲁门,只给波音50万美元,那由中方另给波音100万美元,行不行?)这也不行,一是美国政府不会批,第二巴方干不干?

②何以波音打算搞"佩刀"Ⅱ项目?原因是可以和中航技合作,波音干这个项目油水不大,飞机机体是中国的,发动机航电是美国其他公司的,波音只管了接口工作。

波音军用飞机公司总裁古懋萱先生(前排右四)等访问成飞(1986.9.17)

③如果巴方与格鲁门合作,X-29的前机身一定很贵,这点巴方不知道,要设法让巴方知道。

④要提高机体的寿命,难度比较大,可以由中方设计,波音帮助并搞寿命试验。

他们来成都后,17日进厂,这一天正好是厂休日。他们到了以后立即与我们谈"佩刀"Ⅱ的技术性问题。看来古懋萱完全是一位总设计师出身的公司总裁,他从机体疲劳寿命、机体材料和载荷谱谈起，一直谈到颤振、外挂影响、发动机选型、进气道匹配、雷达选型、雷达罩上的空速管、风洞试验、武器选择、仪表板布置等，不断地提问和发表意见。

下午，莫部长在厂里接见了古总裁一行，我们几个人参加了，除"佩刀"Ⅱ外，还谈了歼8Ⅱ改装航电的事。晚上由莫部长和蒋民宽省长出面宴请了他们。宴请前蒋省长找莫部长谈了成飞与国外合作生产小型民机的问题，第二天波音客人参观了生产线并安排在成都附近观光。

莫文祥部长（前排右三）在成飞会见波音军用飞机分公司总裁古懋萱先生（右四）一行（1986.9.17）

中航技李泽蕃同志再次赴巴活动后，9月下旬返京。10月下旬，美国爱默森公司来人谈APG-69雷达的问题。

波音公司在美国内积极活动，此时已经得到美国政府的批准可以参加"佩刀"Ⅱ的可行性研究（原先只批准格鲁门一家），而且摸清了政府不反对两家的公平竞争。现在出现了机头研制的地点限制，波音被迫更改分工方案，这样一来，方案与格鲁门的雷同，巴方国防部感到竞争已无意义了。

孙肇卿局长乘陪同斯里兰卡空军司令访问成飞的机会,亲自带着穆斯塔法的来信与我们商量,经过与谢、侯等一起认真分析,最后以厂名义给部党组上报了一个正式书面意见,大意是:

①只有格鲁门一家合作,也是意料之中的事,努力促成"佩刀"Ⅱ项目,对我们仍是利大于弊的。

②今后的"佩刀"Ⅱ,我们将无自主出口权,故我们仍应及早研制出自己的两侧进气歼7出口后继机,以便宜取胜。

③今后与格鲁门的合作中,我们应保证机头的机体资料和歼7的全机性资料,不向格鲁门提供,防止格鲁门把我方甩掉。

书面意见报到部里后,莫、姜、王等部长都同意我们的报告。剩下的问题是今后如何与格鲁门既合作又斗争了。

美国政府的这个变化的原因,后来弄清了。本来美国政府对"佩刀"Ⅱ只限制三条:一是空中加油不能给巴方,二是发动机性

1986年11月12日,巴国防部国务秘书穆斯塔法中将及巴空军萨里姆上校来成飞访问

能数据不能给中国,三是航电设备不能到中国,也不能给性能数据。后来格鲁门出了一招,对政府说中国人要把"佩刀"Ⅱ机头数据拿去改歼8Ⅱ,于是美国防部权威人士口头限制说,机头只能在美国研制。由此可见,格鲁门是十分令人讨厌的。

1986年12月7日,巴国防部国务秘书穆斯塔法亲自带巴空军"佩刀"Ⅱ主管萨里姆上校访华,希望直接同莫部长会晤,以求消除误会,求得谅解,穆斯塔法认为这比书信往来或通过别人转达要好。

当天晚上穆斯塔法单独和李泽蕃交换了意见,8日上午穆斯塔法带着萨里姆及其驻华武官司正式和刘国民、毛德华、李泽蕃、陈金琰、牛新棠会谈。下午,莫部长会见了穆斯塔法等一行。

会议中,穆斯塔法最后表示,他认为由两个美国公司搞可行性研究不被一家公司制约,是有好处的。但如果两家公司争夺下去,拖延下去,会起新变化,会使"佩刀"Ⅱ项目夭折。这样,从目前看,使项目生存下来更重要,只要项目生存下来,有些具体问题,包括学到技术的问题总有机会处理好。

莫部长对穆斯塔法强调说:

要干下去,三方的关系一定要先弄清楚,在政策允许范围内,要平等相待,对我们来讲,不能没有权利只有义务,美国政府有政策限制,中国政府也有政策,这政策不是刘国民先生和我本人能定的,因为这资料不是仅给你巴方而是给美国的,我们能无约束地给美方资料吗?而美方想得到我们的资料,仅是为造"佩刀"Ⅱ飞机吗?

莫部长的这些话说得是很透彻了。

巴国防部国务秘书穆斯塔法中将访问成飞

(1986.12.11)

9日中午,张爱萍副总理兼国防部长接见并宴请了穆斯塔法,他说:"莫部长的意见代表了中国政府的意见。"

10日,穆斯塔法一行在李泽蕃、牛新棠陪同下飞抵成都,12月11日进厂,我和杨总、王、陈二位副总等接待了他们,尽量让他们看我们在CP型飞机方面所做的工作,包括当场由计算机画出两侧进气的飞机图、全尺寸的金属样机,吹风用的飞机模型,又看了飞机生产线、定寿的全机疲劳试验等。

在北京谈了之后,穆斯塔法感到这个项目比较难了。到成都一看,接触了实际东西,有了感性知识,他知道了中方的态度和对项目的诚意,看到了中方已经做了大量的工作,是可以依靠的;知道了必须合作研究设计方案和交换必要的资料数据,是符合实际的,因此是合理的,中方的意见是完全有道理的。在交谈中,他表示回去后要继续做工作。离京前,刘国民去机场送行,并交给他一封莫部长的书面信件,再次表明我方态度时,并鼓励他不要轻易使项目吹掉。

年底,我驻美官员约见美国防部人士,美方说,因项目未定,对中方谈不上有什么限制。关于F404发动机,因中方未正式申请要引进,要未必不给。话都很活。

可见,有些问题是格鲁门从中捣鬼,当然,也有美国政府人士有意含糊的地方。

中巴美三方艰苦谈判

1987年是超7发展史上重要的一年。

元旦过后,1月5日,李泽蕃同志自北京给我打电话说,格鲁门公司的王承栋1月7日到北京，佩莱哈克等3人9日到北京，巴基斯坦国防部少将等3人15日到北京，要求在北京举行三方会谈。"佩刀"Ⅱ的发展到了决定性的关键环节。我带陈金琰、邱普达、王月新、刘明树等四人立即飞往北京。

12月22日格鲁门公司董事长比尔沃思向我方莫文祥部长发出了公函。在中航技刘国民副总裁于1987年1月2日在巴基斯坦会见穆斯塔法后，穆斯塔法也于1月3日向莫部长发出了公函。两封公函都表达了格鲁门公司对中美合作的态度有一个很大的转变。格鲁门公司表示欢迎中方在美政府限制之内参加可行性研究，中方工程师可以到纽约去参加"佩刀"Ⅱ项目评审，同意双方相互长驻联络工程师，同意向中方提供美政府限制许可的前机身有关数据，即使在美政府限制之外但中方需要的，格鲁门也将努力申请美政府批准发放，等等。

穆斯塔法并向刘国民建议中、巴、美三方可于1月中旬在北京会晤，因格鲁门急切希望消除与中方的误会，格鲁门已经意识到没有中国方面毫无保留的支持，他单方面不可能顺利地进行"佩刀"Ⅱ的可行性研究，而要获得中方支持除非也以诚相待。穆斯塔法希望通过三方会晤，让格鲁门有机会说明自己的立场，如三方能达成一致的意见，则即可签订协议开始工作，并对格鲁门有所制约。

关于波音公司方面穆斯塔法再次明确表示，已确定由格鲁门一家做可行性研究，但考虑到中方的建议，已确定1月邀请波音公司访巴，待可行性研究完成后，欢迎波音公司参加样机研制的投标。

三方在北京的会谈，就是在这个背景下迅速展开的，明确排除了波音参加竞争，格鲁门合作态度有了较大的转变。

在做了准备工作之后，前后长达14天的北京中、巴、美三方"佩刀"Ⅱ谈判正式开始了。

1987年1月10日在航空工业部谈判间里，先开始了我们与美国格鲁门公司的谈判。美国格鲁门公司，其中译名是约定俗成的，正式听他们发音，觉得应译成"格拉曼"，为了从俗就不改了。

美方出席谈判的有佩莱哈克、贝林、罗默、王承栋；我方出席的有中航技孙肇卿、李泽蕃、牛新棠，军机司马承麟、朱荣章，成飞公司的我、陈金琰、邱普达、王月新、刘明树。

佩莱哈克首先介绍格方人员。他自我介绍说，我已在格鲁门公司工作45年，去年10月份我满65岁，退休了，不当公司国际部总裁了，但董事长比尔沃思先生留我继续工作，抓"佩刀"Ⅱ。他接着说，贝林先生是美国空军的退役上校，是有几千飞行小时的战斗机飞行员，曾经来过中国，转入格鲁门公司国际部工作后，这两年主要是在华盛顿为"佩刀"Ⅱ项目向政府方面做工作。原来美国政府里有人认为巴方要飞机，卖就行，不必搞"佩刀"Ⅱ，贝林先生做了大量工作，使美国政府改变了主意，我们与巴基斯坦之间，也是贝林去做工作的。罗默先生，在格鲁门公司已工作40年了，曾是F-14的设计经理，是飞机设计人员出身，后来担任验证机X-29的项目经理。

佩莱哈克接着谈了对"佩刀"Ⅱ项目的看法，他说：最重要的是我还没有做飞机的设计工作，我希望今后能与屠先生一起来工作，以满足"佩刀"Ⅱ的要求。我们会有很多办法，使它与F-16差不多，我相信要在飞机内部装上7500磅油，装上F404发动机后，起飞重量18000磅，详细技术指标以后再谈，我希望我们双方很好合作。不幸的是除了华盛顿有很多障碍，有官僚主义，使事情进展很慢以外，在中国也有些误解，所以我本人愿意来和你们直接讨论，希望这次能迈出一大步，我现在认为这项目会成功，这有两个原因：一是巴方的要求，他要150架飞机，而所要装的设备是比较普通的，易于满足；二是华盛顿有了好的变化。华盛顿天天在变，比如技术转让方面，本来爱默森公司的APG-69雷达，出口限制很严，现在中国要改歼8，华盛顿同意，这雷达要出口，就不太限制了，而在两年前要给中国改歼8，是不能接受的，现在变了，门打开了。

佩莱哈克兴奋地说：这飞机，开始我们不了解，得到你们的资料，我们经过研究，认为是可以改出来的。我是搞技术的，今天没有时间，可以在星期天来和你们工程师谈技术，不是放幻灯片，而是对着图纸来谈。巴方要求用5个月时间进行"佩刀"Ⅱ的可行性研究，我们认为在研究开始后6个星期将进行第一次评审。要我参与这个项目，如设计不出最好的飞机，我就不会干。

接着他的话，孙肇卿总裁鼓励他说：你讲得很好，是技术人员的话，我很愿意听。我理解你的意思，第一，中、美关系日益前进，对这项目有利，没有这一条，一切都无基础。反过来，我相信这项目成功了，对发展中、美友谊也会有贡献。第二，格鲁门的确为促进这个项目做了大量工作，而其他公司没有格鲁门积极，我希望你们今后要继续促进，不仅在华盛顿，而且在中国。第三，要把"佩刀"Ⅱ搞成功，关键是中、巴、美三方要密切合作，更主要的我们双方之间在技术上要密切合作，与成飞的工程师合作。我们应该共同合作，搞出世界上有竞争力的飞机，因为它的竞争对手很多，如F-20、F-16等，故必须搞得好。我特别听到你说对我们没有秘密，而我们对你也是开放的。

佩莱哈克解释说，我这里说合作双方互相不保密，但要小心。比如你们工程师要去看发动机，我们要在特定的地方让你看，或去看F-18或去看X-29，或看图纸，看飞机的大口盖是怎么开的，但是去，不能无限制地看。

孙总回答说，"佩刀"Ⅱ的前途是光明的，目前来讲，千里之行，始于足下，先把可行性研究搞好吧。这次你们来，过几天巴方也来，三方一起，应解决两个问题，一是技术上总的是个什么想法；第二，是三方合作关系要谈好，我们也不能无偿地做工作。

佩莱哈克抢着说，巴方知道要由他们来向中方付钱，你们和我们之间，只有TAA，不发生钱的关系。

孙不同意说，巴方出钱委托格鲁门做可行性研究，你们又来找我们合作，我们就是子合同商的地位，你应付我们要的钱，否则技术工作和经济关系分离了，关系就复杂了，我认为TAA内应有经济关系。

贝林解释说，在TAA内写明了经济支付由巴方向中方直接处理，如果格鲁门要与中方发生武器方面合作的经济关系，就须巴黎统筹委员会来批准，对此我们要十分小心。在制造阶段会有子承包商的关系，但在可行性研究阶段，不必这样。

孙接受说，我们可以以后再讨论，找个大家都可接受的方法。

10日下午，开始由佩莱哈克谈他对技术方案的设想。

12日，星期一，双方开始谈TAA。所谓TAA即技术援助协议，是美国联邦法规规定由国务院武器控制办公室管理的两种主要协议中的一种（另一种是制造许可证协议），它们都被规定有专用的法律条款。要和美国人在武器合作上打交道，现在只有用他的办法，因为本来这是不合理的。"佩刀"Ⅱ可行性研究，并不是要美国人援助我们什么技术，受援对象本是巴基斯坦，而主要是我们要从技术上援助美国人——提供歼7M的设计资料和经验知识。但是要搞成"佩刀"Ⅱ项目，必须有求于他，必须取得美国政府的批准，又有什么其他办法呢？TAA后边附有SOW即工作说明，TAA本身是双方的关系和法律条款，具体工作由SOW规定。

双方一开始谈判，格鲁门的贝林先生就谈了这个TAA文本来之不易，它已经通过国务院武器控制办公室批准，这次我们谈判修改后，还要报批。

这份TAA，其中有的条款是法律规定必不可少的，有的条款则是我们双方共同工作需要的。

李泽蕃说，我们很重视TAA，希望双方能认真一起研究修改。

佩莱哈克急忙说，TAA是经过批准的原则性文件，最好不改或少改，而SOW虽是TAA的一部分，但SOW下边可以改。王承栋补充说，SOW不需批准，只要备案即可。

我们的重点是在能尽可能多地派人参加"佩刀"Ⅱ的可行性研究各方面的工作，尽量少向格鲁门提供歼7M的资料，特别是全面性资料，这样既能掌握"佩刀"Ⅱ的全面情况，又能避免今后被格鲁门抛弃的可能。故从技术方面他们说，整个飞机是一个整体，不可能你格鲁门关起门来搞机头，与我后机身及机尾翼无关，那全机的气动力设计、外形设计、重量重心、载荷强度、寿命、结构和系统的工作怎么搞？

佩莱哈克只得承认，要设计，必须知道全机数据，机头只是一个局部，但是政府不同意你们参与机头的设计，我们在文字上不能写，是否可以在实际工作中曲折前进？

针对我们的修改意见，贝林说：发动机和航电性能的评审，你们不能参加，所有的全机性论证你们都不能参加。

李泽蕃反驳说，气动布局和全机重量重心我们当然要参加。李泽蕃引用莫部长给巴方的信说，如果只让中方负责向美方提供歼7M的资料，而不让中方参加全机包括前机身的设计论证，中国政府是不会批准这个项目的。

佩莱哈克一听急了，说，早知道你们仍是这个态度，我就坐在家里，不必浪费时间到这里来了。

李泽蕃说，我们从来没有向你们要发动机及雷达的性能数据。

佩莱哈克"钓鱼"说，等到"佩刀"Ⅱ飞机出来之后，全世界都会要这飞机，那时，现在受限制的数据都会给你们。

我说，现在我们只谈可行性研究阶段吧。

佩说，整个飞机可分成许多部分，可以分别对待，如发动机、航电设备的外形尺寸我们是会给的，前后机身间对接各点的受力，我们是会给的。

我说，飞机机身是个完整外形，要光滑流线，总不能一段一段搞。作为一个飞机的方案是要搞出一个完整的方案，我的看法是我们双方必须坐在一起做工作，光靠资料来往是不行的。

陈金琰说，你要我准备给你的资料，但我不知道你的总体要求如何，我如何准备？

一场混战之后，贝林被逼老实说：其实美国政府并不特别关心发动机、航电的保密，而最关心的是"佩刀"Ⅱ这样的飞机控制不住，如果一两年后，飞机就造出来了，中国要卖给其他国家，美国控制不住。前机身让巴方制造，中国马上就可以得到，所以现在机头的外形设计数据不能给你，除非到了1992年之后，1993年中国能生产"佩刀"Ⅱ，美国政府就不限制了。我一听，1993年？就感到这美国人恐怕是怕中国大陆空军的实力过早强大，涉及与台湾地区的实力平衡问题。

为了改变谈判气氛，第二天继续谈判时，我方首先发言，从技术上找突破口。前天，我们从佩莱哈克的技术方案中挑出5个问题，由陈金琰发言，要点如下。

一是"佩刀"Ⅱ再怎么改，也不可能达到F-16的水平，我们认为要实事求是，不能和F-16比；

二是正常起飞重量加得太大，因此他们做性能估算时过于乐观了，而重量加得太大，机体要普遍加强，涉及范围较大；

三是机头的外形和两侧进气的关系，机头大了往后使机身外形向内收，是不可取的；

四是发动机安装钻山洞方式不行，往下放有个离地高度问题；

五是机内油量要达到5700磅是不可能的。

佩莱哈克听着听着，兴趣来了，连连说，你谈的问题很有趣，很值得关心。我们将来就是要一起研究，共同具体设计而不是想象一下就成的。接着他就滔滔不绝地谈起技术来了。最后他说，我希望"佩刀"Ⅱ能达到F-16的水平，可以对付米格-29，关键是我们双方如何诚意合作，坚持下去，达到目的。我们的政府是会越来越开放的。我父母是俄罗斯人，我在格鲁门已干了45年了，我们公司已成长了一支很好的设计队伍，F-14签了合同后23个月飞机就出来了。而"佩刀"Ⅱ光是说已20个月了，我是老了，我退休了，我自己干这个项目不想得到多少利益只是想促成它，格鲁门拿到这个项目，自己搞，是搞不出来的，你中航技拿到这个项目，自己搞，也搞不出来，必须双方合作，才搞得出来。

李泽蕃接住这个思路接着说，我很赞赏佩莱哈克先生的说法，要双方一起合作搞，谁也离不开谁。

13日下午继续谈判，转入讨论SOW，由我主谈。

格鲁门SOW初稿，主要要求我方承担提供歼7M资料的义务，对我方参与的工作，只规定了13框以后的机体装发动机改装，我们当然不能接受，为此我谈了对SOW的修改意见，重点是可行性研究时我们要参加9个方面的工作：总体布置、气动力设计、外形设计、进气道设计、座舱布局、重量和平衡、机体系统安排、火控系统及外挂、载荷和应力分析。

佩莱哈克一听，又沉不住气了，急忙说，政府的文件已规定，座舱、进气道、前机身是我们的工作，你们不能参加。至于外形，开始时，你们也不需要，以后会要的，也可以由我们提供吹风模型你们去吹。

王承栋插话说，美国政府就是不让你们参加机头的工程设计，不能给外形数据。

李泽蕃说，说明白一些，你们起草的SOW是以13框前后为界，一架飞机截然分开，而全机性的论证不让中方参加，我们是绝对不能接受的，只有按屠先生提的9点共同工作，可行性研究才会有效率。

佩莱哈克先生说，这不是我说的，是美国政府的意见。

贝林说，我们同意在TAA里原则性地说双方要合作好，但不能写实质性的内容，不能在书面上写，但以后可以给一些数据。

我接过来笑着说，那是否我们两家底下再签个协议？

贝林急忙说，不能这样干。

佩莱哈克安抚说，尽管如此，我们不定期是可以挑选你们的工程师参加有关工作的。你们把有关的歼7M资料带来，我们一起干，如做外形工作、研究方向稳定性、安排油箱、改减速板。我们也会派人到成飞一起工作。

我又出了几个题目给佩莱哈克，我说：歼7M原来是按苏联规范、苏联标准设计的。现在你们用美国规范、美国标准设计机头，这怎么协调呢？这是一个很具体，但很复杂的问题。第二，我后机身怎么改？只改发动机安装行不行？不行，因为全机的重量重心变了、载荷变了、外挂物变了，而且还有巴基斯坦方的疲劳寿命要求，这后机身和机翼结构不按这些全机性变化来改进是不行的。第三，即使你们可以给一些资料和数据，但光靠双方交换资料，怎么做设计论证的工作？我认为必须双方的工程师坐在一起干，在论证阶段，我们中方派出有当场决策能力的15名工程师去与你们一起工作，这15名是最少的了。

佩莱哈克回答说，我们双方对对方的规范都不太熟悉，你提的这个问题是一个需要认真考虑的问题，原则上适用就不必改了。在可行性研究阶段，我们只做估计的工作，不做详细的设计，有些强度、寿命的问题，可以分阶段来做。至于去15名工程师，我不同意你一起去，要根据工作需要和带资料的情况来定。

14日继续谈时，李泽蕃建议先从技术工作需要上来谈，把美国政府的限制撇开。他说，佩莱哈克先生是设计专家也是权威，屠先生、陈先生是设计专家，我们都是搞技术的，从技术上谈，谈得拢。

佩莱哈克说：对，我们昨天晚上忙了一晚，很伤脑筋。听了屠先生提的几个方面的问题，我理解成飞要了解我们如何干，也要从中学到技术，这我们支持，但关键是不要找政府的麻烦。你们要派人参加，派多少人我不关心，关心的是要派最好的人去，带什么资料去。现在的问题是如何把这事搞成，使大家都满意。

谈来谈去，格鲁门终于同意我的建议，把附在 TAA 后边双方互相给对方的资料清单取消，改为由双方工程师讨论决定。

关于 SOW 内规定我方参加的工作范围，采取我们坚持，孙总出面友好让步，最后定为 5 个方面的工作，把进气道、外形设计、气动布局、座舱布局及火控去掉，增加一个其他需要的，作为格鲁门的口头承诺。

条款共留了 6 条。这里有两个目的，除我们可实际参与格鲁门更多的研究工作外，也将向巴方表示在可行性研究中我们不仅只供给资料，而且我们的工作量也不小，因此在可行性研究中，我们须收取合理的费用，以否定格鲁门在过去对巴方谈的话：中方没有什么事要做。

在 SOW 中，我们还争得了全面参与论证、评审、派联络组长驻美国的权利，这里的所谓论证包括了技术方案论证、进度安排论证和研制费用及单价的估计。

关于 TAA 的内容，经过谈判，格鲁门最后同意我们的修改意见主要有：

①法律性条款，应两国对等，包括 TAA 也须经中国政府批准。
②有费用问题，但是由巴方来定付款方式。
③双方资料交换，并不意味着专利转让，而是各自保有所有权。
④双方工作以英文为准，取消要我方同时送一份中文稿给美方的条款。
⑤此 TAA 要与中巴双方达成理解备忘录生效之时同时生效。

这第⑤点，是为了把巴方拉入中、美双方的 TAA 之中，我们需要巴方正式落实"佩刀"Ⅱ可行性研究以最后决定由格鲁门做，并且答应由巴方向我方支付研究费用，此外，美方还答应 TAA 中引用的美国法律条款，其原始出处——美国联邦法律有关章节立即传真一份给我们。

中航技和格鲁门公司间的TAA，由我和陈金琰草签后，正式文本由李泽蕃和贝林二人于1987年1月23日在北京签字。

1月15日又是巴方代表团来北京的日子，我代表中航技去首都机场按贵宾规格接来了巴国防部生产部麦索德少将、巴空军萨里姆上校和卡姆拉基地的夏以勃中校一行。麦索德是穆斯塔法的助手，这次被授权来谈合作。夏以勃是空军中校，但卡姆拉基地是属国防部生产部系统的，不属空军领导。

16日上午孙肇卿总裁与我们一起出面会见巴方代表团，除巴国内来3人外，其驻华空军武官拉扎上校、技术武官伊家兹上校也参加了。

会见开始。麦索德少将首先表示此行的目的，是要与中方建立起一个军用飞机紧密合作的关系来。他说巴政府对"佩刀"Ⅱ项目一直很重视，上次国务秘书穆斯塔法访华回去以后，即向政府做了汇报，这些后来在给莫文祥部长的信函中都反映了。

孙总接着表示说，我们政府也很重视"佩刀"Ⅱ项目，许多事情我们向部长汇报，部长向政府汇报了。这次格鲁门来首次谈了技术上如何合作，现在已经谈了4天，他们谈的技术方案只是初步设想，时间不够，且他们对歼7M不很了解，我们屠先生和他的工程师，向格鲁门提出了5个方面的问题，佩莱哈克先生已表示回去以后将对此认真予以考虑。

另外还讨论了中美之间在技术工作上是个什么样的关系，焦点是中方能否接触机头的技术，得到一些机头的数据。我们认为中方必须了解机头的情况，才能在工作中保证飞机是好的。经过双方讨论，一并归纳出9项内容，都要双方在一起紧密合作，否则飞机就设计不好。佩莱哈克同意这9方面必须要合作好，但其中4项他认为写在纸上有困难，美国政府不会批准，因此最后决定用一条"其他需要的"来代替，中方做了让步。佩莱哈克先生一再说，孙先生，只要政府一批准开始干，我们有些数据是可以给你们的，你要相信我们，这些不必写在文字上。

现在你们来了，我们双方之间要讨论的问题是：

①巴方是否已最后决定由格鲁门一家做可行性研究？因波音公司1月19日要到巴基斯坦去，我对此还不清楚。我们与格鲁门之间的TAA，下午给你们看，你们说可签，我们就签。

②我们与巴方的关系怎么办好？格鲁门说我们技术上与他们合作，经济上则与巴发生关系，我们与格鲁门间没有经济关系。而我们理解格鲁门是总承包商，我们是子承包商，在技术上和经济上，我们都与格鲁门发生关系，这是国际上的惯用办法。但格鲁门说要分开处理，我们感到很难。因为巴方不知道技术上的难处，我们与格鲁门讨论后，还要与巴方讨论，太复杂了。

萨里姆插话问，这是指的可行性研究阶段，还是原型机阶段？

孙回答说，是可行性研究阶段。这阶段中方也有很多工作要做，要花钱，还有出差费用。至于原型机阶段，中方工作更多了。

萨里姆说，在可行性研究阶段，成飞没有很多实际工作。

孙说，这方面成飞下午将向你们介绍。孙接着说，我想巴方这次来，要解决3个问题：①我们和格鲁门之间的TAA内容是否合适，是否可以和格鲁门签字？②整个项目中，我们和巴方的关系要讨论定下来；③在技术上，我们已对格鲁门的初步方案提出5个方面的意见，你们看如何。另外，你们还应到成飞公司去看一看。

麦索德少将听完，诚恳地说，非常感谢孙先生详细介绍了与格鲁门的谈判情况，我非常欣赏孙先生说的主要往前看，也感谢你们说，由哪家做可行性研究由巴方决定。我想，总的原则大家是了解的，原来是想由格鲁门、波音两家来做，但空军要一家做，原因孙先生知道。现在波音将于19日去巴介绍，可能有些新的内容，所以哪家做可行性研究，尚未最后决定。

关于你们与格鲁门之间的关系，有些在书面上不能写，但必须有其他的保证。我们的经验是，一旦轮子转起来，问题就会发生，故即便不写在文字上，也得有其他保证。

孙解释说，我们本来希望他们董事长给我们写封信，佩莱哈克说，全世界无保密的可能，我们为此谈到死胡同里去了，最后只好让步。

麦索德接着说，下午听了你们的详细介绍后，再研究。这"佩刀"Ⅱ项目很重要，如果以后发生了问题，不好办。

孙建议说，下午介绍以后，你们明天再和格鲁门谈谈。

麦索德友好地说，我认为不管格鲁门如何，中、巴关系是高于一切的，我们非常尊重中航技的让步。

孙澄清说，因你们心里想的是格鲁门一家做，我们因此对格鲁门让步。

孙接着说，格鲁门一开始有误解，以为中航技要争生产份额，这次来，我们说清了，我们完全听巴方的，巴方要生产什么，就生产什么，如生产机头或更多一些的，我们尊重巴方需要。

麦索德说，谢谢你，很高兴知道你们的意见，我们是好朋友，我们在卡姆拉，没有你们的支持，是不行的，发展K-8飞机，也是在你们的支持下。

孙诚恳地说，我们总的方针，是支持巴方发展航空工业，巴方要干什么，要我们帮助什么，我们都全力支持。

最后孙说，下午再详细向你们介绍，晚上请你们吃饭，以后有机会见见我们莫部长。

麦索德说，也得认识一下莫部长。

下午孙总不参加了。由我向麦索德少将一行介绍我们与格鲁门谈TAA及SOW的情况，再由陈金琰介绍我们对格鲁门初步方案的5个方面意见，李泽蕃同志又补充说了过去一年来格鲁门的不正常关系和美方对我们的限制。李说，我们了解，因为发动机及航电，美方只向巴出口，所以飞机不能在中国装配，另外，巴方打算生产机头，所以我们也不打算生产机头，但是一些技术问题是连在一起的。现在格鲁门说的限制越来越多，这里混杂有美国政府的限制，也有格鲁门公司自己的限制，这样工作就不易做好了。我们绝没有想通过"佩刀"Ⅱ项目来向美国要到高技术，我们只是为了把工作做好。从技术上、在口头上，我们说格鲁门都同意，但一到文字上，格鲁门就强调限制了。明天在和格鲁门谈时，是否进一步澄清一下。

麦索德仔细地听了全部介绍以后说，感谢你们介绍得很好，有了你们这几天谈的基础，我们与格鲁门再谈，就好办一些。"佩刀"Ⅱ项目没有我们三方面很好的合作，是进行不下去的，而且好的合作关系要长期保持下去，不要在今后的工作中有一些问题，就不合作了。

关于三方的关系形式，麦索德说，巴、美间有TAA还有合同。在可行性研究阶段，中、美之间只要有TAA，中、巴之间有个理解备忘录即可，到了第二、第三阶段，则都必须有合同才行。

我们表示，这一切都听巴方的，因为巴方是项目总管。麦索德最后表示感谢说，首先是我们两国的友谊，我们的合作也都是为了促进这种友谊。

晚上，孙总出面宴请，我们陪同，边吃边谈。麦索德在席间透露说，在格鲁门和波音两家公司中，巴政府的确未定最后由哪家合作；又说必须中止与F-16对比的提法，避免不必要的节外生枝。另外，他又说了一个重要的信息，在"佩刀"Ⅱ之前，巴政府拟先买一批歼7M，国防部认为可以定了，空军则尚未定。孙说，是否先少买一些？麦索德说，要买就买55架。这的确是一个好消息。

第二天上午，巴方与格鲁门谈。

下午，我们先与巴方谈，巴方交给我们一份理解备忘录的稿子。之后，又请格鲁门的贝林、罗默、王承栋来三方一起谈。这里主要涉及我们与格鲁门的TAA现在签不签的问题，我们认为因巴方对哪家公司合作尚未定，我们与格鲁门不能先签，格鲁门则认为他手上拿不到我们签的 TAA，不好赴巴签巴、美合同。巴方从中调解说，TAA 是从属于巴美合同的，合同不生效，TAA 也是无效的，故中方可先签。第二个问题是这阶段的中方费用，究竟是美方付还是巴方付，这问题不明确，中方也不能签 TAA。这又涉及巴方了，麦索德推辞说，钱的问题，巴方管财务的人没有来，我在此不能定。于是三方一场混战，最后还是定不了。

第三天，1月18日，我为主谈，与巴方谈中、巴之间的理解备忘录（MOU）的修改意见。我要求在 MOU 里写入 SOW，表示中方在可行性研究阶段有那么多工作要做，因此向巴方要钱是合理的，巴方坚决不同意在 MOU 里附上 SOW。当然这实际关系不大，关键是谁向我方付钱，明确即可。下午孙总又出面，我们向巴方要 50 万美元，麦索德要中方向格鲁门要，要他从巴拟付他的 150 万美元中扣出来给我们，这当然被顶住了，老美已吃到嘴里的肉，岂能挖得出来？

19日，完成了我与格鲁门的 TAA 最后修改稿以及与巴的 MOU 稿，只留下一个谁应付我方钱的问题。孙建议在麦索德少将一行 20—22日赴成飞参观完后返京时再研究，时间上缓冲一下，大家也就同意了。

我与中航技王大伟同志研究了向巴出口 55 架歼 7M 型飞机有关问题之后，就与陈金琰一起陪同麦索德少将一行返厂参观。临行前，我和陈一起正式草签了与格鲁门的 TAA 稿，代表厂里向中航技正式表态。

21日麦索德少将一行3人进厂参观。在来成都的飞机上，我们已听到巴方悄悄在议论这次去看看，50 万美元值不值得。因此进厂后，我们尽可能地让他们看我们已做的工作，包括两侧进气全机 1∶1 的金属样机，有关方案的图纸资料、吹风模型，以及两侧进气道的 1∶1 木质模型等。在参观中，我们告诉他们"佩刀"Ⅱ飞机的改动工作量是很大的,但我们成飞有能力自己改飞机,如果美国人卡我们,我们可以向欧洲要发动机和航电。我们还告诉他们,为了搞"佩刀"Ⅱ,我们已经花了不少钱;与美国人合作搞可行性研究,必须双方的工程师在一起合作,仅靠互相给资料,是万万不行的。

1987年1月21日,巴国防部助理国务秘书少将麦索德(右三)来成飞参观

参观完后,夏以勃中校说,在北京谈了7天,不如今天看了半天收获大。麦索德少将说,百闻不如一见,100张格鲁门的图片,不如到这里看一看成飞的实物。

这些话分量都不轻,我们感到50万美元大有希望,下午送巴方离厂后,我立即向孙总挂了长途电话,把巴方在厂参观及观后的反映告诉他。孙在电话里说,巴方安排22日返京后先到使馆去,估计是关于付我方费用的问题,他国内会有消息来。

23日上午,孙总给我打长途电话说,成飞这次给巴方做的工作,效果不错,巴方回京等了一天,今天上午已签了字,关于向我方付款 50 万美元的文字已保留下来未再修改，只是具体支付条款，他们要回去向国防部汇报，2 月份再来定。他们要我们写出一个工作费用的预算，多少人多少工时，然后分四个阶段付款。当然由此看来，波音公司没戏了。

下午，李泽蕃又给我打电话说，这次幸亏有成飞的合作和帮助，总算谈成了。与格鲁门的 TAA 已正式签字，并同时向贝林交了一封孙总裁致格鲁门董事长的信，说明了由中方负责"佩刀"Ⅱ的风洞试验的责任并且建议在 TAA 经双方政府批准后，立即举行工作会议以便安排整个工作，李还要我立即提出一份 5 个月可行性研究的预算费用，要电传给巴方。

这一轮关键性的谈判，以最后达到了我们的目的而圆满结束。除了立即可到手 50 万美元（我们内部商定，45 万美元直接给成飞）外，我中方有希望在这笔 12 亿美元的军机买卖中得到 3 亿～4 亿美元的份额。

在向谢明、侯建武、杨宝树等有关领导汇报这一轮艰巨的谈判时，我谈了几点看法：

①一切事情要靠我们自己的努力，没有我们抓紧做歼 7CP 方案，提前做自己的工作，强壮自己的力量，要与国外合作是很难的，是谁也帮不上忙的。

②今后，与格鲁门合作，限制与反限制的斗争会很尖锐，我们成飞要守得住，攻得出。守得住即确保我们"佩刀"Ⅱ项目中的已有的分工和份额；攻得出，即尽量扩大拿得到的技术收获。

③要立即做中、美合作的一切准备工作，现在面临的形势，不仅技术难（技术上必须显示我方的实力），而且斗争难、语言难，要逼着我们的技术队伍素质有个大的提高，也必定通过这种国际合作成长起一批国际技术合作和办外事的人才来。

三方合作"佩刀"Ⅱ可行性研究

1987年2月6日，我接到中航技的电话，告知格鲁门公司8人及巴方3人将于2月16日一起到成飞，与中方开"佩刀"Ⅱ项目的第一次工作会议，研究部署可行性研究的总体安排。巴、美间的合同及TAA已于1月27日正式签字。

2月12日，莫部长代表我国政府批准了中、巴间的MOU及中、美间的TAA。

在做了准备工作后，13日，我们向谢明、侯建武做了汇报。15日部军机局马承麟和朱荣章，中航技李泽蕃、牛新棠先到，与我们一起研究了工作会议的准备。总的估计，美方是以来要资料和看飞机为重点；我们则以显示我方实力，占住在"佩刀"Ⅱ中应有的分量为主，在细化五个月可行性研究工作安排中，要落实我们的人如何去参加。

17日，三方工作会议在成飞8号楼开始。成飞总经理侯建武在会议开始时会见了全体外宾。格鲁门公司实来7人：佩莱哈克、项目主任罗默、技术主任弗尔斯、王承栋及三名主管工程师（总体、气动、结构方面），本来有一位重量级工程师，因故未来。巴方三人是：巴空军萨里姆上校、卡姆拉基地夏以勃中校、伊夫铁卡少校。我方除北京来4人外，成飞14人，即屠基达、杨宝树、陈金琰、沈泳沅、邱普达、宋开基、陈嘉琳、吴绍端、黄卿祥、张志远、王月新、许振阁等。中方全体人员，对外均称中航技代表。

摆在我们面前的是我国和这个还不甚了解的超级大国第一次搞军用飞机合作，谁也没有经验，所以只能详细地做准备工作。我召集有关人员反复开会,尽可能把问题设想到,包括他们会要什么资料,我们用什么形式给他,如果属由我方分工的工作,则可借口不给他;我们要他什么资料,要详细地列出来。一切都要以万一可行性研究失败我方不会受到过大的损失为前提。

至于这次会议,讨论的重点不要放在技术方案上,那将是今后五个月工作的事,他们要资料,可以先给一些,但主要靠我们的人带走,既便于灵活掌握,又提高我方去人的分量,因为目前还不知道格鲁门与我方合作的诚意如何,也不知道他们的可行性研究深到什么程度。

三方会议礼仪性的活动过去以后进入实质性阶段。佩莱哈克说,我们双方签的TAA包括SOW,已经美国政府批准了。过去华盛顿有许多人说这件事办不成,现在终于办成了,不容易,这也取决于中方特别是成飞所做的巨大努力。现在,"佩刀"Ⅱ项目是否成功,将取决于可行性研究做得好不好。首先我们双方要建立起互相信任、共同合作好的关系,否则很难搞好。当然,我们格鲁门公司总的指导思想是必须遵守美国政府的规定准则,否则,项目都难存在了。

接着佩莱哈克介绍他带来的专家说,他们都是拔尖的人,都是在实际工作中多年锻炼出来的。弗尔思先生今后将在"佩刀"Ⅱ项目的技术上负总责,他善于和国外合作,过去搞总体出身,F-4、"湾流"飞机的总体都是他搞的。

以后,佩莱哈克介绍了他的"佩刀"Ⅱ方案大致设想,我们介绍了歼7M的情况。下午去车间参观飞机部件和整机,他们特别仔细地看了前机身的进气道、发动机舱和后机身结构。

三天的谈判,最重点的是今后双方的工作内容和分工。这里有技术性方案工作,包括飞机的结构、电气能源、机械系统、航电、推进系统和动力装置、燃油、环控、座舱、武器等;还有项目的组织工作如安排各种地面试验、飞行试验,制订项目的组织工作如安

1987年2月格鲁门公司派人来进行"佩刀"Ⅱ可行性研究的第一次工作会议

排各种地面试验、飞行试验，制订项目进度网络，分析项目成本和研制费，控制飞机的可靠性、维修性，安排综合后勤支援、人员培训，组织生产和工装工具准备等方案。1月份格鲁门向我们提出了一个初稿，我们回来详细研究后，这次向他们提出了一个修改稿，然后坐下来逐项讨论。对每一项任务都区分出是由格鲁门负责还是成飞负责或双方共同负责。格鲁门的初稿，五个月的可行性研究共有145项任务，其中，由格鲁门负责的64项，成飞负责的11项，双方共同负责的70项，由此可见格鲁门认为成飞的工作量不大，以双方共同负责诸项各占50%估算，格鲁门的工作量为68%，成飞的工作量为32%。经过我们修改并和他们逐项讨论一致后，这个任务分工表改为总任务共185项，格鲁门负责35项，成飞负责19项，双方共同负责131项，折算后双方工作比重分别为54%和46%。这个修改和讨论，涉及我们今后工作的参与程度和工作的份额,谈判当然很艰巨,但结果是很成功的。

除了细化工作任务和明确分工责任以外,还讨论决定了五个月工作分为三个阶段,每6周为一个阶段,每阶段完了都有一次评审。评审时三方均有权威人士参加,巴方将由巴空军计划助理参谋长法鲁克少将率人出席,并以巴方名义邀请美国空军派出评审代表。

双方要求对方提供的资料清单也逐项进行了讨论,我方第一批飞机性能数据和飞机油量分布,当场交给了格鲁门。

双方还一致同意巴方萨里姆上校的建议,"佩刀"Ⅱ项目可行性研究自3月9日在美国开始。

双方又讨论了今后资料传送和通信的办法,我们该去的人的专业、英语水平等。最后双方签署了一个备忘录。

谈判中空出一天,我和陈金琰一起陪着格鲁门的客人去看了乐山大佛。在庙里,佩莱哈克双手合十虔诚地拜了佛,他不会是佛教徒,但是否在默默祈祷祝愿"佩刀"Ⅱ成功,我没有当场问他。

21日美、巴双方客人都高高兴兴地离开成都途径北京回去了,送别时说,大家在长岛再见。

1987年3月9日,我们一行10人,为开始合作"佩刀"Ⅱ项目,自首都机场乘中国民航班机赴美。与我同行者有部军机司的马承麟,中航技的牛新棠,成飞的陈金琰、沈泳沅、邱普达、郑维川、吴绍端、黄卿祥、刘明树。出发前,孙总代表部外事局指定马承麟副司长和我领队。

波音747飞机先飞到上海,下午5点再次起飞横渡太平洋直飞旧金山,我们在上海办了出境手续。上海至旧金山航程10550千米,只在空中飞行10小时20分,波音747巡航速度没那么快,据说是因由西向东飞有顺流的高空风,风速达100千米/时以上。飞机上乘客不多,按老经验,我们离开原座位去后舱抢个整排空座抓紧时间睡觉,为减弱时差感觉做准备。可惜我只睡着了两个多小

CAC SABRE II TEAM

TU JIDA	TECHNICAL DIRECTOR
CHEN JINYAN	CHIEF DESIGNER AND VICE-CHIEF ENGINEER
SHEN YONGYUAN	VICE-CHIEF DESIGNER AND CHIEF IN DESIGN DEPARTMENT
QIU PUDA	VICE-CHIEF DESIGNER
ZHENG WEICHUAN	**CHIEF IN CONFIGURATION DESIGN SECTION**
WU SHAODUAN	CHIEF IN STRUCTURE DESIGN SECTION
HUANG QINGXIANG	CHIEF IN SYSTEM DESIGN SECTION
LIU MINGSHU	INTERPRETER

9th MAR 1987

时，十一点半，大家即被巨大的颠簸弄醒了。北京时间十二点半，天已大亮，不知何故，大家都无睡意了。

当地中午我们到达旧金山国际机场，过了关，入境了，换乘美国西方航空公司的飞机，又飞经盐湖城，飞抵纽约肯尼迪机场。这时还没有上海直达纽约的航班，只能换乘。西方航空公司这班飞机是国内航班，用的是波音727飞机。盐湖城可能真产盐，在飞机上看湖的四周白花花的一大圈，相当大的区域内寸草不生，都是黄土。

在肯尼迪国际机场，格鲁门的王承栋先生和公司的接待人员来接我们，把我们送到已找好的旅馆。这时已是纽约时间的上半夜，但坐在车子里在高速公路上一路看去，其繁忙程度比英国要高一筹了。

我们住进旅馆，洗澡躺下，已是当地时间午夜两点。冬季时间，纽约与北京相差13小时。

3月的纽约，天气还很冷，最低气温零下7摄氏度，比北京冷，幸亏我带了一件羽绒服。我们睡了几小时，早上起来，外部一片洁白，原来沸沸扬扬正在下一场大雪。第一次到美国，我们都有些兴奋，还冒着严寒出去以雪景为背景，拍下了在美国的第一张照片。

我们住的旅馆和格鲁门公司总部所在地，笼统说是纽约，但实际是长岛。纽约州下属的长岛市已非纽约市管辖，只是紧靠纽约市昆士区罢了。日程安排中，上午要大家休息，解决时差，下午才去格鲁门公司。

10日下午格鲁门公司开车把我们接到位于长岛佩斯丕奇区的公司总部。由佩莱哈克给我们介绍这周日程安排，今天是星期二，美国是五天工作制，这周只剩下三天了。

接着由罗默介绍格鲁门公司的情况。他说格鲁门公司有三万员工，一半为电子专业人员，其中有2000多计算机专业人员，除对内为公司各部门服务外，对外还为金融等行业服务。工程技术人员有3000人，其中飞机设计人员有1000人；现在年销售额为20亿美元，除生产飞机外，还生产航天产品（第一个登月车即是格鲁门生产的），也生产民用产品，如大客车、消防车、铝合金游艇等；还进行核聚变方面的研究。公司成立以来，已生产了33000架飞机。公司总部下边有十个分公司，飞机分公司即其中的一个。飞机分公司下边有一个先进项目部，由分公司副总裁悉密那拉主管专管X-29、先进技术战斗机等项目，现在"佩刀"Ⅱ项目、歼8项目都是在他管辖之下。刚建了一栋45号楼，专门为"佩刀"Ⅱ项目盖的，中方和巴方以及格鲁门抽出来搞"佩刀"Ⅱ的人员，集中在那里办公。这项目有安全防范限制，房间分隔开的，内部不能乱窜，也不要到外部去走动，只能在楼内。格鲁门公司生产的飞机是海军用的，也是海军负责安全保卫，搞得不好，他们要干预。

最后的几句话，把我们搞得阴森森的。保密，我们搞军工的包括与国外合作，也算经历过，现在究竟如何，只好走着瞧。怪不得刚才进总部大门，在接待柜台前登记、领取访问者牌子时，那警卫要求每个客人把公文包打开给他看一看，这我还是第一次碰到。他是要看有无照相机，还是有无武器炸弹？

3月11日，格鲁门公司用车送我们去参观下属的卡尔文登工厂，佩莱哈克及罗默陪我们去。这是一个总装和试飞厂，在纽约州长岛的东边端头。我们的大客车一路在高速公路上急速行驶，感觉到这个长岛真不小，好远啊。离地处长岛的佩斯贝齐有50英里远的这个工厂，装配的都是舰载机，试飞时，飞机从跑道上一滑出去，就是大西洋了，他们的专用试飞空域就在一望无际的碧海之上。

工厂主管们向我们介绍情况以后，就开始参观车间。他们的总装线上可同时装十五六架飞机。首先让我们看的是佩莱哈克的得意名机——变后掠翼重型舰载战斗机F-14，这种飞机现在月产2架，部件是大河工厂运来的，但还有6000多项零件在这里装配。F-14总装完后，由公司试飞员试飞三架次，海军试飞员试飞两架次就可以出厂。

双座双发双垂尾的F-14，是敞开给我们看的，公司还专门派人给我们拍参观照。

工厂又带我们参观了微波暗室，暗室很大，整架F-14可以用吊车悬空吊入室内进行电磁测量，据介绍10年前建此实验室花了500万美元。

又去参观了试飞站，站里有两条跑道，分别长10000英尺[①]和7000英尺。有一座室内飞机试车台，各种飞机可在室内试车，飞机尾喷流向后喷出的通道向上折出45度角，向外部排放，内部噪声仅90多分贝，室内有巨大的换气机，每秒钟可换气三次，室内试车的目的是为了降低环境的噪声污染，并可用计算机测试飞机参数。试飞站塔台，有一套遥测跟踪系统，本地试飞在离基地27英里上空，还可在距此数千英里之遥的加州爱德华机场试飞，由25000英里上空的同步卫星传输飞机上的全部测试信息，两地间的遥测信息传输时间为0.25秒。

参观期间，中午由工厂领导出面宴请，晚上由王承栋陪同，赴佩莱哈克家中，他请我们赴家宴。

佩莱哈克的家也在长岛，离公司不远，靠近海边。据介绍，这一带都是较富有的住宅区，果然一路上都是郁郁葱葱的树林和一大片一大片的绿草地，空气异常清爽。佩莱哈克的住宅，是一栋独立的小洋房，房子四周照例是一片草地，地上两层地下一层的房子已经比较旧了，因天气还比较冷，进得门去，到了起居间，还特地用壁炉烧木柴烤火，让我们感到别有情趣。因为平时用暖气，壁炉是

---

① 1英尺=0.3048米。

闲置的，地下室里，楼梯旁有一个小酒吧，陈列着各色酒，围有小型的高柜台和圆凳子。还有一个佩莱哈克的工作室，玻璃柜里陈列着佩莱哈克的各种荣誉纪念品。20世纪70年代主持搞出F-14这种高水平的飞机，佩莱哈克获得了很高的评价。

我们中国客人共有10人，陪同王承栋一人、主人3人，佩莱哈克夫妇和住在其他地方的女儿一起来接待。在餐厅里14个人围着一张大西餐桌，吃的当然是地道的美国食品，包括最后的甜食苹果糕在内，全是佩莱哈克的夫人和女儿动手做的。对这些洋味，我虽然不太喜欢吃，但大家情绪很高，带酸味的葡萄酒也不在乎，因为主人全家热情待客，有人情味——到美国第二天，即到家里做客，我们国内做不到。

第二天，12日，公司安排我们去参观另外一个工厂——大河工厂。

工厂招待用餐后，由格鲁门公司国际部的地区经理美籍华人保先生陪同，去看房子，我们不可能长期住旅馆，太贵，吃饭也不方便，必须找一处合适的最多可住15人的家庭住房住下来。看了两处长岛的住房后，回来的路上一路雨雪交加，我在车中想，在美国生活，如无汽车，必然十分狼狈。晚上飞机分公司总裁卡洛拉里博士宴请我们。

13日在参观前掠翼试验机X-29之前，罗默首先向我们介绍了前掠翼的气动特点。

看X-29飞机的主要目的，是它机身内装了F404发动机，后机身是下部大开口的，其技术可引用到"佩刀"Ⅱ上来，增加我们的感性知识。

看完X-29，我们还顺便看了这个就在格鲁门公司总部边上的工厂，主要是零件制造和组合件铆装生产线。在X-29飞机停放处的邻近，一个航天飞机的巨大机翼，正直立在装配型架内做装配工作。

1987年3月13日参观的X-29飞机

中午，公司董事长比尔沃思先生宴请我们。我向他转交了成飞董事长谢明给他的信。我国驻联合国军参团张团长也应邀出席了午宴。

格鲁门公司给我们安排的3天参观和接待，其比较开放的姿态，初步给我们一个"有合作好的愿望"的印象，因为在此之前，还没有哪一批中国人在这个公司看到那么多。

过了星期五，周末这两天国际部的保先生也给我们做了安排。星期六带我们去曼哈顿参观联合国和世界贸易中心。

在曼哈顿的世界贸易中心，是两栋一模一样正方截面的110层高楼，差别是有一栋楼顶有电视天线塔，另一栋没有。可供游览的是没有电视天线这一栋。整个楼表面全是不锈钢和铝构架和厚玻璃装配成的。没有可开启的窗，是全封闭全空调的。进去参观的人很多，购票每人4美元，我们在二楼大厅里排队，排了十几分钟才进入可容30人的大电梯。分两个梯登楼，第一次是2楼至78楼，换一个电梯，由78楼至107楼。电梯很快，最大上升速度32英里/时，即47英尺/秒，但在加减速时又感到过载不大，也就是一两分

1987 年 3 月 14 日于纽约世贸中心大楼 110 层楼顶上

钟，我们就到了 107 层的游览厅。厅中间是小商场及饮食店，四周全是看外景的，从这里看纽约市全景，包括海湾和哈德逊河、自由女神像、曼哈顿高楼林立的市区、远去的长岛等，一览无余，确实壮观。由此再登楼梯上至 110 层上边的楼顶台面，人一下子暴露在空中，感到风很大，得用手紧紧抓住四周筑有的铁栏杆，才可放心看风景。在这纽约之巅的楼顶上，我忽然想到：一个世界级的大都市，总要有一些足以自豪的东西给人感受，世界贸易中心恐怕就是其中之一，可惜不知道谁构思设计了这件杰作。

6 年之后，有人在世贸中心地下车库搞了一次爆炸，全楼震撼并停了电，全楼办公的人要靠双腿逃离这座楼，其狼狈相也就可想而知。2001 年发生"9·11"恐怖袭击，这两栋高楼夷为平地，参观过的印象已成绝唱。这当然是谁也想不到的。

星期天，下午去看了一处公寓房，条件还可以，决定明早撤离旅馆搬来住。这里是纽约市皇后区法拉盛小区柏克来街 144 – 146 号，本是四机部买的房子，包给一位华人经营的。我们住二楼，附近有商店，可自己开伙。另外我们还包租了一辆面包车，请了一位司机，接送我们上下班。

16日，我们开始了正式办公，我们到新建的45号厂房上班。这是一栋平房，已给我们安排了四间小办公室，我和陈金琰一间，就在项目经理罗默的办公室隔壁，老巴萨里姆上校的办公室在我们对面。安顿好了以后，三方的主要人员在会议室一起照了一张相，表示"佩刀"Ⅱ可行性研究正式开始。

然后三方负责人在一起，由美方技术经理弗尔斯主持，讨论今后的工作安排。5个月的工作，分成3个阶段，前6周为第一阶段，先用3周时间，讨论决定8个技术方案。每一个阶段完成后进行一次评审，最后完成最终报告。美方着急的是我们带来的资料数据，因为没有我们正式的歼7M飞机数据，他们的一切工作就没有基础，所以会上我们当场给了他们第一批整理过的资料，他们大为高兴，双方工作就这样开始了。

到了办公室，我们果然发现美方技术人员的办公室在一道密码锁的门里边，门上还写着"外国人不能入内"。老美们拿着我们的资料就进去了，只有在他们需要和我们讨论时才出来。这当然很别扭，怕我们学了他的技术？水来土掩，兵来将挡，我们只好有意在提供资料时一点一点"挤牙膏"给他们，好在可行性研究以美方为主，一切责任都由美方承担。

三方领导的碰头会，每天一次；有了决定或计划，都有打印文件互通；讨论，并不真的集思广益，而是某人有准备地说一通即完，我们得逐渐适应美国人的工作方法。

关于可行性研究的深浅问题，弗尔斯给我们的回答是可深可浅，看钱多少。这句话看似含糊，实际倒是实情。原来格鲁门公司内部都用钱来管理。他们把整个可行性研究工作进行分解，大致分成三个阶段，每个阶段分解成若干项任务，每项任务又分解出若干细目，排出工作进度，这就是所谓工作分解结构（WBS）吧。然后以各项任务作为计算单位，有任务编码，有预算金额，安排工时费用，再按完成日期决定采用人数，工作也就"计钱吃面"。他们

在美国格鲁门公司,中、美、巴"佩刀"Ⅱ飞机三方合作开始;前排自左至右分别为:陈金琰、美技术经理弗尔斯、巴项目主任萨里姆、美项目经理罗默、屠基达、美项目助理弗勒

把150万美元按30万、40万、40万、40万美元分阶段使用,抽工程师来做工作,做完一项,就写出书面报告,其费用就支掉。这样,多,就可多花工时,做得深些;少,也就只能做得浅些了。看来我们要学会这种管理艺术。我们曾想他们给我们一个其他项目的可行性研究报告样本,但他们没有给。关于评审工作如何进行,我们一时也没有摸清。

1987年3月18日,通用电气公司的张维先生自己开车来格鲁门公司,把我和马承麟、牛新棠3人接走,去参观他们的F404发动机。通用电气公司航空发动机集团所属的林恩分部在马萨诸塞州的林恩市,离美国东部名城波士顿不远。张维先生原来长驻北京,曾两次陪同他的上司来过成飞,算是老朋友了。他现已回美国,在林恩的航空发动机集团的海外业务部任副总裁,负责亚洲事务。向"佩刀"Ⅱ推销F404,正是他的业务。他早上开车出来,下午到长岛,三点钟在格鲁门公司请我们坐他的车上路。

车子由295号高速公路转入贯通美国南北的95号高速公路,穿过康涅狄格州到马萨诸塞州。开了半天,一路上看,没见路旁有任何庄稼,都是树林和草地。也怪,美国人不种粮食还是土地太多了。4个多小时后,到了福尔立浮,这里是张维的住地,他要我们在这里吃晚饭,并拜访他的家。原来张的岳父在那里开了一家可容纳上千人同时就餐的大型中餐馆,名叫中国皇家饭店。这饭店气魄甚大,装饰得古色古香,而且有很多单独的厅。车到饭店后,张引我们去见了一下他70多岁的老岳父,然后我们在事先已准备好的一个单厅里吃了顿丰盛的与一般美国中餐馆大不相同的中国饭。饭后,开车去他家里。

离开他家,就往波士顿,约一小时到城区,张又带我们夜访波士顿有名的麻省理工学院(MIT)和哈佛大学,当时已是晚上11点,哈佛大学已冷冷清清了,而麻省理工学院则灯火辉煌,匆匆来去的人仍很多,可见两个学校的校风完全不一样。麻省理工学院的图书馆和计算机房24小时不关闭,我们去参观了图书馆;果然一切照常地开放着,学生在阅书的、借书的、自己动手复印资料的仍很多。图书馆中有一个"一面体"的艺术雕塑,很新奇,我们分别照了一张相留念。我参观麻省理工学院内心有一些特殊心情,新中国成立前我进上海交大,当

GE公司推荐的发动机(1987.3)

时学校有些师生很崇拜麻省理工学院，自称上海交大为东方的麻省理工学院，这次算无意中"朝了一次圣"，至少表面看，刻苦学习的气氛不一般。我们路经教学楼走廊时看到，各种学生们手写的活动布告和广告贴得不少，我心想当年上海交大的上院可能就是学了它的。

出了学校，张维继续开车，大约20分钟，他把我们送到林恩附近的一个旅馆住下，已12点多了。这一天，不，实际是半天，张维给我们的安排，够紧张的了。

第二天早上起来，张维带我们吃了早饭，就去GE公司。路上张说，他每天自家里开车出来上班，单程要一个半小时，所以早上6点多就上路了，有时一边开车一边吃点东西就算早餐了。从这个城市每天到另外一个城市上下班，于我们是不可思议的。

到了GE公司，航空发动机军用项目部林恩先进项目的总经理黎茂（张维介绍说他是F404之父）、F404项目的发展经理塞波等接待了我们，向我们介绍了F404的情况，并带我们去装配车间看了发动机，又去看了试车台。给我们深刻印象的是，整个发动机犹如一件精雕细刻的艺术品，涡轮外环以前都是高温不锈钢的机加件，外环以后也不是钣金件而是钛合金数控机加件，全身一色的银白色闪闪发光。装在发动机左侧的电子控制系统盒子只有一本32开精装书那么大，很是精巧。参观完毕，为了优待贵宾，他们特意让我们在一台完整的发动机前合了一个影。

总经理黎茂说，F404发动机已生产交付1250台，主要是F-18用的（每机双发），正在4个国家服役。还有些新飞机如X-29、F-20、JAS.39，也用F404。F404是可更换单元体设计，无定期维护和大修的概念，而采用视情维护，发现问题，更换单元体即可，不必调整和试车。一般概念，热部件的寿命为2000小时，其他部件寿命为4000小时，实际统计的可靠性，每1000飞行小时，从飞机上拆下的维修次数，已从1980年时的14次，减少到

1986年的少于2次。因此航空母舰上不必准备备份发动机，只要有一些备份单元体即可。譬如某艘航空母舰上，有两个中队（48架）F-18，在7个月时间里，只累计从飞机上取下14台发动机，其中13台就在航空母舰上修好，只有一台返厂修理。

我问黎茂，用他的F404发动机，飞机是否必须改成后机身下部大开口的？他说，从维护上考虑，因为发动机是高可靠性的，所以没有必要费大功夫去把飞机的后机身改为下部大开口的。他说，这一点，我们可以通过格鲁门公司转告巴空军，请他们放心。

谈完到波士顿吃了中饭，张维带我们去参观市容，并上50层楼的"空中行走"游览厅俯瞰全市，在上边边喝咖啡边等普·惠公司的人来接我们。原来张维先生事先与普·惠公司的人约好，两点半在这里把我们3人交给他们。

GE公司和普·惠公司是一对航空发动机竞争对手，在"佩刀"Ⅱ项目上，大家又都争开了。GE公司要把F404列入"佩刀"Ⅱ，普·惠公司也要把PW1216推荐给"佩刀"Ⅱ，只是后者优势不大，前些日子已经基本明朗了。但是从商业道德出发，这两个公司的销售部门之间，还是互相支持和有风度的。他们与我们相处时，从来不评论竞争对手的任何事情，这次接待也是他们之间互通情报自己商定的。普·惠公司已明知处于劣势，也还要做最后的努力，在我们3个中国人身上做工作。

3月19日下午两点半，普·惠公司的人来到波士顿"空中行走"游览厅按时接我们，我们向张维再次道谢后，上了普·惠派来的汽车。车行两个半小时后，到了康涅狄格州哈特福德市，我们被安排到事先定好的旅馆每人一大间住下。晚6时许，普·惠公司的中国事务经理贝司梯达斯、项目经理兰特和一位华人郭朝元等一起来看我们，后去中国餐馆吃了晚饭。原来这里是普·惠公司的大发动机厂（民用产品部），而小发动机厂（政府产品部）远在佛罗里达州。贝司梯达斯一行是刚坐飞机专门来此与我们见面的。晚饭相当丰盛，要的中国菜没有吃完，按美国的习惯，吃不完兜着走，就由餐馆给打包，贝司梯达斯他们放在汽车后边带走了。

第二天一早，普·惠公司的人接我们到了普·惠公司，先到办公室谈判。贝司梯达斯接着再次提出中、美联合发展 PW1216 的设想，由中方给 PW1216 配加力筒体，如果美国政府批准，中方还可以生产一部分发动机。加力筒体可以用中国的涡喷 13 上的加以改进，而生产发动机，因成都发动机公司已在生产 JT8D 的一些部件，以后还要和普·惠公司一起生产 FT-8 燃气涡轮，故可能性也很大。详细情况普·惠公司将在 4 月底派人去中国继续谈。牛新棠对此插话说，共同合作和投资问题，你们到北京后再谈。

贝司梯达斯接着摊开图纸谈发动机和"佩刀"Ⅱ的相容性和接口等问题，他们根据我们给的结构图绘制了安装图，工作挺认真。他还提出希望成飞今后能给他们飞机的任务剖面和飞机的极曲线。说实在的，对普·惠的 PW1216，我们感到比较差，巴方也没有多大兴趣，现在人家热情请我们去谈，也就去了，所以并不想深谈。

上午谈完，下午他们带我们去参观他们的发动机高空试车台，因为本地没有小发动机可供参观。关于这个高空试车台，他们介绍说，已累计投资 10 亿美元，至今已试验了 8000~10000 小时，每小时的试验成本是 10000 美元，试验段空气流量为 1200 磅/秒，大的储气系统设备流量达 12000 磅/秒，用蒸汽发动机压气，蒸汽锅炉能力为 100 万磅/时。另用 6 台 JT4 发动机引射。试验时，民用发动机可模拟到 $Ma0.8$，高度 35000 英尺。军用发动机可模拟到 $Ma3$，高度 70000 英尺。经三级冷却后，进气前气温可低至零下 80 华氏度[①]。

我们 3 人都不是搞发动机的，参观一下，也就是长长见识吧，

---

① $t(℉)(华氏度) = \frac{9}{5}t(℃) + 32$

只不知国内有没有人来参观过。它给我留下一个"大"的深刻印象。光凭这个高空试车台，我们上干线飞机固然有困难，要自己上干线机的发动机，则可说是难上加难了。哪来那么大的本钱？

看完高空试车台后，牛新棠与他们中国部总裁又谈了JT15D的事，然后公司雇了一辆车送我们回纽约。

马司长和牛处长预定3月下旬返回北京，在此之前要抓紧时间到我国使馆去汇报一次，故利用3月21—22日这个周末，我们3人一起去华盛顿。美国首都华盛顿也在东海岸，在纽约市向南方向，严格说是叫华盛顿D.C.，意译为"华盛顿哥伦比亚特区"，有别于美国另一个华盛顿州，那个州在西海岸，西雅图即在华盛顿州，这是我到了美国才搞清楚的。

中航技的关键同志事先给我们买好了往返的机票，21日早上8点半我们坐车赴拉瓜地机场坐泛美航空公司的班机去华盛顿。飞机到了华盛顿国际机场，我驻美使馆的同志开车来接，在去使馆的路上，我们顺便看了一下五角大楼和林肯纪念堂，我们被安排在使馆边上的一个旅馆住下。

下午我们进使馆向有关领导同志汇报了与格鲁门公司开始合作"佩刀"Ⅱ项目的情况。使馆的领导两年前即知道有这件事了，因为这是中、美间的第一次军用飞机合作，美国政府找过使馆，但具体进展使馆领导并不清楚。听了我们的汇报以后，使馆领导感到航空工业部抓这件事很好，要求我们今后多向使馆通报情况，并告诉我们在美国办事的注意事项和工作方法。我们则希望使馆领导有机会时向美国政府做些工作，别给中方加那么多的限制。

第二天中午我们要飞返纽约，上午使馆的同志用车送我们去市区参观了议会大厦、宇航博物馆、大花房、杰弗逊纪念堂、大型雕塑"觉醒"、罗斯福岛公园等。本来拟去登华盛顿纪念碑顶的，但参观排队的人很多，来不及了。一个上午去那么多地方，当然只能走马观花。这里值得一提的是"觉醒"，它是一组雕塑，似乎象征着人们从淹没中奋起,一只大手和一只大脚从地面上冒出来,据说我们中国人到华盛顿都要去看一看这别出心裁的雕塑,把它戏称为"大手大脚"。

使馆的同志把我们送到机场,我们十分感谢他在周末的两天里对我们的热情接待。

23日开始已是第3周了,我与陈金琰照例出席了与中、美、巴三方领导的碰头会,讨论了有关的工作。会上最后明确了分工的责任,哪一方分的工最终由哪一方写出报告,还决定4月13日,即第6周开始进行可行性研究的第一次评审,并由巴方萨里姆上校分别向巴空军和中方国内发出电传邀请。我们提出第一次评审内容不仅仅是对发动机、航电及飞机部件的选择方案,而且应有飞机外形及进气道的安排以及对全机性能的估计和评价,格鲁门同意我们的意见。

我与马承麟(左)、牛新棠(右)一起访问华盛顿

我们在工作中发现美方主要对我们工程师带来的资料感兴趣，而对我们参与他们的工作并不热情，这当然不行。于是我们以马司长即要离美为由，在24日由马和我去格鲁门总部找佩莱哈克谈。

进了佩莱哈克的办公室，互相寒暄之后，佩莱哈克顺手拿起一个飞机模型，含糊而神秘地对我们说，这是正在打算开发的新飞机，我看它并未利用X-29前掠翼的技术，怪的是它的机腹和翼下有着条纹状的宽条反光镜面，大约为了目视隐身用的。但我们此来的目的，不是讨论新技术，所以不便追问，言归正传。

马司长首先向佩莱哈克提出了美方工程师与我们讨论不多，合作不够紧密，使中方工程师有劲使不上的问题，要求佩莱哈克履行他在成都时的口头承诺。

佩莱哈克说，我理解你们的想法，但目前工作刚开始，待有些眉目之后，特别是有些数据要输入计算机计算，这样预计到星期五，就可以坐下来和屠先生、陈先生一起谈了。

马司长说，我的想法是让全部人员都能行动起来，如上计算机，成飞的工程师也可以上。

佩莱哈克说，这我明白，慢慢地双方会更好沟通的。当然有的事，不一定全体工程师知道，我会专门单独告诉屠先生的。

接着佩莱哈克转了一个话题，谈到巴方要在卡姆拉装配"佩刀"Ⅱ，而机头如果也由巴方生产，他感到巴方的制造能力比中国差得多，不知什么时候才能制造整个前机身。所以他想机头至少一半在成都制造为好，或许整个机头都由成都制造，因为肯定工时费中国比美国便宜。佩莱哈克接着说，这种想法不必告诉巴方，屠先生明白就可以了，我们还要向政府去疏通这种想法。格鲁门不打算生产机头，我们现在想得是获得歼8"和平珍珠"的改装项目，董事长彼尔沃思先生已经向你们国防部张部长谈了，无论从技术上还是补偿贸易上，我们都会比波音公司优惠的，中方需要的技术，我们可以向中方提供。我们正在为新加坡培训航电综合技术，在这方面只有硬件没有软件是不行的。

歼8项目的补偿贸易，你们将可分到很多地方去做。

我们听明白了格鲁门在以这种讨好的筹码，争取获得歼8改装的承包权，我们二人对此当然没有权力表态，马司长就应付说，过几天孙先生要来，可以和他讨论这些问题。为了扭转话题，马司长接着说，这几天有几名美国空军在45号厂房讨论技术问题，我们少数人如屠先生、陈先生是否可以参加？

佩莱哈克说，美国空军完全是巴方请来的，是萨里姆在主持讨论，我们公司没有人参加，巴方请美国空军是花了钱的，他有钱他去付吧！真不明白，巴方如把钱花在格鲁门或成飞身上，岂不更好？

马司长最后说，我和牛先生星期四要回北京了，我走了之后，是屠先生总负责，如果屠先生也走了就由陈先生负责。

马司长走前又和"佩刀"Ⅱ项目经理罗默交换了意见，罗默说有些问题是因为双方工作习惯不一样产生的，相信以后慢慢会好的，在组织工作上，他可以再安排好一些。罗默最后动情地说，可惜我不久要动心脏手术并退休，看不到这项目的最后成功了。

格鲁门的工作，由于我们的配合，正处于从原来以假设的飞机为基础向真正以歼7M飞机的实际为基础的转变之中。与他们的工程师们一接触，就可感到他们个个都是工程上务实的行家，反应快速而灵敏。从合作的过程看，可行性研究中即使中方负责的部分，也主要得在美国进行，原来设想在成都为主的想法，不大切合实际了，因为来往的通信太不方便，出国的手续也太麻烦；而且3个国家之间的合作，关系特殊，思路不同，工作方法和习惯不同，随时都会有新问题出来，只能靠在45号厂房里随机应变临时决定。我们想法上的这个变化，也获得了部和中航技主管们的认同。因此，按计划尽快自国内派遣一批批的工程师来美，也就顺理成章。

"佩刀"Ⅱ方案中，候选发动机有3个，F404/RM12、

PW1216、RB.199。在可行性研究中，主要进行性能对比，至于总体方案中的结构安排，则只做F404的协调工作。实际上大家也倾向于F404了。航电选用，由美、巴双方负责，须要我方参与的只是选用航炮，我们竭力推荐中国制造的双管23炮，因为如美国多管炮，又贵又重，结构变化也大。舱盖、前起落架，美方推荐用F-20及F-5的，座椅用马丁贝克MD-10L，我们都同意。进气道仍按我们推荐的两侧进气，我们参观了他们的X-29之后，发现它的两侧进气和我们的CP型的差不多，垂直安置的矩形不可调进气口，所以双方一拍即合。

在与巴方讨论飞机性能时，萨里姆提出要求"佩刀"Ⅱ能有7个外挂，具体讲在执行空空任务时，应能同时带两发中程弹、两发近距格斗弹和三个副油箱，在执行空地任务时，应能同时带四枚炸弹和两个副油箱，或四枚炸弹、两发近距格斗弹及一个副油箱。为了达到大的外挂能力，萨里姆说宁可最大Ma只有1.6。关于起降性能，萨里姆要求的起飞条件是海平面3000英尺滑跑起飞，夏季地面最高温度45摄氏度。这些要求，我们是第一次听到，而巴方早在1985年就向格鲁门提出来了。

根据我们自己搞歼7CP方案的经验，我们向格鲁门提醒飞机焦点向前移，而重心向后移，会是一个大问题，要特别注意。因为他们现在的方案重心是歼7CP的气动焦点比歼7M向后移动了5%的平均气动弦长，而"佩刀"Ⅱ机翼是原封不动用歼7M的，我们认为很难调整过来。我们这些意见格鲁门听了似乎无动于衷。弗尔斯这个人相当傲慢，瞧不起中国人。有一次会前，他悄悄地跟萨里姆说，干"佩刀"Ⅱ有两大困难，一是飞机是老的，技术上落后，二是苏联没有把设计资料给中国人，数据不全。这话表明，他不认为中国人具有歼7的设计能力，苏联人不给，中国人就没招。

我们也向萨里姆谈了格鲁门对我技术上封锁的问题。原来格鲁门在中国的口头承诺，基本未实现。萨里姆也认为合作双方应无保密问题，如果进入原型机研制阶段，必须放松才行，否则是干不下去的。萨里姆还说，第一次评审，法鲁克副参谋长会来，有意见可以单独对法鲁克讲。关于"佩刀"Ⅱ，萨里姆说，它对巴方来讲是件大事，中国方面帮助搞"佩刀"Ⅱ，也是件大事，但格鲁门是个公司，从做买卖出发，可干可不干，责任不一样。

为了降低飞机成本，减少研制风险，我们与美方都同意飞机的改动工作量无论是机体还是机械系统都应越少越好，航电、机械成品及飞机部件则尽可能选用货架产品，货架产品这个英文词也是我们在这次合作中学到的。起先佩莱哈克以为我们希望改动得多一些，以便我们可以学到更多的东西，后来他来跟我们说起，我马上澄清说，绝无此意。于是双方分别在开会时向中、美全体人员传达了改动越少越好这个原则。为了使飞机的维修性好，佩莱哈克反复做我们的工作，主张后机身下部采取大开口的形式，他说，军队的地勤人员，只有6年的文化水平，素质低，故要尽可能使维护工作简单，看得清楚和方便。

4月14日开始"佩刀"Ⅱ可行性研究的第一次评审，评审会在格鲁门公司总部内进行。巴空军作战副参谋长法鲁克少将及巴驻美武官二位准将来了。中方评审小组由4人组成：李泽蕃、顾诵芬、杨宝树专程来美参加，孙肇卿局长则自南美返国途经纽约正好赶上评审。美国国防部及空军应巴方邀请也派人参加，我们成飞在美的人全参加了。

14日上午评审，实际上是由美方技术经理弗尔斯等按已经准备好的评审资料一张张对着投影仪用英文讲一遍，讲过一段，问有什么问题，没有就继续讲，讲一个多小时，就休息吃点心，再讲一个多小时，完了，吃中饭。中午在格鲁门总部地下层职工食堂吃饭，中、巴人员由格鲁门公司招待，美国国防部及空军人员吃饭是自己掏钱买的。下午，他们安排中方去浏览，实际他讲航电，不让中方参加，我们没有去浏览，抓紧时间进行内部讨论。第二天上午继续评审,不到一小时就讲完了。下午巴方听取美国军方代表的意见,我们当然也不参加。我们内部讨论,总的原则,技术上要管好我们分工分内的事,当然如果总体上改动大了价格会增长、周期要延长,因此风险大了,也应关心。涉及我方的主要问题是后机身下部大开口,会影响刚度,涉及的是尾部颤振特性这个全机薄弱环节;机翼增加外挂,外翼过薄,也有颤振问题;航炮尽量说服采用双管23炮;总体上,现在重心过后,不易调,弄不好会保不住机翼位置;机内油量一定要落实,否则达不到飞行剖面要求,方案就站不住了。

第三天,我们与法鲁克少将单独谈,法鲁克听了我们的意见后说,你们不要怕问题多,可行性研究才开始,现在不是最终方案。当然不多改,性能要求会达不到,改多了,重量也加上去了,成本也增加了,这种矛盾也的确存在。但是目前,你们的工程师要习惯于眼睛放开一些,多一些方案分析,等可行性研究完了以后,我们再来定。

国内来参加评审的领导们,也感到在美国合作的特殊性。所以孙局长决定我和陈金琰在美国要把工作顶到底,委托我们在可行性研究阶段全权管,因为部里、中航技及厂里领导也只能临时来一下。顾诵芬副院长还对如何加强国内工作与在美工作的联系提出了建议:有些计算工作,中方在国内也同时算,必要时设专人来回跑,即使要多花些钱也值得。

中方评审组来一次不容易,我们向格鲁门公司提出希望看一看他们的复合材料加工和电传操纵系统。他们答复说,复合材料加工政府规定不能看,电传操纵可以看,后来就带我们去他们的实验室走马观花。那实际是个静态的试验台,远不是铁鸟试验台,是应付我们一下还是本就如此,就弄不清楚了。

4月19日我方评审组离开纽约返北京,沈泳沅、吴绍端同机回国。

为了催促美方尽快向我们提供一些基本数据，我和陈金琰正式以书面材料形式向格鲁门提出了28条意见，要他们回答。

宋开基等6人于4月11日晚上到达纽约，第一次评审还未开始，4月11日那天是周末，格鲁门公司的保先生事先建议我们用我们雇的面包车去游一次华盛顿，因为那天正是难得的华盛顿樱花节。但为了省钱，要当天来回。我说，那么远，行吗？保说行，他已和司机谈好，保自己陪着去，路远，他可以和司机交换开车。我说那太辛苦你们了。嘴上那么说，其实我很想让我们的同志有机会去看一次。

11日早上，我们吃完早饭，还带了一些饮料和食物，7点钟即出发了。车子经过曼哈顿，跨过哈德逊河上的华盛顿大桥，进入新泽西州，由295号高速公路转上95号高速公路，向南经过特拉华州、马里兰州、弗吉尼亚州；整整高速行驶了5小时，才进入华盛顿特区。保先生又去找了一位朱老先生同游。到了市中心，果然一路上樱花盛开，一片片、一丛丛，粉红色的、白色的，漂亮极了，从日光和养分中吸收的能量化成鲜花竟如此的生机盎然。街上临时搭的看台人已散了，因为刚庆祝游行过，垃圾杂物则满街都是。上午的节日盛况，我们只能想象了，但各处开得极茂盛的樱花依旧如妙龄少女，焕发着青春气息。据说这樱花树是若干年前日本人送的，现在看来，最大的树龄都二三十年了。

我们一路赏完樱花，顺步参观了国会圆顶大厅、宇航博物馆、华盛顿纪念碑，再驱车去看林肯纪念堂、肯尼迪大剧院那些不要钱的去处。宇航博物馆里陈列了各种从最早期到最新的飞机和多种航天器；最有意思的是一段直立的真实宇宙飞船舱段，人们可以排队进入参观。还有登月舱和月球车实物、航天飞机剖视图，等等，真是一座生动的航空航天知识大课堂。下午匆匆参观完，找个中餐馆吃了晚饭，又送朱先生回家，才启程返纽约。踏上回程的路已是11日的午夜，12日凌晨三点多我们才回到住地。我们在车上一路欣赏高速公路的夜景，也是难得，就这么晚，路上来往的车还是这么多，这一路去的都是尾部的红灯流，那一路来的都是车头的白灯流。午夜时分，在这高速转动的轮子上，来去匆匆，都是我们这一类游兴未尽的人？

格鲁门公司撤换他的总设计师

宋开基、范德富他们上班以后，结构强度方面的工作就展开了。我们始终关心的重量增得太多和重心后移太多的问题逐渐得到格鲁门的重视，我们内部研究后，也向他们提出了减重的意见。由于我们来了新到的人，我们提出要再看一次X-29，4月22日格鲁门又组织我们去看。因为飞机上的F404发动机已拆除，我们又提出看发动机，他们答应予以研究。23日佩莱哈克自己跑来和我们讨论几个问题，一开始，他怒气冲冲地向我和陈金琰责问说，重心问题现在很大，你们中方为什么不提醒？我马上说，这问题我们几次向弗尔斯先生提出来了，他可能没当一回事儿。佩莱哈克听了以后，心情就稍平静些，就谈了两个方案征求我们的意见，一是把发动机整个前移5英寸①，二是把机头和飞行员座舱向前移8英寸，当然这都会引起飞机总体大动干戈。我们分析了两个方案的利弊，第一方案会减少机内油量，第二方案会增加飞机的重量，都需要进一步做工作，一时也不好决定。佩莱哈克又谈了飞机减重和增加外挂能力的问题，炮肯定用我们的双管23炮了，因为用美国的M61要增重511磅，飞机背不起。为了增加外挂能力，必须提高飞机最大起飞质量，这不

---

① 1英寸=25.4毫米。

仅涉及起飞滑跑性能，也涉及主起落架及刹车的载荷能力。

28日，佩莱哈克又跑到我们办公室对我和陈金琰宣布可行性研究中的一大戏剧性事件。他首先向我们道歉，上次在飞机重心问题上错怪了中方，他说，中国工程师是很有经验的，应该更好地发挥你们的作用，现在格鲁门公司开了一个高层次的会，决定三点：①除航电武器以外，对中方解密，把号码锁的门打开，让中国工程师进去，和格鲁门的人一起干，这周就调整好；②弗尔斯先生将退休，另请卡兰觉拉先生来主持可行性研究；③将请我们去看看已经做好的座舱模型。

这当然是一个惊人之举。事后我们才知道，佩莱哈克发现方案中的严重问题之后，追查到了弗尔斯身上，发现他根本瞧不起中国方面的意见，于是直接找到公司的董事长，做出上面的决定。这三条决定，首先是经过一个多月的实践，格鲁门公司肯定了中国工程师的经验和能力，逼迫他们不得不把门打开，以便更好地与中国人合作，因为没有中方的合作，格鲁门是搞不出"佩刀"Ⅱ来的；第二是不惜中途换马，把相当于总设计师的技术经理撤换了，而且做法上，我们看起来，有些残酷，让还不到退休年龄的弗尔斯提前

1987年5月4日在美国工作的全体成飞人员访问GE公司

退休了，这不能不说是一种无情的惩罚；第三是让我们看他的机头1:1座舱模型，这是作为一种开放部分原来不让我们接触的航电的友好表示。这当然很好，应该说是我们的一大胜利。

打铁趁热，我趁机对佩莱哈克说，在我们谈到中方要再派一些工程师来美时，罗默及弗尔斯先生说，5月份工程师的工作将结束，要转入商务方面的工作了，我感到很惊讶。我认为从技术方案工作上看，5月份将是技术工作的高潮，而不应是结束。佩莱哈克说，我同意你的意见。

后来弗尔斯先生果然离开公司退休了，来45号厂房向大家告别时，我和陈金琰专门去送他一个小礼品表示惜别。虽然他过去对我们不尊重，甚为傲慢，但这次公司要他提前退休，他相当灰溜溜的，我们又有些不忍心了。说到美国人的人事制度，如项目经理罗默的女秘书，5个月中先后换了三位，我们接触后，都工作很不错，从接电话、发电传、打印文件到处理日常杂务，什么都干，但头头感到不行就换人，也不知一换是否即辞退了。

周末，保先生陪我们去纽约市，除坐船去斯坦顿岛半途上看一下自由女神像外，主要去参观航空母舰。这艘停泊在哈得逊河上的"无敌"号航空母舰，是在美国海军服役31年后退役的，现在作为一个海军宇航博物馆供游人参观。因为格鲁门公司主要生产舰载机，与展出单位有关系，带一个公司介绍信去，就免费登舰了。舰上陈列着70多架飞机，还有不少导弹武器以及人造卫星、宇宙飞船等。航空母舰的驾驶室、飞行甲板和下边的机库都开放任人参观，我们都是第一次看航空母舰，因而极有兴趣，尤其对各种舰载机的尾钩感兴趣，因为"佩刀"Ⅱ要装，大家都十分注意。

29日，英国罗·罗公司为向"佩刀"Ⅱ方案推荐RB.199发动机，专门派人来纽约向我们做工作，请我和陈金琰到曼哈顿见面，听他们介绍发动机的情况，我们也注意做友好工作。

为解决F404的问题，格鲁门出面与GE公司联系，由GE公司邀请我们去他们那里看发动机和座谈技术问题，我们共12人去，还是由张维先生安排日程，利用一个星期天，5月3日早上出发去波士顿，具体行车路线由张电传告知我。到了福尔立浮的中国皇家饭店，张维偕夫人及女儿在那里等我们，一起吃了中午饭。然后驱车赴波士顿，由张维带着逛商店，参观"空中行走"和麻省理工学院，住下旅馆。

第二天是4日，是星期一，早晨去林恩的GE公司活动一天。先听介绍情况，后看F404发动机，参观总装线、试车台，然后坐下来回答我们准备好的提问，除不能给性能曲线外，我们提出的问题，都得到了回答，大家都比较满意，原定下午3点半离开公司，后延到5点才离开。

张维陪我们到波士顿，并约了朱明瑛来与我们共进晚餐。朱明瑛在波士顿的音乐学院留学，艰苦而孤单，见到国内来的人，如见亲人。我有一盒她的录音带，其中有一首咏叹调，她的语音似乎为地道的江南口音，见了面一问才知她不是南方人，她说这首歌是偶然见到一张破唱片，感到好，学的。音乐家就有这本领。

我们返回纽约的住处，已是午夜12点。

5月5日去格鲁门上班，我们已经可以胜利地踏进45号厂房那道有号码锁的门了。厂房门前有两株桃花已经盛开，往日我们尽可能学他们的办法，即使中午休息也不往外跑或在草坪上溜达，那天忽然发现桃花已经红艳艳地盛开了，心情也特别好，才难得地在门前树旁摄像留影。厂房四周是一大片整齐得如地毯的草坪，这里常有野鸭子带着一群群蹒跚而行的小野鸭在草地上觅食，十分可爱。美国人保护野生动物已深入人心养成习惯，这些野鸭子一点不怕人。在公园里，小松鼠拖着大尾巴到处跑，你手上有吃的花生之类，它准会往你手上跑来。美国的生活，出门即坐车，上班都西装领带正襟危坐，所以体力活动少，身子懒得发酸，我们只好在晚饭

1987年5月6日,在长岛格鲁门公司45号办公室前

前后或周末有空时,三三两两出去散散步,活动一下。而如我们这样走路的人也不多,我杞人忧天地想,在这里长此下去,腿脚要退化。在法拉盛小区东部有一块大草地叫皇冠公园,5月正是那里各色郁金香一大片一大片盛开的时候,那里也是我们周末常去的地方。那里的体育场旁有一个不锈钢制的空心大地球,是1964年4月为纽约世界博览会建造的,球高140英尺,直径为120英尺,总重70万磅,堪称一最,所以成飞来美的人,都在这地球前留过影。还有一个我们常去的地方,也算是一个公园区吧,那里的草木林中有一个大水池,四周有些椅子可坐,走到那里可休息一下,常可见到一些人在骑自行车运动,沿着池子转,想来也似我们身子骨懒得发酸吧。公园边上有好几个网球场,同公园一样,都没有人管,但很少看到有人在里边打球。

1987年5月参加"佩刀"Ⅱ的工作人员（左起：王再刚、郑维川、张功勋、屠基达、马洪海、袁士祥、陈金琰、史乾宝、黄卿祥）在纽约长岛

我们吃饭是集体开伙自愿组合轮流做的，每周顺便坐车去超级市场采购一次主副食物，平时就不用上街了。我们的司机台尔是一个忠厚的退休老头儿，美籍意大利人，格鲁门的管理部门介绍的，对我们很友好。他知道我们钱不多，就建议我们每周四下班后，顺便开车到一个便宜的超级市场"西部牛肉"去采购，他说这一天东西最便宜，到了周五，即是周末前夕，买东西的人就多了，东西就贵一些。我们采购出来在付款处付钱时，他往往站在旁边看，后来他告诉我们说，在美国大家都用信用卡，很少用现金支付，更少像我们用百元大钞买东西，所以要注意安全，说不定会有人当众抢钱，他要帮我们注意一下四周。我们可行性研究结束前，他已把自己用几十年积蓄在长岛买下的住房卖掉，得到十几万美元，花一万多美元，买了一辆可住人的大客车，老两口准备迁入住在加州的女儿附近去过余生了。他对我们说，如

果我们下次来美国，他还愿意为我们开车。我们撤离美国临别时，他依依惜别地特意购了纪念硬币，送给我们每个人作纪念。这是后话了。

"佩刀"Ⅱ飞机方案分工，我们负责中后机身及机翼、尾翼以及各个机械系统，所以结构强度疲劳寿命是我们的重点。这里涉及两国不同的规范如何协调的问题，也包括载荷谁来定、试验工作如何规划，特别是疲劳载荷谱怎么确定等问题。此外，巴方抛出了作战飞行剖面后，又抛出了不同的外挂状态，飞机的重量越来越大，更改工作量也越来越大，一些关键问题，必须要宋开基等人5月中旬返国前与美方一起弄明白。5月初张功勋、史乾宝、王再刚以及稍后徐鹤皋、戴干常来美国后，起落架改型以及轮毂选用等都排上了工作日程。格鲁门为了总的研制方案配套，飞机的研制进度表也初步排出来了并与我们共同讨论。

6月2日开始第二次评审，国内派出马承麟、顾诵芬、杨宝树、牛新棠来参加评审。在此以前，我们已把在美国工作的情况书面带回国内汇报了，所以他们来前已做了参加评审的预案，包括第三阶段的进度、分工、费用估算的原则。巴方及美国空军来的仍是第一次来评审的人。

格鲁门公司的工作，计划性很强，而且计划很具体，定了的，一定完成。他们的组织能力，使我们很佩服。第二次评审的材料准备得比较充分，有250页之多，大会报告进行了一天半，由卡兰觉拉任主角，一位女士做了航电部分的报告，我们全参加了。这算是格鲁门政策上起变化后的继续。在我与陈金琰陪评审组单独和佩莱哈克谈原型机研制进度和方案中的重大技术问题时，佩莱哈克说：原来我们思想上有疑虑，但3个月一起工作以来，你们成飞的工程师，给我很深的印象，他们都是头等的工程师，具有高水平的知识，他们没有在这里消磨时间。

1987年5月31日,"佩刀"Ⅱ第二次评审前,专程来美的顾诵芬(右三)、马承麟(右二)、杨宝树(右四)、牛新棠(右五)在美国纽约法拉盛住处与我们讨论技术方案

在部和中航技有关领导面前,他这些诚恳的赞扬话,使人们感受到了我们几个月的紧张工作,以及在中、美首次军用飞机合作中,我们成飞人不辱使命,为中国人争了光,为成飞争了光。在此以前,格鲁门国际部的保先生也曾对我们说,你们这个组与我过去接触过的许多组,大不一样,你们工作努力,真是来干事业的。他这话,使我们一方面为我国过去的一些出国者汗颜,同时也激励我们更要加倍地努力。

"佩刀"Ⅱ的方案,高亚声速的机动性好了,但最大 Ma 只能到 1.6,空空作战半径可达到巴方要求的 180 海里①,但空地状态达不到,电子设备可与 F-16 相当,因为大量采用的是 F-16 的航电设备,存在的问题是外挂能力巴方仍不满意,F-20 能外挂 5 吨,"佩刀"Ⅱ只能挂 2 吨多。美国空军在第一次评审时曾提出三个问题:①外挂能力小;②巴方要求有 3000 小时寿命恐怕达不到;③飞机选用的电子设备偏多。这次评审时,提出了 7 页之多的评审意见,包括两侧进气道的稳定性及与发动机的匹配;作战半径问题;红外吊舱的一体化设计;外载大为增加后的机体要重新设计;由于疲劳谱高达原来的 5 倍,飞机耐久性工作必须投入大量人力;主起落架加大承载能力的可行性;平尾由于后机身更改存在严重的

---

① 1 海里 = 1.853 千米。

颤振问题；有关燃油系统、液压系统、环控系统、电源系统、航电系统、武器系统、空勤系统的问题。还提出需要有一份飞机规范或系统规范，确定"佩刀"Ⅱ飞机自身的任务能力以满足对抗预定的威胁，并制订一份综合试验计划。这些意见都是很好的意见，我看巴方请美国空军评审，不仅是一种受监控的官样文章，从技术上他们是有能力出主意的，因此还是很值得请的。我们中方作为合作评审的一方，也写出了书面评审意见提交给美方，并抄送巴方。

我方评审组回国前还写出了向国内汇报的评审工作报告，回去时，范德富等五人随同返回北京。

第二次评审以后，徐德寰、刘远孝、王月新、王致斌、马叔堂、许振阁以及中航技的周润沅分别到美，杜定欢是厂里临时决定代表计划、财务来谈"佩刀"Ⅱ的报价的。

对于中方的工作任务，在第二次评审之前，我们按分工向格鲁门提供了11份英文可行性研究报告，计有：强度载荷、主起落架系统、发动机系统、燃油系统、重量加重心计算、机身结构、机翼和尾翼结构、机体寿命、尾部着陆钩、液压和冷气系统、飞机操纵系统等。这是我们国内和国外工作相结合的正式研究成果，提交格鲁门公司前，我和陈金琰一起连夜加班逐字逐句地进行了审阅。第二次评审以后，又提供了5份。

格鲁门公司已改任项目经理兼技术经理的卡兰觉拉，在佩莱哈克带领下，在第二次评审之后一起专门访问了一次巴基斯坦，征求更广泛的人的意见，回美后说，巴方对大部分方案都是满意的，只提出5个具体问题：歼6飞机操纵系统的力臂调节器有问题，"佩刀"Ⅱ的要注意；高温下的起飞特性问题；3000小时的寿命问题；航电系统全采用F-16的不要改；低空大表速应增加到1200千米/时。关于总进度，希望1990年开始批生产，1996年生产完；飞机单价，认为超过900万美元就不能接受了。带回这些信息，格鲁门经过研究还将再派人赴巴。

1987年6月，在巴黎国际航展期间，莫文祥部长会见了英国工业大臣。大臣建议中、英双方合作，在歼7M基础上发展成出口型轻型歼击机，发动机采用英国罗·罗公司的RB.199，航电采用GEC费伦梯的雷达为主配套，可由三方共同投资合作开发，当场达成了意向性协议。消息传回国内以后，成飞正在做的歼7C型方案工作，有可能转化成CE型。当时歼7C型的工作一直在积极进行之中，有的部分已发展到详细设计阶段，那是以国产发动机为基础的。如能利用英国的发动机和航电，既可提高飞机的水平，又可分担出口机型的投资风险，而且增加一份推销力量，比我们单独发展C型好，也比中、美合作搞"佩刀"Ⅱ好。这样，成飞手上就出现研制项目三机并进的局面，一个是国内要的歼7Ⅱ改，一个是与欧洲合作的C型，一个是中、美合作的"佩刀"Ⅱ。

"佩刀"Ⅱ可行性研究已进入报价阶段：中、美双方根据技术分工估算各自部分的原型机研制费用，分别向巴方报出。我们本来主张先由我们报向格鲁门，然后由格鲁门汇总后向巴方报，但巴方坚持分别向巴方报，我们也就按巴方的意见办了。此外，飞机的单价也要同时估出。原来1985年巴方指标书提出每架800万美元，到了1987年，应可适当上浮，而且当时并未明确这800万美元里是否包含了研制费，现在按不计入来处理。

第三次评审预定7月21日开始，我偕中航技商价处处长单祖茂同机离京赴美。我是6月17日自美返国的，返京后向王昂副部长做了汇报，回公司又向各领导做了汇报，再次去美是参加第三次评审并最终完成可行性研究。

我们离开北京前，与军机局毛德华、马承麟局长，外事局孙肇卿、刘国民局长、李泽蕃助理，及顾诵芬副院长等一起讨论了这次去美的诸问题，顾因有事冲突，第三次评审不能去了。刘国民及李泽蕃要先去巴然后转道赴美。我离开北京前为了准备与巴方谈飞机寿命疲劳谱，专门找沈飞厂的同志谈了歼6定寿情况并要到了南飞强 5 的疲劳谱测试报告，也请顾帮我收集了一些其他机型的情况。

到了格鲁门后，16 日我即约佩莱哈克和萨里姆谈飞机的疲劳谱问题，我认为据巴方给的飞行剖面算出的载荷谱太严重，并举歼 6 和强 5 的情况为例说明。估计因格鲁门正在估算飞机成本，佩莱哈克主动说，美方内部正在开会，要扭转一个观点，即这"佩刀"Ⅱ是改型，不是全新设计，当然格鲁门什么都有能力来改，然后来试，试出多少寿命，就给多少寿命，这样可节省成本和周期。萨里姆对此不同意，说，不能用走着瞧的办法，是否可以改材料？必要时可在整机寿命期内换机翼？萨里姆反正不同意修改飞行剖面等原始数据，最后谁也没有说服谁。17 日又与卡兰觉拉等谈了最大起飞重量和主起落架的载荷问题，以及飞机的研制进度的问题。

第三次评审，中方评审组，除我和单祖茂以外，刘国民、李泽蕃自巴来美，马承麟、杨宝树 19 日自北京来，中航技驻美代表熊善钧自洛杉矶来，连翻译房颖共 8 人。

19 日刘出面单独宴请佩莱哈克做工作，李和我作陪，房颖翻译。席间刘间接地劝佩莱哈克，格鲁门的研制费报价不宜太高。但佩莱哈克对"佩刀"Ⅱ的前途很有信心，虽然也知道通用动力公司的威胁。佩莱哈克又说，格鲁门公司为了搞可行性研究，已经花了 350 万美元，言下之意，格鲁门的决心很大，不惜自掏腰包 200 万美元。谈到飞机的寿命问题，佩莱哈克说，对买主，你不能说不行，必要时可以换备件，当然如果巴空军可以降低载荷谱更好。关于进度问题，佩莱哈克说，在合同之前还有 10 个月可以利用，因为正式签合同估计要到明年四五月份间。

7 月 21 日及 22 日两天正式开评审会，办法仍如以往，大会报告只 21 日一天，第二天各方分别活动。

因为这是最后一次评审，方案内容已较前为丰富，除了飞机的技术以外，还包括各种技术分析（操稳特性分析，颤振分析，可靠性、维修性、安全性分析）、地面试验、飞行试验的安排及其评估，后勤支援、制造规划和进度安排等。关于航电，格鲁门公司已按巴方要求，正式选定以APG-66雷达为主的F-16A全套设备，而且其中APG-66要改型能制导中程"麻雀"导弹的，平显、下显、惯导、任务计算机则都是F-16C的，可以说，具有相当的先进性。

晚上，我国驻联合国代表团汪嘉华大使出面，以冷餐酒会宴请巴方和格鲁门公司的客人，表示庆祝，中方评审组及技术组全体出席作陪。席间佩莱哈克问我，白天听了一天的报告感到怎么样？我说，很好，可行性研究的各个方面都包含进去了，至今四个半月时间，效率是很高的。

第二天我们和美、巴主要人士一起讨论今后合作的分工和组织形式。讨论过程中，佩莱哈克又当众对刘国民、马承麟局长说：中国工程师在这里工作是很努力的，你们应为成飞有这么一支队伍感到自豪。

在经过我们内部准备以后，22日，我们约格鲁门上层在他们的总部讨论几个重要问题。格鲁门方除佩莱哈克外，还有飞机分部副总裁悉密那拉、另外一个项目顾问麦克开勃等共5人出席。中方，除我以外，刘、马、李、杨、陈参加，讨论首先集中于今后的组织形式，格鲁门建议在中美承包商之间建立一个ACA（承包商联合协会），互相传递技术资料，协调技术接口。

第二个问题是讨论最终报告和RFP，里边涉及中方分工的各项工作，我们要求把初稿交给我们，我们要提出修改意见。

第三个问题是机体寿命和疲劳谱的问题，我们认为此谱太严重，格方专家也认为如用此谱来定寿，现在的结构只能达到1/5寿命。但宏观看，格方总认为中方考虑问题过于保守，他们遵守的格言是，顾客要求什么，都可以达到。最后我们同意由我们直接做巴方的工作。

1987年8月6日，在美工作结束后，在格鲁门公司的弗勒先生家中吃晚餐

关于如何利用合同到期前的10个月时间，佩莱哈克说，格鲁门要花钱的事，是不会再干了，因为担心得不到今后的合同，但做一些调研和书面工作还是可以的，以便回答今后巴方提出的问题。我方刘国民说，我们中方没有竞标的问题，凡巴方要我们做的工作，我们要继续做，故希望格鲁门支持我们。

23日，我们找巴空军法鲁克少将谈。经过我比较详细的说明，法鲁克同意，在机体毛坯结构不变的条件下使寿命达到最大的改型原则。法鲁克还同意不管最终报告上这问题如何写，中方对此要继续做工作，巴方不把这个问题作为终止项目的原因。

在谈到RFP的时候，刘总提出应把副本正式给我，法鲁克很干脆地说了声"OK！"刘总要求巴方今后在决定美国总承包商之前，先告诉中方。法鲁克说，我们过去已经谈过，巴方决定每一件事，都会告诉中方的。

会后，刘总向我们几个谈了早晨他分别和法鲁克密谈的情况，其中有一句出乎我们意料的话，法对刘说，如果巴方选中通用动力公司当总承包商，你不要吃惊。

中方评审组及大部分技术组成员于26日离开纽约回国，其中刘、李二位赴华盛顿汇报后再次去巴然后回国。最后留下五个人，我和陈金琰、邱普达、刘明树以及中航技的牛新棠，以与格鲁门最后结束可行性研究的全部工作。

格鲁门的最终报告和RFP初稿在27日给我们以后，我们仔细地推敲后于8月3日以书面形式向卡兰觉拉提出三份备忘录，表达了我们对最终报告、RFP和第三次评审材料的修改意见。因为RFP将是由巴方发向各接受招标的美国飞机公司的，所以我们建议应在RFP中强调一条改型原则，"佩刀"Ⅱ在满足巴空军要求的前提下应尽量扩大相对于歼7M飞机的设计继承性和制造继承性，以达到最经济的费用和最快的进度。

3日中午，我们在45号厂房办公室用午餐会的方式正式话别美、巴各方全体同仁，除准备了饭菜以外，还准备了饮料（因为规定办公室不能喝酒，所以用饮料代替）。我代表中方讲话。对他们在五个月的工作中的合作表示感谢，并表达了通过双方合作，增进了三国人民之间的相互了解。虽然我们的生活方式不同，历史不同，哲学思想不同，但是一谈技术，一谈飞机，我们就有共同语言，或许这是一个更大的收获，是将来进一步合作的基础。讲完，大家热烈鼓掌，表示深有同感。

4日，我们单独和巴空军萨里姆话别。谈话中，萨里姆流露出，如果美国政府认为最终报告和RFP不能给中方，那这个项目就没有必要搞下去了，不要再花钱干下去了。因为合作双方之间，那么个保密法，项目是干不下去的，如再花钱，就是浪费。巴基斯坦是穷国，该花的要花，浪费就不行。

6日，我们去约见了公司董事长比尔沃思，既是话别，又去做了一些工作，希望董事长下决心使格鲁门在合同前再做一些花钱的工作。比尔沃思对我们说，"和平珍珠"项目已经由格鲁门公司中标了，因此今后格鲁门与中国的合作会更开放。我说，你们"和平珍珠"到手了是件可喜的事情，同时也有钱了，可以在"佩刀"Ⅱ项目中做些风险投资了。比尔沃思说，是的，但是我们不能走得过快，因为用户还在摇摆，尚未拿定主意。他又说，"佩刀"Ⅱ不仅巴方要150架，其他国家也会要，你们成飞会成为一个焦点，忙不过来的。七年以后，你们会积累很多经验，那时你们干2000年后的飞机，自己设计，就有办法了。

当天，我们又和麦克开勃、卡兰觉拉和萨里姆逐条面谈我们对RFP的修改意见。

这天，我们还向巴方提交了我们的研制费用估算和单价的报价。格鲁门因巴方该付他的钱尚未收到，推迟发出正式最终报告，直到8月底才向巴方和中方发出。正式送我的最终报告缺航电一章，但实际我们已经有了完整的初稿文本，这说明卡兰觉拉会做工作。

我们在美国的最后几天，完成了内部的工作总结，除了阐述概况以外，分别就成果和收获、方案总情况、美方的项目管理、我方的工作方法以及今后的工作进行了论述。5个月中，成飞先后派出26人，中航技派出3人参加技术组，为了评审，部机关、中航技和成飞先后另有6名有关领导参加。用巴方的钱，我国的军用飞机设计师和美国的军用飞机设计师历史上第一次坐在一起共同工作，迈出这一步是很不容易的，因此可以说所有的经验都是很宝贵的。

6日晚，格鲁门公司负责接待工作的詹

1987年8月21日，在美国完成"佩刀"Ⅱ飞机可行性研究后，萨里姆上校（中）出席我驻联合国代表团宴会

姆·弗勒先生请我们5个人去他家中吃晚饭,由王承栋陪同,这也是我们这一阶段最后一个活动。弗勒原是管试验的一个工程师,在"佩刀"Ⅱ项目中自始至终负责接待和生活,一贯热情友好,现在这项目完成了,预定他又要回到技术管理岗位上去了。他家是一幢独立的单层花园洋房,四周的草坪很大,和邻居家间有一道小木棚隔开,后边的草坪里有一个私人游泳池,环境很清静。去了后,我们先参观内室,见了他的夫人,孩子们出去了。他指着后边的一间起居室说,这间是他自己动手盖出来的,这本领真不小,不说出来,这已连成一体的房子是看不出来的。在草地上放了桌椅,边喝边谈,然后支起一个烤炉,大家自己动手烤牛排,要老要嫩自己掌握。女主人还从室内电烤箱中取出一大堆烤熟了的土豆,我们不知道怎么吃,她先示范,用双手搓,在不破皮的情况下,把土豆内部搓成软泥,然后挖开一个缺口,加入奶油,再洒上一些盐,用小匙挖着吃,我们也就仿着做,真还别有风味。吃的时候,主人邀我们下池游泳,我是旱鸭子,不会游,邱普达会游,又有勇气,就和主人一起下了水。他们两人游时,我们就考察这个主人说花了一万多美元建的游泳池。池身就在地上挖成,是大约十几二十米的长方形,用水泥护岸。衬着天蓝色厚塑料的底和边,就保持了池身的干净和不漏水,一池子清澈见底的水,靠一个电泵和一套滤子,经常把水循环泵过,以保持水的清洁,所以池子里一点杂物也没有。过去从飞机上或路过住宅区时看到,美国家庭有私人游泳池的相当普遍,这次算是直接看到了,而詹姆·弗勒先生不过是一名工程师而已。

8月8日,我们五人赴肯尼迪国际机场启程回国,3月8日开始至今整整5个月的"佩刀"Ⅱ可行性研究完成了。

5个月的可行性研究,结论是可行的。技术上可以由歼7M改成"佩刀"Ⅱ,满足巴方要求;飞机单价、研制进度和以后的分工生产,也都是可行的。只是格鲁门公司报的研制费太高了。当然这些可行性中还包括了美国政府同意向巴方出口 F404 发动机和航电在内。

现在剩下的问题是巴方是否据此决定"佩刀"Ⅱ飞机进入原型机研制阶段。巴方已决定先购置一批歼 7M，不管"佩刀"Ⅱ搞不搞下去，都要买。搞"佩刀"Ⅱ，歼 7M 将少买一些；不搞"佩刀"Ⅱ，歼 7M 多买一些，即买少量的 F-16 加以较多数量的歼 7M。因此对我们来说，费力气搞好"佩刀"Ⅱ可行性论证，也至少是失之东隅，收之桑榆。为了要歼 7M，巴方提出了 59 个要求改进的小问题，我看了之后，其中有简有繁有大有小，估计只能分批实现，最大的是要求改为一门双管 23 炮，涉及结构更改太多，恐应说服巴方不改为宜。

我们一行自美国返回北京。按中航技安排，8 月 12 日，我直接自北京飞赴深圳，参加部正在召开的外贸工作会议。

9 月初，格鲁门公司佩莱哈克、卡兰觉拉一行 6 人来成都，马承麟、李泽蕃、牛新棠同来参加谈判。拉森在北京谈后已飞回去了。

卡兰觉拉首先向我们通报他们赴巴基斯坦汇报可行性研究结果的情况，并很有信心地提出了今后"佩刀"Ⅱ项目管理的机构图。他们建议项目经理下边要设置六个部门，从工程部门、生产部门一直到综合后勤支援、器材采购和合同财务部门，希望将来中方也有对应的管理机构。

在谈到"佩刀"Ⅱ的方案时，格鲁门提出 22 个问题与我们逐个进行了讨论。这次变化较大的有：①为了满足巴现在对"佩刀"Ⅱ的性能要求以及增加外挂能力的愿望，要考虑改变机翼的几何形状，增加机翼的增升装置；②为了让成飞自己可以计算"佩刀"Ⅱ的盘旋性能，格鲁门同意向我们提供 5 个点的发动机推力数据；③关于今后的安排，格鲁门公司主动提出，一旦原型机合同成立，在可行性研究工作的基础上，要进行初步设计，这必须由中、美双方联合工作，为此，成飞可派出50名工程师赴格鲁门工作。

谈判紧张地进行了两天，最后达成了一共有18点的理解备忘录。在客人飞香港转道美国之前，因麦克开勃、杜特、奥查特等都是第一次来华，我陪他们去参观了成都动物园的大熊猫。

格鲁门在改机翼方案中，除了性能计算对比外，并同时做结构更改的可行性分析，主要是担心翼根弯矩不能增加过大，以致现有结构的毛坯无法适应。

我们中方改机翼的初步方案共有7个，与格鲁门的方案一样，都计算出了5个点的盘旋性能。双方经过讨论，初步决定用中方的B方案（双三角翼）和美方的带前缘缝翼的4方案，待进一步做工作后向巴方推荐。

佩莱哈克说，改了机翼后，实质是搞一个新飞机，因为吹风、试飞工作量很大，F-16改机翼就花了4亿美元，估计巴方不可能有更多的钱。西方飞机公司要改进机翼，一般都不改基本翼面，而只在增升装置上下功夫。因为改机翼使"佩刀"Ⅱ方案有较大的变化。这次谈判顾诵芬同志也来参加了。在可行性研究报告中，格鲁门不顾我方的多次劝告，提出了一个研制费达2.85亿美元的大预算（不包括中方分工部分的研制费约5000万美元），在我们摸到巴方有"贵了就终止"的意图后，一种不祥之兆始终笼罩在我们心头。

如果"佩刀"Ⅱ不搞了，我们仍要独立发展出口后继机。成飞的设想是把两侧进气的机体连同配套的发动机，作为飞行平台先飞起来，武器航电以后进一步来解决。这叫做笨鸟先飞，分步解决。但孙肇卿局长他们不同意分步走，必须一次搞出完整的商品飞机来，不仅发动机要选定，航电武器也应选定了，才能下决心往前走，而且飞机性能必须好。这样我们原来仍在进行的歼7C型方案，已不适应形势，水平必须提高到与"佩刀"Ⅱ相当这一级。所以原来定的要搞C型方案评审，部里也一直挂着未进行。新的C

型方案，飞机机翼怎么改，发动机、航电怎么选，须重新论证。国外发动机有 RB.199 及 F404 两个对象，罗·罗公司 9 月中来人谈判，但进口可能性小一些。我们考虑到一种机身装两种发动机，以适应将来可能有不同的用户订货。

1987 年 9 月，格鲁门公司的佩莱哈克等来成飞看歼 7M 飞机

　　当然，除技术方案外，还有至关重要的研制费问题。水平要高，改动要大，还要采用国外发动机和航电，研制费不会少于 3 亿元。而原来我们想搞飞行平台，改一下机体，用国产发动机，估计花几千万元就可以了。部内即可下决心。如果要 3 亿元人民币以上，没有国外用户的合作投资，就不可能了。

　　9 月中旬，谢明、侯建武赴北京开会，部长召他们汇报出口后继机问题。莫部长批评说，在部里没批准之前，成飞自己不能动手展开 C 型机的研制。而要部里批准的前提必须有市场预测，拿到一定的订单。王副部长也认为，如没有订货者不能搞出口后继机。

　　总之，笨鸟也不能先飞，卡住了。

巴方原定对"佩刀"Ⅱ最终形成决策意见，还得看到中方的正式意见。为此，我们起草并以航空工业部部长名义于10月初向巴政府发出公函，主要表达了三点意见。大意是：①由歼7M改为"佩刀"Ⅱ，技术上是可行的，按分工，中方有能力承担设计、制造和试验工作；②今后的工作必须充分发挥成飞工程师熟悉歼7M丰富的技术经验，因此必须使中、美合作更为密切；③今后合作中必须遵循平等互利的原则，建议由巴方担任武器系统综合评审委员会的主席。函后附去成飞对RFP和最终报告中有关技术方案、合作关系以及分工三个方面的若干正式意见。

10月中旬，格鲁门公司的卡兰觉拉及佩莱哈克带王承栋、詹姆·弗勒再次来北京讨论双方的改机翼方案。我和陈金琰、刘运孝三人赴北京谈判。

在可行性研究后期，巴方曾埋怨"佩刀"Ⅱ方案亚声速盘旋性能不佳，还不如歼6。为此，格鲁门向我们要去了一本歼6的性能说明书，也按5个点算出了歼6的盘旋性能。他们这次来，除对5个改进机翼方案逐个做了说明之外，还列表对比了歼6、歼7、"佩刀"Ⅱ、"佩刀"Ⅱ改，以及F-20、F-16各项数据。在口头说明时，卡兰觉拉说如果能花些大本钱，如改成全翼展的全自动机动襟翼及后缘机动襟翼，则"佩刀"Ⅱ改的盘旋性能将可以与F-16相比，当然，现在不去追求这种高指标。

我们带去8个方案，也做了同样的计算和分析，中、美双方相互介绍对比选择后，最后集中于两个方案，然后再继续做些工作，拟向巴方推荐。

谈完，他们直接到巴基斯坦去了。预定谈完再回到北京向我们通报，故我和陈金琰留在北京等他们的回音。

格鲁门的人10月中旬来北京前，中航技的刘国民、李泽蕃于10月9日先于格鲁门赴巴谈判。先后在巴会见了法鲁克少将、贾玛尔上将及国务秘书穆斯塔法，以后还带回了穆斯塔法给莫部长的复信。

综合起来，虽然巴空军要迟至年底才向其国防部提出正式意见，最早明年春天巴政府方可做出最后决定，但巴空军对"佩刀"Ⅱ可行性研究的结果，反应是不佳的。首先是对飞机的性能不满意，机动性差，个别状态还不如歼7M；武器外挂能力弱；作战半径小。第二是研制费用太高，单价也降不下来，巴方计算全寿命费用会高于F-16。第三，对飞机要求使用20年，但3000小时寿命，预期只能用10~15年，不满足。第四，装备部队的时间与购置现成飞机相比过晚，而且还要冒研制的风险。

巴方解释说，上述看法是经过可行性研究之后才认识到的。所以花些钱进行可行性研究是值得的，格鲁门向巴方保证的性能指标、费用估算等，巴方均保持冷静客观的态度，不轻信，自己组织班子进行了评议比较。

公平地说，除了研制费过高这一条以外，其他的问题，巴方在可行性研究的招标书中并没有严格的要求，但买主是上帝，他现在提出来挑剔，你不可能去争论，人家不要，你也没有办法。

在中、巴会谈会上，巴方领导人一再强调巴、中关系与巴、美关系完全不同，美方这个对手是商人，什么都能答应，不真诚。而中、巴之间，有长期的友谊，靠得住。因此，愿意研究中方提出由中、巴双方合作改进歼7M巴方称之为"一比一"的设想。

从这次刘、李的巴基斯坦之行看，巴方对"佩刀"Ⅱ方案已明确表示三坐标（性能、价格、进度）都不满意，所以除非格鲁门公司对此有突破性变化，否则，"佩刀"Ⅱ是难以进行下去的。从巴方对中方的安抚看，也可感知巴方的想法。

从中方的一贯立场看，我们尊重巴方的最终决定而不会去争的。何况这次巴方还明确先按巴方要求买一批歼7M型飞机，具体讲，巴政府已批准先购20架歼7M，年底签正式合同。为了保证明年4~6月份交付飞机，中方可先投产，这次穆斯塔法给莫部长的复信正式提及此事，可作中方提前投产的依据。巴方还要求在交付第一批歼7M的同时，借一架歼教7给巴方短期使用。巴方第二批购买歼7M的决定将在一年内做出。不管"一比一"或"佩刀"Ⅱ是否进行下去，买歼7M的决定是不受影响的。这是我们自1980年对巴谈判开始以来，8年不懈努力的结果，从歼7Ⅰ型、歼7Ⅱ型谈到歼7M型，向巴出口歼7型飞机终于成为现实，不容易啊。

格鲁门公司的卡兰觉拉和佩莱哈克，16日带着中、美双方议定的机翼改进方案去巴基斯坦，巴方法鲁克等到20日才接见他们，23日回到北京向我们通报情况。

关于F-16的竞争问题，卡兰觉拉分析，美国不可能再给巴方150架F-16，单价也肯定比"佩刀"Ⅱ贵。王承栋插话说，巴方花200万美元小钱搞"佩刀"Ⅱ可行性分析，好处很多，比如买F-16，一竞争，F-16降价，巴方可节约10亿美元的费用。我们一听，确实是那样，可见我们是书生，分析不到那里去。在复杂的国际斗争环境中，事情真真假假，我们只是人家手中的一张牌吗？

总之，卡兰觉拉带回的情况，与我们从刘国民副局长那里听到的差不多。新出现的问题，一是格鲁门有先做一轮9个月初步设计的设想，二是巴方建议三方联合投资的问题。美方不知道的是巴方有要F-16的同时购买一批歼7M的想法。

从北京回来后，我们一手抓"佩刀"Ⅱ方案的继续改进，包括机翼改进和延长机体寿命，另一手抓紧做歼7CP方案。这个新的CP方案就是比歼7M有显著优点，但又达不到"佩刀"Ⅱ，因而不是代替"佩刀"Ⅱ的，原因是巴方希望"一比一"方案要便宜，单价在500万美元左右。我们则设想一旦它出来了，还应有进一步发展的潜力。方案当然是三坐标论证，即技术状态、研制费用及单价、研制进度。要便宜先考虑用国产发动机，用国外发动机，则应贵一些，巴方要装F404，由他们去进口。

格鲁门公司对"佩刀"Ⅱ很有信心，认为目前世界上没有新的10吨以下的小型战斗机，而"佩刀"Ⅱ是和中国合作的，价格必然低，在国际市场上将很有竞争力。他们分析巴方对此短期内很难定下来。一是巴方目前没有钱；二是美国政府是否同意大量出售F-16给巴方，很难给巴方简单明了的回答。因此，格鲁门认为只要巴方许诺要这飞机，即使巴方不投资，格鲁门也要干下去。

应美方的提议，中、美双方起草了一封由拉森和中航技总裁孙肇卿联合署名的信，由拉森和奥查特带着赴巴。

12月14日奥查特飞回北京，向中航技通报情况。这次他们去巴了解巴方对替换即将退役的歼6，有四种可供选择的方案：①研制150架"佩刀"Ⅱ；②全部用F-16代替；③买20～30架F-16加一定数量的歼7M；④买20～30架旧的F-16再加150架"佩刀"Ⅱ。对此，他分析，巴方现在有点迷上F-16了，对美国政府的外交辞令没有看透，实际上美国政府不可能卖大量F-16给巴空军，因为为了地区保持平衡，如果美国卖一架F-16给巴方，苏联就将两架米格-29卖给印度。

11月底传来消息说，巴"佩刀"Ⅱ项目主管萨里姆已升任准将，当然是另有高就，不再管"佩刀"Ⅱ了，我们预感到"佩刀"Ⅱ前景不妙。

12月19日，航空工业部莫文祥部长率代表团访巴，马承麟、刘国民、李泽蕃等随同。在巴见到了总统、总理、参谋长联席会议主席，也会见了空军参谋长贾玛尔上将及国防部国务秘书穆斯塔法。在巴期间，中、巴双方签署了出口20架歼7M的合同，因有若干小改，改称歼7P。会见时，也具体谈到了"佩刀"Ⅱ项目。

穆斯塔法20日对莫部长说：可行性研究得出的结果，本应足以使巴方对"佩刀"Ⅱ项目做出决定，现在又花钱作初步设计，很困难了，难以接受。

穆斯塔法接着把话题转入另一个装备方案：增购一部分F-16并多购一些歼7M，说巴空军希望和中航技合作进一步改进歼7M。

莫部长说，这需要巴方先提出要求，双方再来讨论。穆斯塔法说，正式要求必须在对"佩刀"Ⅱ做出决定并通知格鲁门公司后方可提出。接着穆斯塔法问莫对"佩刀"Ⅱ的看法，莫回答说：中方对"佩刀"Ⅱ项目的态度，一如既往，即尊重巴方的意见，如果继续搞下去，中方全力支持，如果巴方决定中止，中方也无意见。穆斯塔法问，能否在少花钱的情况下，进一步改进歼7M？莫回答说，首先对"佩刀"Ⅱ项目作决定应和改进歼7M的事区别开来；其次，改进歼7M只能是小改，不可能按"佩刀"Ⅱ的技术状态来改，如发动机就不可能换成F404的。穆斯塔法表示理解了。22日贾玛尔上将会见莫部长。在谈到"佩刀"Ⅱ项目时，贾说，经过可行性研究，中、巴双方都认识到搞一个新飞机是如何的复杂和困难。现在飞机的性能和费用都不能满足我们的最低要求，除非格鲁门公司有戏剧性的改变，我们才能重新考虑。我们正在与通用动力公司谈判订购F-16，但为了利用两公司之间的竞争，给通用动力公司以"佩刀"Ⅱ尚在进行的印象，以压低F-16的价格，所以要1月份才通知格鲁门。

至此，巴空军的意见实际上已经明朗：不要"佩刀"Ⅱ了。打起"佩刀"Ⅱ的幌子，只是为了压F-16的价。王承栋的看法得到了证实。

莫部长等返回北京后，刘国民、李泽蕃继续留守巴基斯坦。12月26日，刘、李又去见了法鲁克少将。法说把现在的"佩刀"Ⅱ和F-16放在天平上衡量，相差悬殊。F-16设备齐全，还有进一步发展的潜力，寿命也长，使用维护方便。巴空军对它已经熟悉。所以除非美国政府不准许巴方购买F-16，并使"佩刀"Ⅱ可与印度飞机相媲美，否则巴空军肯定不用"佩刀"Ⅱ而用F-16加歼7M的"混合编队"方案了。

12月27日刘、李又去见了穆斯塔法。穆斯塔法说从国防部军工生产的角度来看，"佩刀"Ⅱ是非常吸引人的项目，但是费用太贵是一个很大的问题。空军又对其性能不满意,潜力也很小。因此空军不愿意再促进这项目了,我们国防部目前也持两可的态度,既积极又怀疑,因此也不会再去促进了。

这样,巴国防部的意见也已经明朗。

巴方正式退出之后改由中美双方合作超7后遭美国政府制裁

1988年1月12日,卡兰觉拉、王承栋及格鲁门的气动力专家悉格等三人自美经香港直接飞抵成都。之前,卡兰觉拉已经给我发来传真,说此行要与我们讨论:改机翼的方案;提高机体寿命的方案;转移工作量给卡姆拉以降低飞机价格的设想;吹风计划的安排并要求去绵阳看一次风洞;以及决定更改机翼外形和结构后对研制进度的安排。

13日我们开始谈判。要求改机翼与要求降低费用加快进度,显然是矛盾的。附加工作量主要在我们分工的方面,我们最大的努力是不增加费用和保持原有进度。要压总费用必须格鲁门公司及有关成件厂商作贡献。谈判中,格鲁门提出有些工作如性能试飞、疲劳试验可改为在中国进行,格鲁门的工作由长岛转移到佛罗里达州去进行,以降低管理费用,这样把原来要3亿美元的研制费用压缩到2.4亿美元。此外拟要求一些配套成件降低5%~10%的费用,早一些让巴方卡姆拉基地自制机头部件和一些机件,使飞机单价控制在800万美元重复价格之内,如包括分摊的研制费,不超过每架1000万美元。

提高飞机机动性能的机翼改进方案,经过双方计算,已集中到两个较佳方案上，最终选定将取决于今后的风洞试验。双方还一致同意减轻飞机重量对保证飞机的性能至关重要，因此今后要进一步做好质量控制工作。飞机的寿命将按巴方要求提高到4800小时、20年，期间更换一次新机翼。

15日，陈金琰陪他们赴绵阳，访问了风洞基地。在讨论机翼改进和风洞试验计划时，顾诵芬副院长又专程来参加。

在成都谈完，卡兰觉拉等三人即赴北京，与18日自美国来北京的格鲁门国际分公司总裁拉森和奥查特会合，转赴巴基斯坦。

在北京期间，中航技向他们通报了莫部长赴巴的情况，拉森通报了他们在国内活动的情况。

赴巴基斯坦时，拉森带去了他们董事长比尔沃思给巴基斯坦总统齐亚·哈克和总理居内久内容雷同极力促进"佩刀"Ⅱ的信，并给穆斯塔法一封详细回答巴方关注的那几个问题的信。我们看到它的复印件后，感到格鲁门公司已在做最后的冲刺了。

格鲁门公司一行在巴基斯坦见到了贾玛尔上将、法鲁克少将及穆斯塔法国务秘书后，直接返回美国，由拉森分别给孙肇卿和谢明写信，通报他们的赴巴之行。总的印象是前景并不乐观，因为巴方坦率地告知，虽然"佩刀"Ⅱ仍是可选方案之一，但是他们正在评估采购F-16的可行性。

接到这信及李泽蕃给我来的电话以后，成飞领导在一起进行了商量。谢明主任认为要从公司自己的发展出发，应有所作为，应全力以赴促进三国联合干下去，赞成先干9个月的初步设计。侯建武总经理认为在"佩刀"Ⅱ上，成飞多分一些工作，符合中国劳动力便宜的优势，符合参加国际大循环这大气候，虽然我们的风险大了，但也是我们前进中的机遇，所以不管怎样，我们应努力把"佩刀"Ⅱ项目推上去。最后决定由谢明、侯建武出面写信给孙肇卿，代表成飞正式表态，说经过中、美双方的努力，在飞机性能、寿命、研制费用等问题上已有不少进步，推迟了巴方的决策，原由巴方提出，现在格鲁门也开始考虑由巴、中、美三方联合投资的建议，不失为吸引巴方倾向"佩刀"Ⅱ的好方法，成飞仍持1987年11月在京讨论时的观点，赞成联合投资，希望中航技努力促进，建议孙总裁8月去访格鲁门前与成飞一起做好谈判准备工作。

2月底陈金琰带着我们的准备方案赴北京。8月1日在中航技向孙肇卿、刘国民、李泽蕃做了汇报。当场研究决定集中到两个方案：①三方联合投资，建议巴方投资1.5亿美元、格鲁门1亿美元、我方0.5亿美元。估计巴方决定要"佩刀"Ⅱ，1.5亿美元这数目，是巴方可以接受的。②如巴方一时仍定不了，则设法促进中、美两方联合搞9个月初步设计，费用双方自理，各不相互付款，作为对项目的预投资。格鲁门的工作报价1690万美元，中方曾同意自己分工部分报价600万美元。内部讲，我们这部分工作只花250万美元即够，中航技要求与成飞各二分之一投资，成飞部分主要用于吹风及劳动力等的国内费用。

会上还分析了总的发展形势，认为目前情况由中方直接去催促巴方决策，对"佩刀"Ⅱ及向巴出口歼7M型飞机不利，而由格鲁门去催巴方较为有利。故孙总赴美前，不宜赴巴了。

接着孙总于1988年3月7日赴美，经过两天谈判，与格鲁门国际部总裁拉森在纽约达成了一个关于"佩刀"Ⅱ的协议备忘录，决定中、美双方将于4月在北京就9个月初步设计合作，进行具体谈判。

1988年6月18日、19日两天，法国斯奈克玛公司三人由法航空总局驻北京办事处一人陪同，来成都和我们谈M88发动机配歼7改型飞机。我们听了他们介绍以后，感到M88的确不错，体积小，推重比大，且有发展潜力。M88-2质量比F404轻，推力为7500千克力，下一步发展为M88-3，推力可到8700千克力，推重比达9.5。只可惜可能很贵。

6月中旬李泽蕃访巴回来，得知巴政府正式决定不要"佩刀"

Ⅱ，但不公开发表，以利格鲁门可继续做工作。从格鲁门那里，巴方已经知道中、美双方拟继续合作进行超7项目，巴方虽然决定"佩刀"Ⅱ项目终止了，但仍对中方表示希望继续得到超7的进展情况。之后，巴国务秘书穆斯塔法将此决定正式函告孙总裁。

不久，巴空军参谋长与国防生产国务秘书均换人，哈吉穆尔开空军上将任空军参谋长，陆军中将麦索德任国防生产国务秘书。格鲁门公司董事长7月底也要换，由现公司总裁奥勃让接任董事长，格鲁门公司财政紧张，奥勃让上台，政策会变吗？巴方和格鲁门这些角色的变化，给超7带来更多的不确定因素。

7月6日，我与陈金琰、邱普达赴京与格鲁门谈判，格鲁门派奥查特与王承栋来谈。此前中美双方决定，既改机身也改机翼的飞机改称超7（SUPER7），以别于未为巴基斯坦要的只改机身不改机翼的"佩刀"Ⅱ。

奥查特对我们说，他认为巴、埃要超7是很有希望的，至于中国空军，也很可能要，格鲁门在向政府申请发动机、航电出口时，也包括向中国出口，希望中航技能做做空军的工作，问问空军对超7有什么特别的需要。

奥查特胸有成竹地说，我们双方有很多地方是一致的，当然也有不一致的。但对超7，第一，我们双方都想干下去，看来是一致的。第二，机翼改进由成飞干。第三，整架飞机机体原则上都由成飞干，包括机头，美国政府可能会同意，既然可以让新加坡干，为什么不可以在中国干呢？第四，关于市场，我们分析后提出三类对象，潜在市场可能有1000架，第一类市场是马上争取到的，有巴基斯坦、埃及、中国，我相信，只要我们干起来，12个月之内，他们可能都会表示要。上个月成飞的侯总裁与成都市市委书记吴希海一行去访问格鲁门公司，谈到中国空军会不会要超7时，侯说，中国空军也会感兴趣，如果包括F404发动机可给中国。我插嘴说，超7飞机当然包括F404发动机在内。奥查特接着说，第五，我们双方商量一下，超 7 的性能、机动性等，可不可能通过改变全新的机翼来达到和 F - 16 一样的水平？第六，最关键的，是怎么想办法找到超 7 的第一用户，投资怎么解决？

牛新棠问，两家干，投资怎么出，是你一半我一半？奥查特说，格鲁门没那么多钱，我们新董事长奥勃让 10 月要访华，到北京和成都，可能会找高层谈，与中国空军领导当面谈，如果中国空军表示了意愿，奥勃让的决心会更大一些。另一方面，如果巴基斯坦或埃及能表态，出具一个只要超 7 能达到要求可购买多少架的意向书，不是订货单，就好了，格鲁门就据此可以去贷款投资。有了买主，钱，格鲁门可想办法，如无买主，那就别干了。

我说，最大的风险，是投资风险，有了买主，投资没风险了，剩下的是技术风险——能不能达到要求，否则即使出了意向书，也有理由不订货。

王承栋补充强调说，格鲁门的态度是，没有买主，就停下来。牛新棠追问，格鲁门的主要态度是这个？奥查特缓和一下说，格鲁门的主要态度是想办法继续干下去，假如没有买主，自己出钱是有限的。9 个月初步设计中的我们这部分分工，也要 1000 万美元，今天来研究，有什么出路。

陈金琰说，原来新加坡参加，就是愿意承担风险，三方都承担风险，没有买主也干，一边干，一边找用户。

奥查特说，格鲁门是私人企业，与中国、新加坡都不一样，中国、新加坡的是国有公司，格鲁门不能冒太多风险。我说，对这点，格鲁门过去不这样，原来说，两家合作也好，三家合作也好，都要先做初步设计，同时找买主。现在改变为没有买主，就不干了，这是格鲁门最近的变化？

奥查特说，你讲得对，原来并不要先有买主，也说了找到人合作进来，有人分担，也许一下子找不到。现在公司经济上不行，走不通了。

我说，这就走进死胡同了，鸡生蛋，蛋生鸡，你连个初步设计方案都没有，谁来当买主？牛新棠转圜说，要干下去，格鲁门的工作最低限度要多少钱？

奥查特说，我估计一下，最少要830万美元，加些余量，900万美元吧。我们设想，为了节省费用，将来初步设计不在佩斯贝齐做，而改在波哈曼的发展中心做，那里的管理费可少一些，也不受政府的限制，属商业部门。

我说，你们在"和平珍珠"项目中赚钱了，可拿出一些来投资。

王承栋笑了笑，没说下去。

第二天，我们有意绕开用户问题，与格鲁门公司谈如何分工以降低初步设计阶段的费用，降低研制费和飞机单价，并且把注意力集中于如何由中、美两家合作，各自自费先做初步设计，把第一步先走出去。在谈的中间，奥查特反复强调格鲁门财政困难没有钱。没有钱，这不就干不下去了。谈到7月12日，奥查特抛出一个挪用"和平珍珠"项目对华补偿贸易额度当钱用的方案。

这是怎么一回事儿呢？原来歼8改装"和平珍珠"项目中，我国买了美国不少硬件，我国就有30%的补偿贸易权，而要做成这些补偿贸易额度，格鲁门要花费占补偿贸易额度1/15的工作费用。所以中方如果放弃一些补偿贸易权，格鲁门就可节省出这笔工作费用来转入超7初步设计用。

对中方来说，能做成补偿贸易当然很好，但经验证明要全部完成补偿贸易是很难的，我们放弃一些额度，换成格鲁门内部可用于超7的现钱，也不失为一个办法。这样，超7这盘棋，多少有些活了。

首批歼7P向巴空军交付的剪彩仪式，1988年7月26日上午在成飞试飞站厂房隆重举行。一架全新的喷有巴空军徽的歼7P飞机，披着大红花停放在会场前头。巴国防生产国务秘书麦索德中将,巴空军作战副参谋长法鲁克少将等14位巴方客人在姜副部长及孙、刘两位局长陪同下于前一天到达成都,当天均出席大会。中、巴双方讲话之后,给新飞机剪了彩,观看了飞行表演。下午我陪同客人参观了生产线,为了推销出口,又特地引法鲁克等观看了歼7Ⅲ型,可惜事后法鲁克对孙、刘两位局长说,他们对Ⅲ型不感兴趣。

因为晚上省长出面宴请巴方客人,故事先安排午饭之后,用两小时,我们和孙、刘两位局长一起和法鲁克、麦索德谈判。我和陈金琰准备了500万美元单价的歼7CP方案向巴方介绍。介绍之后,法鲁克说,"佩刀"Ⅱ可行性研究之后,

1988年7月26日,歼7P首次交付仪式上,法鲁克少将、麦索德中将等

因格鲁门索要的研制费太高,所以不想搞下去了。通过可行性研究,我们学了一些知识,看来不一定需要第三方来合作,从我们中、巴双方的友好合作关系和过去的商务关系看,我们中、巴双方合作,更为有利。

关于歼7CP这个方案,假如因另外有人对它有兴趣而研制,巴方也会有兴趣参加,今天巴空军还没有把歼7CP作为装备的想法,但不排除今后你们歼7CP搞出来了,巴空军在明天或后天要歼7CP飞机。窗口是开着的,只是没有大开。巴空军的原则是最好买现成的飞机,不能要只有我们一个用户的飞机。"佩刀"Ⅱ不能搞,研制费太多了。

法鲁克说,我们要歼7P,就是因为机体上没怎么变,不用花很多的钱,如果歼7P上的测距雷达能改进一下,就更好了。我们

用歼7P是用于点防空，航程不长不要紧，远程出击可由F-16担任。

因为过去历次去巴会谈，都是刘副局长去的，这次孙局长又见到法鲁克了，孙就接过话题，再次建议巴空军考虑中、巴、美三方合作搞超7。孙局长认为500万美元单价的歼7CP方案是不易成的，档次低了一些，还是超7方案合适。孙局长说，"佩刀"Ⅱ的研制费用，格鲁门要2亿多美元，是太高了，我们已经建议他们重新考虑，我建议降到1.5亿美元，另外飞机上的航电用"和平珍珠"的，研制费和单价均可降下来，F404是好发动机，巴方是可以拿到的。我认为在费用降下来的基础上，三方可以在超7上继续合作下去。

法鲁克开玩笑地说，搞出超7来以后，你们把歼7P买回来？我们不可能频繁地换机型呀！

孙说，超7至少是5年以后的事情，与你们买歼7P不矛盾。

麦索德说，我才接新的工作岗位，在学习中，首先要很好地听。你刚才的意见，我们回去考虑，回去和穆斯塔法先生商量。

法鲁克点点头，表示同意，不再说话。

总之，巴方这次对歼7CP和超7的反应并不积极。好的是，这次巴方表示已原则上决定再续订一批歼7P及歼教7。能扩大出口就好。法鲁克回国后不久，升任空军中将、巴空军第一副参谋长。

根据7月中格鲁门来京谈判的情况，中航技孙肇卿总裁于1988年7月23日向格鲁门国际公司总裁拉森发出了一个十分重要的电传，希望拉森转给其新、老董事长比尔沃思和奥勃让。中航技同意动用"和平珍珠"补偿贸易工作费用移做超7用，但补偿额度不应超过1500万美元。孙总裁最后建议，鉴于超7具有很好的发展前景，值得中航技和格鲁门合作搞下去，如果格鲁门同意，中方将派一个小组赴美，与格鲁门共同讨论超7第一阶段即初步设计的分工合作事宜。

格鲁门拉森很快回电，同意孙总裁的建议，并邀中方尽快派出专家组赴美谈判。我方经过协商，专家组由5人组成，除军机司马承麟、中航技牛新棠外，成飞派出我、陈金琰、邱普达三人，翻译1人由刘明树担任。

出发前，我们准备了进行9个月初步设计工作的协议草案，包括对格鲁门SOW初稿的修改意见以及内部人员安排、研制费用估算、研制进度和分工设想等。1988年8月23日，我们一行4人飞赴北京。

先到中航技李泽蕃那里谈，我谈了我们的准备情况。李泽蕃说，这次去美谈判总的思路是防止格鲁门想少担风险多赚钱。第二天，我们又到孙总裁办公室汇报。孙说他和李总将去英参加航展，我们去美谈判，如果到时需要，他可直接由英赴美。

关于新加坡的事，他估计新加坡在超7初步设计阶段只了解情况，等初步设计完，又有用户要超7了，他才正式投资参加。这样，格鲁门又可能不会答应，已经有用户了，何必让你来捞现成的，除非你参加初步设计，即了解情况同时，你也出些钱。

孙担心超7的水平过低，他主张应设计得水平高一些，水平做低了，如"佩刀"Ⅱ方案那样，会没有人要。孙说，这次苏联将在英航展上公开展出米格-29，这意味着苏联将在国际市场上大力推销米格-29，因此超7要具有对付米格-29那样的能力，否则对未来的用户没有吸引力。反正超7不能凑合着干，初步

1988年9月3日在美国纽约原共和飞机公司的机场饭店休假，格鲁门公司的超7项目经理卡兰觉拉和我在一起

设计完了之后，仍找不到用户，还不如趁早别干。

关于商务问题，估计原来答应让出 1500 万美元"和平珍珠"补偿贸易额度，格鲁门不会满意，孙授权我们可退到 2000 万美元或 2200 万美元，即可有约 150 万美元的工作费用可以挪用。

由于签证未及时拿到，原定 24 日出国未走成。我们又去军机司向朱荣章处长做了汇报。

1988 年 8 月 30 日，我们一行 6 人坐 CA989 航班，从首都机场出发赴美。这趟班机是不经停上海而是经停东京的，飞机在成田机场着陆，我们在候机室休息约一小时，再次起飞。在经过日本附近海面时，可远远看到富士山。飞机上坐满了人，因此没有空位可以躺下休息。原来正值开学时期，同机出国的大多是去美留学的学生，坐在我附近的是两个大学刚毕业去美国直接攻读博士的，还有两个高中才毕业的女孩，是交流出国去念大学的，完全是孩子样子，且不是大城市的学生。她们生平第一次坐飞机即坐了这远涉重洋的波音 747，我作为长辈，真为她们学习出色而有此机会感到高兴。

在空中飞行 15000 千米之后，我们到了纽约肯尼迪机场，格鲁门的王承栋和奥查特来接我们，安排我们在长岛高速公路附近的一个汽车旅馆住下。

第二天是 31 日，我们即去格鲁门公司的一个民品发展中心与卡兰觉拉等谈判。在相互通报情况之后，按技术和商务两个小组进行谈判。中航技驻纽约代表孙德庆同志也来参加。

卡兰觉拉交给我们一份格鲁门公司在今年 5 月他们向国务院军火控制办公室主任的申请报告，内容是请批格鲁门公司和中航技、新加坡航空工业公司间合作研制超 7 飞机第一阶段即初步设计的技术援助协议（TAA）。格鲁门在报告中设想超 7 的销售对象是埃及、巴基斯坦、新加坡和泰国。TAA 后附有超 7 第一阶段概念设计的 SOW、超 7 飞机与歼 7M 的对比、超 7 第一阶段技术转移的控制等附件共5个。报告明确超7是歼7M的改型机，没有多少技术秘密。看来格鲁门为了对外合作，做了不少工作，为了准备谈判，事先向政府做正式的请示，他们这套办法是比较严密的。

概括起来，我们的技术谈判是友好和顺利的，商务谈判则是艰难的。

最后修改好的SOW文本，包含了9个月的初步设计工作应达到10个目的：

①进行足够的风洞试验和气动分析，以决定飞机的预期性能；
②决定飞机达到3000小时疲劳寿命的改型方案；
③飞机的重量重心控制，优化静稳定性余量；
④规定各子系统技术要求；
⑤在可接受的重量、疲劳寿命和性能要求之内，进行初步的结构分析，评估结构完整性；
⑥制定出第二阶段的费用，飞机的单价以及生产、综合后勤的费用等；
⑦完成第二阶段的工作计划表；
⑧规定航电系统、武器、外挂等的要求；
⑨准备好向潜在用户介绍超7的简介资料；
⑩为了双方继续进行这个项目取得政府必要的批准。

在SOW中，明确了双方的分工，计格鲁门为主的机体工作任务18项，外加2项航电工作，成飞为主的机体工作任务21项。这些，我们和美方都进行逐条逐句的讨论，明确含义和双方如何合作。9个月的工作完成后，还达不到冻结技术状态，因为没有进行按比例设计的详细初步设计。

关于发动机，卡兰觉拉说，F404的数据美政府尚未批准向中方发放，所以很多事只能由格鲁门来做。但罗·罗公司已把RB.199的数据给中国了，所以中方可以自己做一些配装RB.199的工作，包括性能估算，只是它的价格比F404贵了一些，也有可能将来针对不同用户要求配装不同的发动机。

在讨论 SOW 时，卡兰觉拉请了他们公司的工程部副总裁华生先生及另一位主管文件的工程师来参加。

美国9月的第一个星期一是国家劳动节，相当于我们的五一劳动节，放假。这样与周末连在一起共休息三天。这年劳动节是9月5日。3日，卡兰觉拉请我们到长岛的原共和飞机公司的机场饭店去吃饭。共和飞机公司过去生产 F-84、F-105，现在倒闭了，部分为格鲁门公司接收。机场上都是私人小飞机还有一些做表演用的后三点小教练机，还停了一架飞艇。饭店附近开辟了旅游区，饭店本身内外都用原木装饰着，带些自然味道。吃完饭，他拉我们到附近的高尔夫球场及大西洋边上的沙滩散步。海滨风景很美，沙白水碧，阳光宜人。

商务谈判小组的讨论因钱的问题扯住了。格鲁门公司除奥查特之外，国际部总裁拉森也出面谈了几轮。他们坚持公司自己不可能现金投资，在9个月的初步设计工作中，他须花费300万美元，只能从"和平珍珠"补偿贸易工作费用中划出50万美元，其余250万美元要中方垫支，然后由格鲁门保证在5年中给中航技做成3750万美元的返销出口项目，中航技从中收回10%的管理费补偿250万美元垫支的本利。我方坚持格鲁门自己出100万美元，100万美元由"和平珍珠"补偿额度出，100万美元按他们返销方案先由中方垫支。虽然双方对继续超7项目都表现有兴趣，但钱的问题上一直谈到13日仍未一致。

这中间我们内部有一段插曲，9月7日孙总裁在伦敦听取马、牛二位的长途电话汇报后表态说，一定要格鲁门出自己的100万美元，要硬一点儿，最多谈不下来回去了。晚上我们内部碰头时，我有点沉不住气了，虽然我不负责商务谈判，但是否能把超7项目的生命延续下去，可是涉及出口后继有机的问题，我说，我们仍应竭力争取搞成合作或至少使项目延续下去不能断线，如果这次出来，我们搞断了线，我们负有历史责任。我这话一出，会场明显地寂静了一会儿。我这话当然是得罪人的，但作为成飞派出来的人在紧要关头，态度不鲜明不行。

最后把商务问题的双方意见求同存异地写在会谈备忘录里，留待格鲁门新任董事长奥勃让10月访华时，再与中方高层面谈。在拉森口头说可在中、美的两种意见中折中之后，双方签了备忘录。

我们一行14日离开纽约回国。卡兰觉拉去肯尼迪机场送我们，与我们道别时，颇有依依惜别之意，似乎预感到难得再合作了。格鲁门那么大的公司，竟然100万美元也拿不出来，作为一个技术干部心里也不好受。

9月15日回到北京，正好孙肇卿、李泽蕃从英国参加范堡罗国际航展回来。李向我们介绍了苏联人第一次在公众面前展出的米格－29，以及它在现场飞行表演中进行"尾冲"飞行的实况。我们听后一个突出的感觉是：国际军用飞机市场的竞争压力越来越大了。

关于与格鲁门合作，孙认为先坚持给"和平珍珠"的1500万美元补偿贸易额度折成100万美元，因这数额部长已批准。关于返销出口零件，还没把握，先不说，即使超7不搞，出口零件总可以，不矛盾。还要看新加坡可不可以投那200万美元？倒是超7的战术技术要求，看来要高一些才行，这次看了米格－29，很厉害啊。

我们返回成都不久，10月初格鲁门的卡兰觉拉、奥查特及保延昭三人来北京谈商务问题，也就是他要钱。成飞派陈金琰赴北京参加。这次谈判使超7形势急转直下，中方决定冒风险投资。最后定的是除"和平珍珠"补偿贸易1500万美元额度以外，再加中方垫支200万美元给他做返销贸易——基本满足格鲁门的愿望。钱的问题一定，其他就好办了。双方决定初步设计明年初开始，12月我们先去谈超7的战术技术要求，格鲁门公司内部11月中即集中人力开始做准备工作。

关于冒 200 万美元的风险问题，在答应格鲁门公司之前，中航技内部研究是很慎重的。要真做成 3000 万美元的返销贸易，是不容易的。为此，孙肇卿召集刘国民、王大伟、李泽蕃、牛新棠等一起开了会，提出我们为了发展出口后继机，可能这 200 万美元付出去之后，没有收益会付之东流，我们干不干？会上大家都表了态，同意下这个决心。统一了意见后，又向姜副部长请示，姜也同意，认为要冒点风险走这一条路。大家知道，1987 年搞"佩刀"Ⅱ，投资者是巴基斯坦，这次要搞超 7，可不同了，投资者是我们自己。为了稳妥，双方议定，在 1989 年 1 月以前，先用格鲁门自己补偿贸易工作挪用的 50 万美元，到 1 月底由我方付 100 万美元，到 1989 年 5 月初再付他 100 万美元，格鲁门另外 50 万美元到 7 月份动用。

10 月中，格鲁门新任董事长奥勃让来华。他专门就超 7 合作事宜，找了张爱萍国防部长和空军王海司令员、林虎副司令员。

为了准备 12 月去谈超 7 战技要求，我们内部做方案，指导思想是又要马儿好，又要马儿少吃草，也就是能以低价格取胜的前提下尽可能把性能搞好一些，重点是机翼改进方案。做这种文章确实是一种设计艺术，我们的设计师们进行了多少次反复论证啊，真是绞尽脑汁。

11 月 29 日，我们一行 7 人，我、陈金琰、邱普达、宋开基、郑维川、刘运孝及翻译刘明树同机飞抵北京，准备赴美与格鲁门商谈超 7 战技要求，安排 9 个月的工作计划及人员来往计划，落实我们今后设计人员去美工作的生活条件，正式签订与格鲁门公司的 TAA 及其附件。

出国前，我们到航空工业部毛德华司长那里汇报请示。

我提出了一个出去后的想法，争取格鲁门能同意初步设计工作明年 1 月 9 日即正式开始，这样我们成飞 7 人中有 5 人即留下不走，不浪费差旅费了。毛同意说，可先按此办护照，出去后再与格鲁门商量。

我们一行9人，成飞7人、中航技牛新棠、军机司任年，于1988年12月3日乘坐CA981航班离开北京赴美，开始第二次与格鲁门合作。飞机过日本附近时天已黑，地面的大城市璨若繁星，富士山也隐约可见。此后在茫茫太平洋上，几乎漆黑一片，高空的星星也极为暗淡，也没有月亮，不知当日农历是哪一天。我忽然想到，在这茫茫大海漆黑的夜晚中飞行，我们的生命已全托付给这在嗡嗡声中正常运转的飞机了，如果万一有任何灾难性意外，大约什么应急措施也没有用，什么人也帮不了忙的。人类有能力设计和制造出这种高安全性的飞机，而不安全往往又是人为的，这不是人类的悲剧吗？

飞机上极挤，没有什么多余的空位可睡，大家只好在自己的座位上打瞌睡。这次同机去美的我们同行有82工程的毛德华、李明二人，杜志光测试仪器考察小组4人，型号工程电子考察小组4人，我们这行业还真热火呢！

在空中飞过15000多千米之后，我们到达纽约肯尼迪机场，格鲁门奥查特及王承栋来接，我们在预定旅馆住下。

5日早晨，我们一行去格鲁门公司900号厂房与项目经理卡兰觉拉等谈判。几天内我们共同讨论了飞机的设计目标包括任务状态；9个月的分阶段工作安排，包括三次评审的时间，预定第一次及最终评审在美国进行，第二次评审在中国进行，届时应正在做风洞试验；项目的总进度安排以及我们在美工作的条件如计算机的准备等。宏观的问题取得一致以后，8日开始对总方案中的各子系统的原则方案进行了讨论。在讨论到进气道时，我们还是主张最大Ma应达到1.8。

13日英国罗·罗公司派RB.199发动机总设计师萨特等二人来向我们推荐RB.199各型发动机。14日通用电气公司派人来通报

F404 发动机的情况。15 日英国通用电气公司派人来介绍航空电子设备的情况和他们的四余度数字式电传操纵系统。总之，我们和格鲁门合作要上马，各有关大公司也都闻风而动，主动介入了。

经过两周的共同工作，完成了预定的任务，费用承担问题解决之后，其他的都好谈。格鲁门公司的人马也开始集中起来，其组织工作看来是认真的，只是与 1987 年搞"佩刀"Ⅱ可行性研究时相比，大部分工程技术人员都换了。我方工程师将来来美轮换工作的人数控制在 25～30 人之间。为了促使他们快些开展工作，我们建议元旦后 1 月 9 日双方正式开始工作，我方陈金琰等 5 人留下做准备工作，不返回国内了。原定 9 个月的时间不够，决定最终评审安排在 10 月份进行，11 月收尾完成。这些美方都同意，于是双方草签了超 7 初步设计 SOW，谈妥了技术援助协议 TAA，签署了附有超 7 性能要求、结构设计、航电任务要求的会谈纪要。在谈判中，TAA 有个附录 F，是美国政府对中方的限制条款，我们坚持应取消，美方坚持必须要，最后取得妥协把文字改得缓和些。

14 日，82 工程来美人员的住处，大白天只有两人在家时，被几个蒙面强盗持枪入室抢掠一空，不仅现金、照相机、首饰等合计损失 7000 美元之多，而且这两人吓得够呛。事后向警方报了案，也就不了了之。82 工程后来又跑掉一个人，事故比较多，这是后话了，相对于我们的超 7 项目，我们则平安多了。

在美时，我向卡兰觉拉建议，在第一次评审时增加邀请成飞谢明董事长、侯建武总裁前来参加，以增强成飞领导层的决心，卡兰觉拉听了认为很有必要。

在此之前，为了扩大舆论影响，格鲁门已通过美国《航空周刊》发表了中、美合作超 7 项目的报道文章，说明先做 9 个月的初步设计，然后第二步搞全尺寸原型机发展。这方面，他们比我们能干。

18 日，我和牛新棠、任年、宋开基同机返回北京，并分别向中航技及军机司汇报。

总安排定了之后，成飞的组织准备就开始了。确定了上报 90 个出国人员的名单，按各人分工，在做好国内技术准备工作之后，分 12 批赴美合作设计。由于国内国外两头都要工作，正副总设计师 4 人分工，陈、邱二位在美管中间一段。我让已有护照的范德富、黄卿祥、胡新如、戴干常 4 人作为第一批赶快办证赴美，终于在 1989 年 1 月 11 日离开北京出发。第二批查治中等 8 人 1 月 24 日出发。

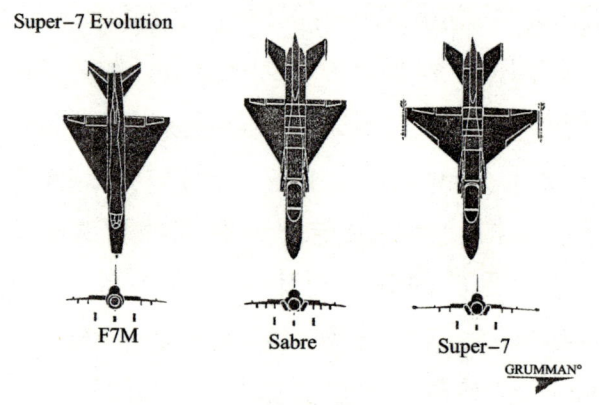

超 7 图形对比

过了元旦不久，元月 5 日陈金琰等即到格鲁门 116 号厂房超 7 项目办公地点上班。这里，除领导管理层有小办公室和会议室外，中、美双方工程师均在一个大厅内混合办公，对我方尤为有利。买的计算机已运来，格鲁门开始集中了 22 人，看来都比较认真。

1989 年 2 月 6 日是春节，成飞在美工作的 17 人自己放了一天假，会了一次餐。此前，格鲁门公司为庆春节请中方人员吃了一顿中餐。2 月 22 日，张功勋等 10 人第三批赴美。

这期间，在格鲁门公司和成飞，两边工作的重点是选定机翼包括边条的气动和结构方案；安排吹风模型的设计制造，先抓紧在美国建外形数模；分析翼尖挂弹的气动、结构、颤振问题；研究前缘缝翼的气动外形、机构和操纵；研究进气道是否引用 X-29 的直接经验；落实成飞与格鲁门的计算机兼容问题；机体结构用有限元模型采用 NASTRAN 程序进行应力分析等。为抓紧工作，在纽约的人每天工作到下午 6 点，星期六也加班。

在美的工作都按计划进展，预定 4 月 10 日在格鲁门召开超 7 初步设计第一次评审会。为了早些了解工作情况，中航技请格鲁门提前邀请我和马承麟、牛新棠于 3 月中赴美，评审时另请刘国民、顾诵芬、谢明、侯建武参加。

我于 3 月 15 日飞北京。次日在中航技与孙、刘、马一起开了个小会，知道了部领导对超 7 的态度不一样。这次去参加第一次评审，必然涉及初步设计。之后，下一步如何走，中航技、成飞和格鲁门三家都要有一个估计，即是否横下一条心，走下去，冒些风险。当然，用户问题我们要积极抓，牛新棠即随中航技副董事长赵光琛赴埃及，刘国民赴美前也先去巴方分别做工作。关于飞机的水平，大家一致认为水平要高一些，包括寿命要长一些，并且以后还有发展的活力。当然，成本还要控制住。

3 月 18 日，我和马副司长出发赴美。

我和马副司长一起去会见项目经理卡兰觉拉。卡兰觉拉向我们通报了最近的工作进展，谈了一个很重要的观点，即超 7 机头雷达罩大小的取舍问题。雷达天线尺寸较大，机头只好钝一点，但会加大阻力；要阻力小，则机头要尖一些，天线尺寸只好小一些。如何取舍？他认为 20 世纪 90 年代的飞机必须有超视距发射中程导弹的能力，所以宁可牺牲一些超声速性能，也要保持较好的超视距能力。当然近距格斗能力都是必需的。

卡兰觉拉又谈了关于控制飞机出厂单价的问题。他说现在可以先按由格鲁门制造机头来进行研究，但真要使飞机便宜，全机机体由成飞造最好。这样，即使超 7 没有多少新技术，今后第二阶段（全尺寸原型研制）还得美国政府批准，包括一些技术转让问题，如为了提高寿命，就有材料问题、制造工艺问题，当然也包括发动

1989年4月3日,我和马承麟副司长等在华盛顿

机和航电的出口问题。因此,要中国政府出面向美国政府高层疏通关系。现在超7的合作,是商业渠道。这种渠道能否保持下去,是很难说的。

现在回想起来,当时卡兰觉拉能对我们说这些话,是很有诚意的,他不愧是一个正直的工程师。关于商业渠道能否保持下去的问题,虽然当时并无迹象,但两个多月后"六四"事件一发生,美国政府马上对超7项目进行干预,证实了卡兰觉拉的预见和我们对美国认识的肤浅。

卡兰觉拉还对我们说了找市场用户的问题。他说第一用户必须找到,没有确切的用户,只是说潜在的用户或市场是不行的,因为第二阶段要美国政府批准,必须明确超7搞出来给谁,即使是搞试验机,也一定要追问弄出来给谁,否则不批准。

对初步设计中的一些具体技术问题,在专业和全机两个层面上,中、美双方都频繁地交换了意见。双方讨论后都有文字记录和后一周的计划安排,打印成周报,报送有关人员。这种工作方法,显然比我们国内严谨得多,效率高,争议少,有档案价值,透明度也高。

28日,牛新棠自埃及飞来纽约,之后我们4人去找格鲁门国际部总裁拉森谈。牛向拉森通报了在埃活动情况,希望共同在埃空军司令不久后来美时向他施加影响,说服埃及参加投资或给一个原型机制造的意向书。拉森反复强调要有用户,不能重犯诺斯罗普在F-20上的错误,白白花掉16亿美元。4月2日,马、牛、我3人赴华盛顿,次日去使馆汇报超7合作情况,并汇报今后如商业渠道不行,可能要走政府间合作的关系,如国外用户动用军援费用,则必须走FMS关口。

1989年4月,我陪谢明(右)、侯建武(左)去我驻美大使馆。
这是在华盛顿白宫前

为第一次评审做准备,中、美双方都在紧张工作。初步设计方案要在这阶段冻结布局技术状态,问题固然不少,如找不到用户,9个月初步设计格鲁门是否会做到底,也有些危险。因为格鲁门公司内部有人议论,如几个月之内找不到用户,格鲁门应停止这个项目不再花钱。3月31日卡兰觉拉以书面形式向中方马、屠、陈、牛4位发出备忘录,除陈述若干关键技术问题外,还专门提出了商务问题,建议中航技及成飞领导慎重考虑,在没有找到用户之前,不要再花更多资金。例如不再在5月份向格鲁门支付第二个100万美元。这备忘录也送格鲁门领导层。4月6日，格鲁门董事长奥勃让决定，格鲁门不能主动不干，只是给中方一个机会，中方考虑不干了，格鲁门可同意不干。

1989年4月5日，成飞谢明、侯建武及航空工业部顾诵芬在翻译张大信陪同下赴美参加超7初步设计第一次评审。同机飞美的还有设计人员徐德寰、徐鹤皋、罗先轸及徐林。4月7日中航技副总裁刘国民带房颖自巴飞美。此时中方评审组成员已全部到齐。

刘到了之后，我们一起交换了情况，针对格鲁门的备忘录进行了分析，这次目的，一是参加评审，二是做我们的决策调查。大家认为，现在碰到没预想到的情况，但还没有到改变我们坚持把9个月的初步设计做到底这一方针的地步。

在第一次评审前，经格鲁门起草中方修改后，完成了描述超7初步设计技术状态近300页的正式评审材料合订本。在3个月的工作中，中方提交美方技术文件共44份，双方签署备忘录12份，还有工作周报12份，总体方案、外形数模、高低速风模设计都完了，结构的总体安排、各系统的方案也都商定了。双方参加工作人员虽少，但完成的工作量是比较大的。

评审会在4月10—12日进行，由卡兰觉拉主持，全由格鲁门的主管人员做报告，没有翻译，中、美双方全体人员全部出席。这时刚到美的沈泳沅和宋开基等也正好赶上。会上用两天半时间报告了全机的总体布置、机体的设计准则、子系统（发动机、燃油、液压、环控）的概述、航电系统概述、飞机性能目标和预测、风洞试验计划、研制和生产费用估算、市场情况、项目进度计划及其有关问题等。最后半天总结，一般是某个人报告完了之后，就问一句，有什么问题没有，大家不吱声，就OK下去了。原因是事先反复商量过了，真正的重头戏，是在幕后小会上。

小会上又就超视距作战和超声速性能、飞机寿命指标、外挂能力、机翼改进方案以及市场、进度、价格等进行了讨论。最后双方签署了一个第一次评审的备忘录。

美方项目管理一级工作上有困难，主要是格鲁门公司内部对项目的财政支持不够，造成人力及资料来源紧张。

1989年4月13日，我陪顾诵芬（左三）、谢明（左五）、侯建武（左四）访问GE公司

为此，刘总专门去找了格鲁门董事长奥勃让，向他表示，找市场问题，中方将负起更大的责任。中方不能同意初步设计半途而废，要求格鲁门公司一级对项目做些支持，奥勃让答应加强格方的工作力量。

评审完，刘总又赴巴做工作，马承麟及陈金琰、邱普达等15日飞返北京。

4月13日及14日，我和牛陪同谢、侯、顾去参观通用电气公司（GE公司）的发动机分部，由格鲁门的保先生陪同去波士顿。GE公司派人招待我们在假日旅馆住下，在大中国中餐馆吃晚饭。第二天GE公司的张维陪同我们到公司参观。这次访问，GE公司很重视，专门印了给中国客人的介绍资料。在介绍中得知，GE公司在全世界共有30万员工，1988年的营业额为400亿美元，其中发动机占1/6，即65亿美元（其中军用发动机占52%），员工有38000人，分布于16个工厂。

在讨论时，我向GE公司提出，为了改善超7的超声速性能，

F404能否增加一些推力,或常用战斗状态工作?他们答复战斗状态每次可用5分钟,在整个寿命期间可用25小时,用多了就影响发动机寿命。情况清楚了。

1989年4月14日,我们访问波士顿GE公司,张维邀请在波士顿的华人朱明瑛和我们共进午餐

15日,我驻联合国军参团余华栋大校亲自驾车带谢、侯与我3人去游长林公园。路过费城时,我们参观了美国古迹独立宫及独立钟。长林公园原来是亿万富翁杜邦的私人花园,后来捐献出来供公众游览,每人收6美元门票供维持环境。长林公园面积很大,有草坪、树林、喷泉、鲜花,布置得气魄宏伟,层次分明,环境极好,特别是几个大型室内花房,各地名贵花卉竞相开放,喷泉如球,真是难得一游,可惜下雨不止,手不离伞。次日,中航技驻美代表孙德庆亲自驾车送谢、侯去华盛顿我国驻美使馆汇报,我陪去。

谢、侯及牛新棠由刘明树陪同于20日飞返祖国。

评审活动结束后,初步设计工作进入第二阶段——细化结构和系统设计方案。

4月26日，意大利FIAR公司派人又来介绍他们的GRIFO雷达，并详细解答了格鲁门事先准备的提问。事后卡兰觉拉对我说，这雷达是不错的，以后万一美国政府不卖APG-67，可用它代替。他建议中方今后多和FIAR公司联系。

当时，格鲁门在和我们合作超7的同时，正在从事由他们公司承包的歼8Ⅱ"和平珍珠"项目。这项目的工作人员被安排在与117厂房相邻的厂房工作，故每天上下班，我们与沈阳的同志经常遥遥相望。

4月28日，我临回国时，和卡兰觉拉谈过一次话。卡兰觉拉说，"和平珍珠"已经决定不考虑改装F404了。如果"和平珍珠"不用F404，即中国政府不正式和美国申请进口F404，那中国是得不到这发动机了，所以超7要考虑有代用方案，如用RB.199发动机。如果巴基斯坦要超7，美国政府是会给他F404的，因为美国政府已同意发放F404给印度，巴基斯坦便没有问题，而中国则是另外一种情况。所以中方要考虑用欧洲的航电和发动机的备选方案。如果没有确定的买主，只是搞试验机，要美国政府批准发放设计用的发动机数据，就很困难了。除非涉及它的设计及试验试飞都在美国进行，那费用又上去了，也不行。

我问他，在没有买主出研制费的情况下，可不可以只造一架试验机，用它做不破坏的静力试验后，上天试飞，限制过载试飞。他说，这也可以，但详细设计必须出和批生产一样的图纸，只是寿命一开始不一定达到4000小时，也可以不装雷达。X-29飞机造了2架，都试飞了，其中一架就是做了不破坏的静力试验后再飞的。

我又问他，刘国民先生找奥勃让支持超7，奥勃让答应加强超7项目，现在格鲁门公司内部是否真加强这项目了？他说，格鲁门目前遇到很大的问题，美国防部要减少预算达100亿美元之多，故要削减F-14的预算，要停止生产F-14D，而F-14D每架价格达7500万美元。今年刚完成研制和6架飞机,就不生产了,剩下只生产F-14A及其他改型机,估计只有两年好生产了。如果生产D型则至少还要生产四五年。现在格鲁门处在困难时期了。我得到的信息是超7恐怕很难得到更多支持了。

这个消息当然对我们很不利。

我又一次对他说,希望格鲁门进一步论证超视距作战能力和飞机超声速性能二者之间的权衡。卡兰觉拉坚持说,20世纪90年代的飞机,必须有超视距作战的能力,在未接近敌机前,有远距离攻击的能力,这是很重要的。格鲁门设计飞机是围绕武器系统的作用来设计的。当然,最后要看买主的需要。

果然,不久格鲁门董事长奥勃让就向全公司职工发出一封公开信,要求大家向长岛地区的国会议员写信施加影响,不让政府减少F-14的预算。由此看来情况的确严重。

5月1日,我带着不佳的消息,偕胡正林等离开纽约回国。

"文化大革命"中,有一个新词,批斗一个干部后,让他靠边,叫做"挂起来",意思是既不免职,也不让他任职。无独有偶,美国文字里有一个suspend,既有"悬、挂"的意思,又有"暂停、中止"的含义。1989年我国发生"六四"事件之后,美国总统布什于6月5日宣布:"中止一切中、美政府间军售和商业性武器出口,中断中、美军事领导人之间的互访活动……"这个中止原词即suspend。注意这个中止不是终止,是暂停的意思。歼8Ⅱ"和平珍珠"项目和超7合作项目都在中止之列。超7被"挂起来"了。

6月8日晚7时(在纽约是早晨7时),我们接到在美国负责超7合作的副总设计师沈泳沅来的长途电话,说格鲁门公司已正式接到政府的通知,超7项目已被中止。卡兰觉拉通知沈泳沅,中方人员6月9日不必再去格鲁门公司上班,但今天还可去办公室取回一切资料、用品。大约因是公司间的合作,格鲁门网开一面,5日卡兰觉拉即与沈泳沅打招呼，6、7两日中方可抓紧问要问的问题和索取相关的数据资料。而"和平珍珠"项目，则事先未打招呼，7日下班前一小时通知说，8日不能进办公室。

真是蛮横无理，非始料所及。陡然风波起，舟轻不胜颠。

经过和陈金琰等商量，我们向北京孙肇卿总经理汇报。他已接到中航技驻美代表孙德庆的报告，说格鲁门认为超7合作是民间项目，尚可争取恢复。我于9日向沈泳沅挂长途电话，告诉他三点：①在美的设计人员在住处继续工作，直至按原计划分批返回；原定分批去美的人就不去了。如项目一时恢复不了，沈泳沅、吴绍端和翻译张达信3人留守。我方有人在美，待命观察，可使格鲁门感到压力。他们有责任去活动及早恢复合作。②已取回资料让返国的人全部及早打包带回，以防不测，应按今后不能恢复着眼。若暂停时间太长，我们也拖不起。③尽可能在美与格鲁门交换情况，因格鲁门内部工作仍在进行，尚未中断。我们国内按两手做准备，已花了钱，尽可能争取恢复。但另一手验证机方案，做"东方不亮西方亮"的打算。

这样，已经赴京准备去美的方玉龙、刘岸斌、康正柏、浦小玉、包宗秀等5人，起先因为"六四"事件取不出外汇，现项目中止，只好折返成都。原定去参加巴黎航展并在那里会晤法鲁克中将和拉森的孙总，也决定不去了。

东方不亮西方亮　改与俄罗斯合作

飞机方面，我们积极投入做少花钱的验证机方案，不寄希望于美国发动机了。

5月底我们派邱普达与中航技的人一起去埃及介绍超7，后来刘总也赶去，本希望埃及国防部能出具一个要超7的意向书，草稿也拟好了，正好碰上埃及新国防部长才上任，国内又出了"六四"事件，只好交代中航技驻埃代表，继续活动，邱等就回来了。

6月20日，孙德庆与沈泳沅在纽约约见卡兰觉拉，卡兰觉拉把2份拷贝：美国务院关于中止超7合作TAA的通知和格鲁门正式通知中航技中止超7合作的公函，交给孙、沈。并说，希望中方能把9个月的初步设计做到底，明确采取做验证机的方案，并表示要让格鲁门对验证机工作进行技术支援。格鲁门得到中方的正式邀请后，将动手准备向政府提出恢复技术支援许可证的申请，一旦中、美两国政治气候变暖，即可正式提交这个申请。但这里主要是说搞验证机或原型机，而不是做纸面工作，只做纸面工作，其技术支援工作的分量不够，格鲁门很难申请。

除沈等3人留守外，最后一批成飞工程师宋开基等9人于7月2日撤离纽约。

格鲁门的卡兰觉拉等5人，于7月12日去斯坦福会晤孙德庆及沈泳沅，商定中、美双方尽快会晤一次，可由中航技发出邀请，去北京谈。中方向格鲁门正式表示了，如果超7初步设计被停止，中方必将考虑索赔以补偿经济损失。格鲁门公司认为超7合作中止，超出了格鲁门所能控制的范围，因此中方依法索赔，都不是格鲁门的责任。此后格鲁门以要被索赔为由头再次向国务院申请对中止决定予以复审。拉森又致函刘国民，建议中方先做准备工作，然后在9月份谈判一次。

情况虽然起了变化，但设计所仍在继续超7初步设计工作。1989年7月11日，我和陈金琰约宋开基等一起听取超7操纵系统方案汇报，羊衍乾汇报说超7副翼操纵系统拟参照E型飞机的安排，即助力器后边有两个摇臂和两根拉杆。我说这种布局不行，副翼的支持刚度太差，间隙也大，是要产生抖振的。助力器和副翼之间环节应越少越好，最多有一个摇臂和一根拉杆，E 型机这方案不妥，回去应向总设计师报告一下。会后，我在大楼走廊上碰到主管 E 型机静气弹的寿伯康，又对他说了 E 型机副翼操纵系统不妥的事，请他回去慎重研究。

1989 年 7 月 24 日，成都飞机工业公司成立。原成都飞机发展中心已完成历史使命，我原任中心副主任自然消失，改任公司高级顾问。

9 月初吴绍端奉命返国。此时格鲁门内部的超 7 工作已全停，人员也全撤出，以节省开支。

10 月中，格鲁门国际部詹姆斯、保延昭及王承栋 3 人借北京航展的机会来北京谈超 7，中方刘国民、李泽蕃、牛新棠、任年及陈金琰参加。我另有会议，只与他们见了一面。詹姆斯给了一份格鲁门公司关于超 7 工作的现状和建议给我。格鲁门客人表示，初步设计未用完的钱仍保存着，待美国政府解除禁令后可继续合作。他们对参加超 7 第二阶段工作仍有兴趣，但不直接承担设计和制造。我方表示希望 11 月份卡兰觉拉能来看风洞试验。我们从其他渠道得知米格-29 的发动机 РД33 的情况，并着手收集资料，以便超 7 有更多的候选发动机，11 月写出了可行性分析。11 月底我们超 7 风洞试验（低速）圆满结束，中航技孙总致电奥勃让，建议格鲁门派人来讨论试验结果和下一阶段的工作。

既然部内对超 7 与美合作已不寄过大希望，所以此时姜副部长要求成飞自己把初步设计搞完，1993 年把原型机搞出来。可设想装苏联发动机，上天后装英国或意大利航电。

1990 年 2 月，在中航技孙总为航电访苏前，我写了一个建议，请他在英顺便摸一下 RB.199 出口我国的可能性，以便选用发动机可两条腿走路，并寄了超 7 装 RB.199 的初步方案给他。

3 月 5 日，沈泳沅、张达信了结在纽约的诸事，撤离回国。与美第二次合作至此终止。成飞为此赴美工作的工程师累计 58 人。

未完成预定 90 人的计划。

最后值得一提的是，最后结算我们成飞人赴美所花全部外汇费用，都由"佩刀"Ⅱ项目巴方向中方支付 50 万美元成飞分得的 45 万美元收益中开支。因我们处处节约用钱，故至今尚有节余。3 年中，两次与格鲁门公司合作，取得了技术和信息，提高了我们的水平，增长了我们的见识。因此可以告慰全公司，这也是一个成功。

可以说在国际大三角形势下，我们能进入美国军用飞机设计领域做些有限的合作，是打成功了一次机会极其偶然的擦边球。虽然超 7 当时并未成功，但真正经历过的合作设计，无疑是空前的。

这个经历了 3 个年头的中、美军用飞机合作设计，由于具备了下述五个缺一不可的条件，因而产生了脆弱的"佩刀"Ⅱ/超 7 项目，以后也因其中条件起了变化，导致无法前进：

①成飞有个已打开国际市场的歼 7M 型飞机；

②巴方愿出钱搞用歼 7M 改型的"佩刀"Ⅱ，并打通美国关系；

③美国有一个富有军用飞机研制经验，但正走入困境尚未进入绝境的格鲁门公司；

④中航技、成飞及航空部机关有一批出于公心因而想法一致、热心此事的或许是天真的积极分子；

⑤在冷战时期大三角中，中、美关系政治气候比较好。

这是一个特殊的历史事件，历史应单独为它写出一章。

看了我的建议，中航技孙肇卿总裁于 1990 年 3 月在英国与马可尼公司、罗·罗公司以及英国皇家航空研究院（RAE）一起开会，探讨超 7（对英叫歼 7MM）在美受到制裁后与英国公司合作的可能性。英国这三家反应都很热烈，愿意积极参与。罗·罗公司认为 RB.199 的数据已向中国提供完了，但如感到还缺些什么，可以向他们提出来。马可尼希望日前还在讨论的航电系统快点定下来，否则可能跟不上飞机的计划。

4月份，格鲁门董事长奥勃让鉴于美国政府没有解除超7禁令的原因，致函孙总，除表示歉意外，准备把尚未用完的经费退回中国。这些，都加深了我们转向欧洲合作的决心。

成飞内部为完成超7的初步设计，对42项子系统报告正逐项进行讨论，以协调各子系统的关系，解决待定的问题。

4月6日，法国斯奈克玛公司又派人来谈M88发动机配装超7的事，我和陈金琰赴北京参加谈判，中航技由严天南主管。M88是可以装在超7上的，只是Ⅱ型推力小了一些，而Ⅲ型推力可以，目前还处于研制阶段，我们要求法国方面去请政府表态，是否可以向中国提供。在此以前，1988年3月和6月，斯奈克玛公司来成都谈过两次，我们感到M88不错，体积较小，质量较轻，技术也较新，只是费用可能较贵，在北京时，我们还找到606所的周总，了解他们涡喷14的进展情况，并主动提出改涡扇14的可能性。这样，超7配什么发动机就有了4种选择：美国的、英国的、苏联的、法国的。要加上我国自己的涡喷14，就5种了。美国的F404已给了8张蓝图，包括接口、信号交联、尺寸、两张电气原理图等，开展机械设计是够了，只是没有给性能数据。而罗·罗公司的RB.199，在多年历经12次接触后，于1988年7月给了性能磁带和用户手册，数据较全了。M88的数据也给了一些，只有苏联的РД33，数据还差得多。

1990年4月24日，航空航天工业部林宗棠部长，王总工程师一行来成飞检查工作，专门听取了我们关于超7的汇报。我们汇报完后，林部长说，我脑子里过去没有超7，今天听了是意外的大收获。我主张超7要和国外合作干，超7一定要搞，我们要有战略眼光，出口占领国际市场。王总说，我到苏联去，看到了РД33，也谈了一下，他们说如用于单发飞机，要改一改，故要合作。但王总还是强调第一要有意向性用户。这个难题，大家都知道。

罗·罗公司有了积极性，于6月11日再次派人访华。我和陈金琰赴北京参加谈判，中航技的严天南、牛新棠参加。11月再次在北京与罗·罗公司谈，这次罗·罗公司的马丁先生很积极，要参与飞机合作，共同向国际上销售。最后在成都达成了用3个月时间作可行性研究的理解备忘录。年底双方正式签署了备忘录。这个可行性研究主要是分析存在什么风险，以供双方决策。RB.199发动机恼人的问题是价格比较贵，它是英、德、意三国联合生产的，罗·罗公司一家说了不算。

出口后继机要快上，航空航天工业部内上上下下都赞成。部里同志认为过去搞"佩刀"Ⅱ，现在搞超7，目前发动机换了，应该论证后报告立项，"八五"计划草案里没有它的位置。后来经过各方面的努力，终于列入了"八五"计划。1991年1号文件当年计划里出现了超7项目，只是没有任何资金保证。

在此之前，部里于1990年9月决定由杨宝树同志于1992年初接成飞总经理的班，故杨已着手公司全面工作，不再具体指挥超7项目。1990年底，经侯、杨二位研究，告诉中航技，超7项目今后由常务副总经理成志明、总设计师陈金琰、公司高级顾问屠基达三人管。

1991年1月17日晨，影响今后航空武器发展的海湾战争爆发。

林宗棠部长应超7项目的要求，写信给苏联航空工业部部长西斯佐夫，提出欢迎苏方参加超7合作和我方拟进口苏方的РД33发动机，建议双方进行实质性谈判。苏方很快回了信，并于3月1日派出米高扬设计局总体专家恰普金等4人来北京洽谈合作。我和陈金琰赴京参加。我们要他们的发动机，他们不派发动机设计局的人却派搞飞机设计的人来，令我们奇怪。他们来后说，原因是发动机不可能直接装上我们的飞机，发动机要改，飞机上要装，故首先要有飞机设计的合作。我们一听就知道了他们要扩大合作，控制我们的飞机，并多赚我们的钱，虽然说的也有一点道理。双方分别介绍了各自的情况以后，苏方专家又专程到成都看了成飞之后，在北京签署了合作意向书。在谈的中间，恰普金说，20世纪90年代中期出来的单发战斗机，当然应该比F-16好。我们急忙解释说，我们资金不多，用户又感到够了，所以我们不追求那么先进，他最后表示理解。当然，我们也知道，从米高扬设计局的水平来讲，应超过F-16的想法是很自然的，而且他们合作出来的飞机水平低也有损其形象。这一点也提醒我们，今后要与米高扬合作，要防止这一倾向。在谈判中，我们才知道РД33发动机的重量1050千克是一个理论重量，叫净重，实际上装到飞机上要重到1221千克，这与西方的重量定义不一样，它号称推重比8一级，实际反不到7，这使我们感到失望。在成都我们用投影仪向他们介绍超7方案时，苏联人似乎第一次看到这种设备，他们很好奇地仔细看后，问我们要多少钱一台，并相互间说，看结构并不复杂。

决定发动机合作对象，成为超7前进中的最大关键，我于1991年2月9日写了一个书面意见，经公司领导看后给中航技孙、刘两位局长，主张RB.199及РД33都抓，两条腿走路。他们看后，基本同意我的意见。我这次去北京后，又当面向他们谈了。

4月份，法国SAGEM公司派人来成飞，介绍他们航电设备的情况。月底，陈金琰在北京会见了因其他项目来华的苏联克里莫夫发动机设计局总设计师萨基索夫，初步了解了其РД33发动机机匣由上方移往下方技术上是可行的，只是改动量较大。萨基索夫说，只要你能购置100台发动机，我就什么都可以改。但要改，必须和米高扬设计局合作才行。这口气，看来他们在国内统一过口径，而且的确在苏联内部，飞机设计局是老大。陈在京还遇到格鲁门公司的王承栋，由牛新棠出面，请他一起吃了饭。王前些日子发现有肠癌，做了手术，现在又到中国来出差了。

经过一年的努力，对苏合作关系疏通好之后，中航技决定5月由孙肇卿带队组团赴苏联和英国去谈两个发动机的事，与米高扬设计局、马可尼公司的合作，以及卢卡斯系统成品，可能涉及RAE的关系等。在此之前，中航技严天南已出访过罗·罗公司及斯奈克玛公司，我和陈金琰要访罗·罗公司及马可尼公司的签证已办过一次，因对苏合作关系未疏通好而拖了下来。

赴苏、英团组，成飞由我、陈金琰、成志明参加。我们三人于出访前写了一个谈判中掌握若干具体策略和原则的报告，报侯、杨二位领导批示同意。

1991年5月17日，我们一行飞北京，在北京会同孙肇卿、马承麟、牛新棠于20日坐CA909航班波音767飞机直飞莫斯科。下午5点起飞，飞行8小时40分之后在国际机场着陆。下机出关，驱车去莫斯科国内机场，坐米高扬设计局自己的飞机雅克-

1991年5月在苏联克里莫夫设计局谈合作

40去列宁格勒。上了飞机，一直不飞，才知道因苏联物价飞涨，航调要求增加三倍工资，还在谈判，如谈判不成，将于21日凌晨起罢工。幸好不久谈判胜利，我们起飞了，飞了一个半小时到列宁格勒，克里莫夫设计局的车来接。途中车又被涅瓦河上的大桥所阻，原来此桥中间可开启，让大船通过，凌晨2点至3点05分为通船时间。如此折腾到克里莫夫设计局的招待所，吃夜宵后睡下，已是凌晨4点多。

在北京时，听有人介绍，去苏联要准备饿肚子，我们半信半疑。上了我们国内的航班，空中小姐说，大家饮料杯要节约用，因飞机到莫斯科，没有供应可上，留一些杯子回去用。我们一听预感情况不妙，故大家把飞机上的供应尽量吃掉。下了飞机改乘雅克-

40时,接待的小姐给我们拿来矿泉水和三明治,只普通1/4的两小块黑面包中夹了一小块香肠,大家都不吃。我饿了,吃了两块。大多数同志已8个多小时未进食。当时苏联卢布官价在机场看到是1美元换1.7卢布,但在莫斯科黑市1美元可换30多卢布。物价上涨两三倍后,国家决定每个职工补贴100卢布,每个小孩补贴60卢布,当然跟不上物价。设计局专家的工资不满1000卢布,总设计师才1500卢布。按黑市汇率,1元人民币约等于6个卢布,与他们过去比,其工资极为微薄了。黑市1千克香肠40卢布,用美元只1元多,则很便宜了。

睡了两三个小时,21日早上8点半,我们赴克里莫夫设计局。它的全称是以克里莫夫命名的列宁格勒科研生产联合体。今年正好是成立75周年,现在的总设计师是第三任,在大楼口有获得两次"苏联英雄"称号的克里莫夫中将的半身铜像。我们是他们历史上第一次接待的中国客人。到了克里莫夫设计局我们首先吃早饭。克里莫夫设计局参加谈判的有一大帮人,为首的是相当于总工程师的总设计师,叫斯达罗伏伊钦科夫,还有几位联合体的副总经理(他们设计局总负责人是总设计师(General Designer),改制后对外称总裁或总经理,还有一位管技术的副手,也译为总设计师(Chief Designer)。米高扬设计局的副总设计师动力装置专家别兹留特柯也专程来参加了。

谈判开始斯达罗伏伊钦科夫即反对将发动机附件机匣由上头改到下头。孙总直截了当地问斯达罗伏伊钦科夫,你们准备给我们的发动机是不是最新的型号,斯达罗伏伊钦科夫说,是的(这里斯达罗伏伊钦科夫撒了谎)。

第二天上午到工厂去看发动机和它的飞机附件机匣。米格-29是双发,但只有一个飞机附件机匣装在双发上头中间,维护工作都在飞机背部进行,超7机背不能开大口搞维护,故要用РД33,就非改不可。发动机控制是电子模拟式的,又大又重,要装在飞机上，每个发动机配两个盒子，共重25千克，总体积达36分米^3，与西方发动机电调盒附在发动机上只一本书大小，简直不可比了。我问他们为什么这样大？他们回答说，这是20世纪70年代干出来的，一直用到现在，以后也不打算改。当然要改是设计局的事，工厂设计科没有权改。飞机附件机匣的传动轴也是又大又重。还有一个复杂情况，即发动机喷口向下与水平方向成5度，并不是喷口简单下垂5度，而是由发动机进气口头部下垂3度，轴心向下偏达150～200毫米。然后尾喷口下偏2度，两个部分综合而成的。

下午及第三天讨论，集中于附件机匣位置以及超7用什么飞机附件、发动机安装、空中起动氧气系统、燃油系统及油泵、进气道匹配等技术问题。第四天开始讨论价格及起草纪要。这时，总设计师萨基索夫回来了。他说他才从莫斯科回来，在莫斯科见到航空工业部部长及飞机总设计师别里雅柯夫，他们对我们今后的合作寄予很大的希望。

1991年5月23日，我们去克里莫夫设计局访问，前排右三为总设计师萨基索夫，右四为孙肇卿

23日是星期四，我们在谈飞机附件时，想和成都联系核对液压泵流量，一打听，在这里发电传要排队到下周才行，长途电话也要排队到25日，真要命，非始料所及，通信条件这样差，怎么合作呀？

向他们要一点资料，他们说什么也不能给，因没接到政府通知，现在不能给，于是我们只好眼看手记。

在谈价格和改装费用时，他们比较热衷于和我们成立合资公司，毕竟怎么个合资法，又没有具体设想，这状态和我们才改革时差不多。

在谈到有些技术问题时，如进气道匹配，他们往往说，这要问米高扬设计局。而在座的米高扬设计局副总设计师，只听，始终一言不发。看样子匹配他们的发动机，米高扬设计局是非介入不可，不可能像西方发动机那样，仅我们两家直接联系即可。

谈了五天，达成了一个会谈纪要，预定苏方7月份派人去中国。给我们留下了最大的问题是苏方坚持附件机匣不愿改到发动机下部。

在谈一些技术数据时，见到克里莫夫设计局有一位设计师，当场从口袋里摸出了1支小的计算尺算数据，这在我们已十多年不见了。苏联之闭塞，着实令我们惊讶。以后在两个设计局专家来成飞访问时，我们都买了较好的计算器送他们作为小礼品，他们都很高兴。

26日晚，我们由列宁格勒坐火车去莫斯科。在列宁格勒期间，我们被招待去基洛夫大剧院观看歌剧《浮士德》；看涅瓦河边的"阿芙乐

1991年5月，在"阿芙乐尔"号巡洋舰前

尔"号巡洋舰；参观冬宫、夏宫、围城纪念馆，以及商店和百货公司。英勇的列宁格勒市在第二次世界大战中，被德军包围900天之久，牺牲了上百万人的生命，每人每天只配给125克面包，战事的艰巨可想而知。很别致的展品中，有1942年及1943年的铜制日记，每天换两页，我们去的那天是5月26日，我们看到1943年5月26日的日记上记着，从今天起粮食配给改为士兵每天300克，市民250克，小孩100克，增加了。不经过饥饿的人可能很难体会，这是在其他副食十分匮乏情况下的粮食啊。在纪念馆门口有若干长明灯，据说年轻人结婚往往到此接受爱国主义教育。这就使我想起我国为什么没有建一些抗日战争的纪念馆以教育后人呢？日俄战争时日本人攻占原由俄军占领的旅顺时，把几万人口的旅顺杀得仅剩几十个人逃命，有多少人记得呀。

1991年5月我们参观列宁格勒"900天保卫战"纪念馆

与列宁格勒市整洁的街道、宏伟的大剧院和瑰丽的冬宫极不相称的是，商店里几乎空空如也，牛奶店没有牛奶，面包店没有面包，更不要说鱼、肉、蛋、油。我们作为外宾来访，在公司食堂招待吃饭，都是特批提供的，有一餐宴请，居然有伏特加和鱼子酱，据长驻苏联的中航技卢贵芝同志说，这极少见了，鱼子酱在黑市要40美元1千克，即专家们一个多月的工资，一般人谁吃得起呀。平常我们进餐，蔬菜每人每餐有3片黄瓜，半个西红柿，可见其珍贵。在列宁格勒到莫斯科的铁路沿线，一路见到林绿草青，极为茂盛，土质显然极好，水也不缺，别墅小屋也不在少数，唯不见耕地栽种，甚为纳闷，苏联人的黄瓜、西红柿都那么缺乏，就没有人种一片发财，或自力更生种一点自己吃？

5月27日晨，我们到达莫斯科，米高扬设计局没有像样的招待所，他们安排我们住在城北季米特洛夫大街的青年国际饭店里。这是一座高24层的中档旅游饭店，接待外国游客，楼下小卖部出售用美元标价的进口商品，我们就在它的餐厅吃饭。

当天，我们就去米高扬设计局，它的全称是以米高扬命名的莫斯科机械制造厂，与成飞过去曾叫峨嵋机械厂同一个由来。恰普金等先带我们参观他们陈列各种飞机模型图片的局史陈列室，据说我们是第一批来访的中国人。米高扬设计局去年庆祝建立40周年，开始设计时才70多人，至今已设计了150多种飞机。在他们的系列飞机图片里，我荣幸地发现我们创作的歼教5飞机作为米格－17的改型之一展出，照片是一架我们出口巴基斯坦的飞机，苏联自己没有这种型号，他们收集进去了。还有一个单发常规布局腹部进气的轻型歼击机33M方案，有说明有模型，正常起飞重量9吨，超载起飞13.5吨，有8个外挂，采用РД33改型发动机，与我们的超7差不多，只是进气道不一样。

别里雅柯夫是米高扬设计局的第二任总设计师，米高扬在世时是其第一副总设计师，米高扬1971年去世后，即由别里雅柯夫接任，别里雅柯夫现已72岁了。下午3点半，别里雅柯夫会见我们。孙总首先向他介绍了超7的背景情况。别里雅柯夫坦率地说，米高

1991年5月30日访问苏联米高扬设计局时与苏方总设计师别里雅柯夫达成合作协议

扬设计局从1939年至今,一直搞军用飞机,现在军队要节省开支了,因此准备向最高苏维埃打报告向民用飞机方面转。现在中国同志来要求合作,我们是很乐意的。陈金琰打算向他介绍超7的情况,别里雅柯夫说,你先别说了,我提一些问题你来回答吧。接着他前后一共提了19个问题,问一个答一个,答完后他说,你这方案的设计方向是正确的。听了他的提问,就可以看出别里雅柯夫就是一个名副其实富有实践经验的总设计师。此后,别里雅柯夫退出,由其副手科研生产联合体的副厂长与我们谈合作方式。他提出两种合作形式,一种是对具体技术问题的咨询,一种是事后的评审。在谈到具体技术问题时,恰普金说,上次访问成都回来之后,根据成飞提供的资料,两个月来他们已做了不少工作。上次曾经说过,不应低于F-16,现在看,超7方案总的是达不到F-16水平的。只是20世纪90年代的飞机,还应有隐身特性才好。

第二天我们到他们工厂——莫斯科述缅季耶夫工厂看米格-

29，总装车间还有 5 架飞机在总装。飞机的两个发动机分别在左右两个发动机舱里，下部有大舱门，打开后，用简易起重机通过三根钢索把发动机吊入。由于气动布局的原因，飞机后部几乎无后机身而是两个发动机舱之间的整流部，因此平尾和双垂尾载荷的传递只依靠发动机舱的外部侧壁和垂尾部位的一个悬臂梁组成两个盒形梁。机头雷达罩长约 2 米，前端固定空速管，在空速管根部有小型涡流发生器。我们重点看了发动机和飞机附件机匣的安装。接待我们的总装车间技术主任是很友好的。

回到设计局继续讨论时，研究了三方如何合作，我们的意见是发动机和米高扬设计局是一方，我们中国是一方，米高扬设计局则认为首先他们和中方签订合作协议，然后中方和米高扬设计局作为一方去对待发动机另一方。说穿了，是米高扬设计局首先向中方要钱，不能从发动机中扣出钱来给他。

技术上，我们又听取了他们在气动性能、航电武器、战斗性能方面的介绍和分析，重点是想把他们 33M 的方案推荐给我们，双方想法差距很大。我们回饭店后连夜商量，一直讨论到凌晨一点钟。第三天，由孙总出面统一向他们表态，我们超 7 的原方案不想大变，主要考虑超 7 是一种较便宜的改型飞机，要和米格－21 有一定的继承性，具体体现在六个方面不要变，不宜改为全新的飞机。希望米高扬设计局重点在如何把超 7 方案在六不变的条件下局部改得更好一些。另外一个重点是帮助我们把 РД33 发动机用上去。我们穷，费用多了付不起，要使技术和费用平衡起来。苏方听了以后说理解了。为了表示友好，他们应我们要求同意让我们进米高扬设计局设计大楼看看他们的计算机辅助设计。我们也是第一批进入这里的中国客人，大楼下面有专门的守门人和门卡。计算机及绘图软件都是苏联自己的，我们看到了有两个进气道或发动机管道的机身正进行计算机绘图。当天下午我们还抽了点时间去大使馆向于洪亮大使和宁文烟武官汇报我们来谈超 7 发动机和飞机合作的情况。

苏РД—33发动机及装机情况

屠基达

1991年5月21日至25日，我们一行为超7飞机配装РД—33发动机，访问了苏联列宁格勒克里莫夫科研生产联合体。5月27至30日访问了莫斯科米高扬机器制造厂，参观了莫斯科杰缅季耶夫制造联合体的总装车间。在访问中，除建立关系，研究商务外，还分别与其技术干部进行了座谈。最后分别与克里莫夫联合体总设计师兼总经理萨尔基索夫和米高扬机器制造厂总设计师别良科夫签署了会谈纪要。

座谈参观过程中，除获得了一些书面技术数据和草图外，并纪录了一些对我有用的技术信息，整理如下。

一

克里莫夫发动机设计局已成立76年，现在任总设计师萨尔基索夫为该局第三任总设计师。（是GENERAL DESIGNER，管全面的。）下设管技术的总设计师（CHIEF DESIGNER）叫斯达罗伏伊金科夫。

РД—33发动机是按米格29飞机要求设计的。1974年以前，已经作了方案选择和纸面上的设计工作
式研制。于1977年开始装米格29
寿命。1984年和飞机一起经国家验
制，发动机和飞机是同时并进的。困难
着用，而这第一代涡扇发动机设计时没
功夫。研制中，克里莫夫设计局共交付

我写的发动机考察报告（1991.5.25）

30日，中、苏双方讨论会谈纪要。一开始米高扬设计局负责合同的总经济师提出由他们牵头把发动机会谈纪要作为米高扬设计局统管之下的附件与中方签字，发动机由米高扬设计局提供。这我们当然不能同意，双方争执得面红耳赤，我们决定暂不签字。为了缓和气氛，我们建议停止争论，我们要送一些小礼物给他们。送的礼物包括送给别里雅柯夫的，故送礼后别里雅柯夫只好出面再和我们谈。虽然气氛变好，但仍未谈拢，于是决定晚上再谈。晚上7点半，我们再去，终于他们同意在会议纪要中删掉关于克里莫夫设计局的关系。于是孙总和别里雅柯夫代表双方签了字。接着别里雅柯夫在克里莫夫局和人合营的饭店里设宴请我们吃饭，因为莫斯科其他饭店里没有多少可吃的。席间气氛很好，点了蜡烛，但吃的还不如在列宁格勒，最好的是一盘红烧牛肉，量很多，味道却差得很，中方都吃得不多，苏方陪同的都大量地吃。最后每个桌上摆了一大盒巧克力，我们每人尝了一两个，余下的苏联人都放到口袋里带回去了。苏联呀苏联，你革命成功已70多年了，20世纪50年代苏联专家来华时，你们工厂科长一级的干部，家里都已有小汽车了，40年后，你生活怎么变得那么惨呢？陪我们出席宴会的，都是米高扬设计局的头面人物。总体专家恰普金，过去是室主任吧，也得过列宁勋章，更不要说副总设计师了。别里雅柯夫两次获得"社会主义劳动英雄"称号，六次获得列宁奖金和国家奖金，是苏联科学院院士，院士另有一份津贴，生活可能好过些。席间，我问别里雅柯夫，在50年代末派到沈阳去管米格-19的副总设计师塞米尔诺夫怎么样了，他说早去世了。是呀，30多年过去了，1958年那时他已50岁上下了。

在莫斯科的四天时间很紧张，28日晚由米高扬设计局招待，两个女孩陪同我们去莫斯科大学附近的大马戏团看了一场马戏，节目很精彩，剧场气氛也很好，人们都彬彬有礼，穿着节日盛装。马术、空中飞人、分身术、炮打美人等好像比我国的好，舞台中央的地板整个可以自动更换的。

29日及30日各抽一两个小时匆匆去看了克里姆林宫外的红场和列宁墓，去了一次百货公司。百货公司规模很大，但货少，质量差，牙膏、袜子都排队抢购，一捆捆地卖。顾客们看到一推车鞋盒推去，就不管大小式样，马上赶去排上了长队抢购。我听说苏联电动刮胡刀好，想买一个，也未见到。跟我们三年经济困难时的情景差不多。当时我没有料到，在我们离开苏联后两个多月，1991年8月，主要由于内部的原因，苏联红旗落地，不打自倒，苏联解体。列宁格勒也恢复旧名，改为圣彼得堡。

1991年5月31日，我们一行7人在早上离开饭店赴莫斯科国际机场，坐苏联宽机身客机伊尔-86，直飞伦敦。这飞机经济舱为9人一排，全机可容纳350名旅客，但人未坐满，我找个靠窗口的座位坐下，看着从莫斯科出去的欧洲的风景，一路上地面大部分是绿郁葱葱的森林和植被，耕地极少，而阳光和雨水均极充分，天时、地利应是很好，不知何故苏联的农业上不去，吃得都十分紧张。空中飞行三个半小时，时差为三小时，到了伦敦才当地时间上午9点半。办进关手续后，罗·罗公司派专车来接我们，直接前往公司所在地布列斯托尔市，在预定的旅馆住下。

6月1日及2日正好是周末，罗·罗公司派商务主管勃隆菲尔特先生来带我们游览布市城区和郊区。

英国经济当时不景气，国防工业更明显，最近罗·罗公司裁员3000人，原先去过中国的郝里特先生就是其中的一个。马可尼公司也在裁员，如中国项目干不下去，这个项目的雇员也要裁掉。中航技驻英总代表蒋士钊告诉我们，目前英国每天倒闭20家公司，听说有的公司宣布裁员，被裁者在办公室当场大哭，情况很惨。

3日去罗·罗公司，在军用发动机分部商务董事介绍公司组织及新产品开发情况后，由总工程师马丁为首的技术人员与我们进行"工程讨论"——介绍RB.199发动机各型的性能、外场使用情况和售后服务统计数字,并回答我们的提问。之后,去参观了他们发动机的装配线。他们发动机的工艺水平是很高的,零部件很漂亮,与 GE 公司的 F404 相当。第二天,工程讨论继续进行,重点在讨论可行性研究前要弄清的 8 个问题,列出表来一一讨论。在谈发动机安装时,他们当场提供已准备好的图纸和数据,其主动性与在苏联讨论问题大不相同了。下午他们带我们去试车台,看发动机的开车情况,而且让我自己动手去推拉油门杆,同时通过工业电视看到喷口收拢加力接通等喷流情况。使我们突出地感受到这发动机采用计算机控制的电调系统后,操纵油门杆不受时间限制,用力轻松,喷口调节和加力点火的跟随性很好,绝不会出现飞行员拉推油门杆不当造成发动机工作不正常这类情况。

当日晚上,罗·罗公司宴请我们时,分部一把手格林先生向我们提出了报价的书面建议,于是一边吃饭一边谈论开了。

1991 年 6 月 3 日,访问英国罗·罗公司时观看 RB.199 发动机

第三天上午，去看了罗·罗公司内部的新技术展览，包括有剖切开的 RB.199 发动机实物以及各种图表。新技术中有欧洲发动机 EJ200 的零部件，如粉末冶金的小叶片、碳化硅零件等。之后又进行了发动机上飞机附件的讨论，这时负责飞机附件机匣的 KHD 公司，也派人来参加了。最后双方决定 7 月初罗·罗公司派人短期去成都，与成飞开始合作可行性研究，不拘泥于首先谈定发动机价格了。下午，他们应我们的要求，带我们去远在 100 英里外威尔士的一个空军"狂风"飞机修理基地，看发动机在"狂风"飞机上的实际安装情况。三天的活动是很紧张的，而且每天晚上都加班工作或碰头研究。

原来听说罗·罗公司对超 7 态度不积极，来了之后，感到他们实际上是很积极的，是当做一件大事安排的，接待热情，谈问题很开放，提供资料数据也很主动。在谈的中间，究竟超 7 选他们哪一型？他们推荐 106 型，加力推力可以达到 80 千牛，我们也是满意的，只是价格贵是第一大问题。

1991 年，访问英国卢卡斯公司等时在英方的车内，自左至右（不分前后排）为：马承麟、孙肇卿、陈金琰、屠基达、严天南、成志明

6日，一辆卢卡斯公司雇用的中型旅行车来布列斯托尔接我们去伯明翰。这辆车是专门出租的，司机按指定的地点、时间接送，不必有人带领。车上设施豪华，有餐桌，有一花篮水果，有存放饮料的小冰箱，还有厕所，座位也很舒服，连孙总都是第一次坐。后来下午离开时，卢卡斯送我们去伦敦，也是这辆车，下车时，我们没把水果吃完，司机很客气地要我们连花篮一起带走。

卢卡斯公司我是第三次来了，前两次已相隔多年。与中航技长期在香港合作的牛顿先生也专门为我们这次来访赶回英国。公司作动器分部销售经理及曾来成飞试飞过歼7M飞机的盖恩勃先生向我们介绍飞机上的飞行控制系统、燃油系统、液压系统、氧气系统、电气系统等飞机附件。介绍完接着讨论在超7项目上合作的设想。孙总的意见是超7飞机上的机械附件全由卢卡斯公司作为风险投资向中方提供。牛顿认为卢卡斯自己已生产的，可以风险投资，要向国外公司采购的，这就要出钱，钱谁出？孙总说，也希望卢卡斯投资。盖恩勃问，这些成件，中国有没有国产化的打算？孙说，这要看公司销售的情况，我们以后都可以通过AT公司，包括飞机销售。

谈完，下午去看他们公司的生产线和系统模拟实验室。他们的飞机附件设计得很精巧，加工也漂亮，看了以后，有一种可以信赖的感觉。之后我们坐车返回伦敦，在中航技办事处附近的一个四星级饭店住下。

7日，我们一行赴马可尼公司米尔敦金斯雷达分部所在地。那里，在7年前我曾多次去过，现在已和费伦梯公司的雷达分部合起来了。GEC马可尼中国公司总裁内勒以及托马斯、威廉姆斯、阿特尼特、夏普等熟人都在。会见中，他们分别介绍了航电系统及雷达的研制进展情况，午餐后去看了他们研制中的新雷达，然后分两个小组谈，一组谈技术，一组谈合作和价格。会谈中，提出了一个研制费全摊入成本以后采购时再出钱的设想，以解决投资问题，并决定9月份我们派人来谈系统及雷达的规范。

RAE公司那里我们没准备去，他不来找就算了。

完成了这次出国任务之后，9日我们一行返回北京，孙总及牛新棠去巴黎航展。

这次赴苏、英期间，接上了与苏联发动机的关系，弄清了英国发动机的情况，初步分析，除了PД33发动机的附件机匣问题未定以外，大致是苏联发动机比较便宜，英国的贵，但英国发动机寿命长，可靠性高，较轻小，耗油率较低，提供资料和合作态度好。因此，不可能马上做出取舍，还要进一步工作才行。

根据去苏、英考察的情况，我整理了三份技术考察报告："苏PД33发动机及装机情况""RB.199发动机的使用维护、可靠性及寿命""RB.199发动机有关的一些技术数据"，供有关同志参考。

回到北京，向部军机司有关领导汇报了之后，又向何副部长汇报。在5月初何副部长带部机关的同志到成飞时，曾听取了我们超7工作的汇报，何副部长说现在的关键，一是资金问题，二是发动机问题，看准了方向，先把发动机弄几台进来，就可以把飞机研制起来。部党组已下决心，外贸后继机不搞活不了，关键是钱紧张一些。这次听了我们出国情况的汇报后，何副部长说，对苏联只能与发动机设计局直接接触，飞机设计局不能碰，因为它要控制你。我抓干线机，即碰到这种情况，想接触苏联民用飞机的发动机，到图波列夫设计局去了解情况，不料小图波列夫牛得很，他要管。你们这次到米高扬设计局那里干什么？根本不用去。

在巴黎航展期间，克里莫夫设计局和米高扬设计局的总设计师到中航技接待室好几次，态度很积极。萨基索夫对孙总说，PД33的附件机匣要挪到发动机下部去，技术上没有困难，只是附件机匣的变化比较大，工作量很大。别里雅柯夫对孙总说，超7机翼一定要改，否则性能上不去。他说，具体方案7月份可带到中国去。

1991年7月6日，部飞机司长毛德华，计划司副司长徐仲奎、机载设备总公司总经理杨燕生来成飞，与我们一起专题讨论超7原型机的研制问题。一致认为作为军贸出口后继机，超7要坚决干下去。为了争取时间，研制可分两步走：第一步先选定合适的发动机和国内可提供的机载电子系统和设备，尽快搞出原型机，争取1994年上天；第二步再据市场用户要求进行改装和生产。发动机以РД33为主，同时要考虑可能存在不同用户需求的兼容性，如可安装RB.199。原型机的费用由成飞、机载设备总公司、中航技和部里分别承担和筹集。

作为6月初我们访问罗·罗公司的积极回应，6月19日罗·罗公司来传真安排7月8日开始派马丁先生等来成飞进行可行性研究。罗·罗公司共来8人，实际11日开始工作，中、英双方分四个专题小组讨论和协调：进气道和性能、发动机安装、机械系统交联、飞机附件机匣和附件。一起工作了6天。双方需要的资料彼此都提供了，大家晚上都加班准备，效率较高。最后双方满意地签署了技术工作纪要，明确了下一步的工作。在谈论中有些问题未及时回答的，罗·罗公司的人于8月份分别电传做了回答。9月份他们完成了全套可行性研究报告，派人专程送到北京。超7配装RB.199发动机的可行性报告包括四个部分：推进系统和飞机性能评估、发动机安装、系统和附件、维护和地面设备。结论是可行。

10月底又专派勃隆菲尔特先生来成都听取我们对其报告的反应，我们给他带回书面回答。我告诉他对他的报告比较满意，作为技术上的可行性来说，比较大的问题是外形，包括飞机附件机匣的外形问题，进气道设计如何更好适应问题。他回去后，很快于11月8日又传来对我们的提问的回答。在做了一些工作后，12月勃隆菲尔特又来成都，带来不少资料，口头回答一些问题，并表示他们的技术工作到此为止了，预算的钱已用完，不能继续于了，后边是商务活动了。

1991年12月成飞内部完成超7飞机安装RB.199发动机的可行性报告。

1992年1月罗·罗公司商务负责人诺埃尔亲自带来致中航技总裁刘国民的信件，报了发动机的价格，并提出可在超7研制期间免费向我方提供5台发动机和派人服务用于超7试飞和地面试验。这是罗·罗公司在超7项目上一个很大的突破。即他们愿和我们共冒风险研制超7，可极大地降低我们的风险，比我们所谓"小猫钻大洞"的设想好多了。所谓"小猫钻大洞"指的是按较大的国外涡扇发动机设计机身，但先用较小的国产涡喷13装上飞机，先飞上天。

1992年7月，勃隆菲尔特又来北京，英方提供了新一版的"超7动力系统建议"，包括了附件机匣及飞机附件的建议。在谈判中得知，罗·罗公司除供5台发动机等硬件以外，在整个飞机研制阶段，他们的服务还要花1500万英镑，这个共冒风险的投资是不小的。总的说，这次与罗·罗公司合作，效率很高，气氛融洽，我方的花费也不多，增强了我们的信心，这些都是后话了。

1991年8月，苏联方面通知，8月21日，克里莫夫设计局以总设计师萨基索夫为首5人小组，与米高扬设计局4名专家及苏联航空出口公司一人、对外经济联络部一人，一行共11人将到成都。

正在他们离开莫斯科来北京时，苏联发生了"9·18"事件，三天后发动政变的人被打下去了，戈尔巴乔夫宣布辞去苏共总书记职务并下令解散苏共，更换苏军领导人，苏联垮台了。苏联客人来时，我公司向每位送了一台高级小收音机，所以他们对政变、反政变的过程都接收到了。看来他们对此并不过分感到意外，表面都较平静。当然，从今以后他们是俄罗斯人了。

这次谈判，孙肇卿局长亲自主谈，俄罗斯人的市场观念可以说还没有，所以很难谈在一起。谈的重点是发动机，俄方给资料可以说是非常不爽快，与西方厂商大不一样。除发动机的安装、外形协调、系统交联、重量重心、使用维护性能、寿命、可靠性等以外，飞机附件机匣是不是改到下边、发动机单价及改进研制费要价多少成为讨论的关键。克里莫夫设计局希望不改附件机匣，要改则钱要多。要钱多则中航技主张机匣在上边也可以。我们成飞则竭力主张改到下边。至于米高扬设计局的专家，他们是搞飞机的，所以和我们的态度是一致的，下边好维护，将来使用费也省。

至于我们和米高扬间的合作，我们提出若干课题，包括进发匹配问题、发动机安装和系统交联问题、改进飞机气动设计和增升装置、确定失速尾旋特性等，让他们回去研究，这些合作要多少钱。

送走苏联外宾，不，是俄罗斯外宾了，我们内部对苏联剧变后究竟会怎么样，心里没有底。我们内部，包括北京来的孙肇卿局长、马承麟副司长和牛新棠、张建立等和我、成志明、陈金琰等一起研究如何准备应急措施。我预感到苏联垮台以后，以美国为首的西方敌对势力将把压力转向坚持社会主义的中国；原苏联的军事工业失去了特权和优越地位，因而会引起散乱，与之合作会产生不确定因素；英国可能仍是资本主义世界中对我国较为友好的国家。于是我起草了积极设想"小猫钻大洞"的方案以便立足于我们自己。

此后不久，10月，孙肇卿代表中航技去长驻美国，不再过问超7，超7的事改由刘国民总经理主管。孙行前对发动机引进处处长张建立说，罗·罗公司的关系不能断，否则在对俄交涉上也不利。

10月中，俄方同意我们于10月底派人去俄继续谈合作。我对先赴北京做准备工作的陈金琰说，对俄的重点是发动机，现在绕不开米高扬设计局，要一切以我方为主，不能跟他们的思路跑，他们要搞比F-16好的飞机是容易的，但我们包括巴方没有那么多钱。10月底，陈金琰及邱普达参加中航技组织的由马承麟带队赴俄的谈判组。

再次打开与巴方合作的大门

超7的发动机有了俄罗斯的РД33和英国的RB.199两个方案之后,寻找飞机的第一用户就成为主要问题。我们希望中航技再去找巴基斯坦。1987年巴方中止"佩刀"Ⅱ项目之后,实际上他们仍在关注我们的超7项目,只是不打算正式合作(出钱)罢了。目前的有利条件是,1987年合作搞"佩刀"Ⅱ项目时相当热心的巴空军副参谋长法鲁克少将现已升任上将参谋长,他当家了。经刘国民总经理和他联系,巴方同意中方派一个小组去介绍超7方案。

1992年1月20日,我和陈金琰同中航技牛新棠、陈志坚,部军机司高志聪共5人自北京飞巴基斯坦伊斯兰堡。这次去的目的是

1992年1月21日,我们一行(屠基达、陈金琰、高志聪、牛新棠、陈志坚)赴巴,再次打开与巴合作的大门。左五和左一为中航技驻巴代表杨鹰及其夫人

请他们评估我们的超7方案，不要求他们承担什么义务。因为他们只知道1987年的"佩刀"Ⅱ方案，所以我们带去的材料列表把装F404的"佩刀"Ⅱ方案和分别装РД33及RB.199两种发动机的超7方案对比，以便巴方易于明白。通过介绍超7方案引起他们的兴趣，拉住这关系以后，再设法请他们派人到我国来，即使先作为观察员也好，慢慢地将他们拉进项目中来。

第二天，我们去巴空军司令部，巴空军派计划处正副处长、审查和发展处处长等三名校官听取我方的方案介绍，之后，交换了巴方感兴趣的问题，如两种发动机的可靠性、寿命、价格、安装方式及维修性，将来中国生产不生产这种发动机，以及飞机的作战使命、超视距攻击和对地攻击能力、外挂能力和作战半径、飞机的价格控制等。这次介绍会令我们感到级别太低，近乎应付我们。

第三天，来了一个好消息，法鲁克上将将在上午11点在司令部办公室会见我们。我和陈金琰、牛新棠三人由中航技驻巴总代表杨鹰陪同前往。我们三人算是法鲁克的老朋友了，所以法鲁克对我们既很热情也很随便，谈笑风生，跟几年前我随刘国民等来巴空军司令部谈合作时的严肃气氛大不一样。原来约定的是会见15分钟，结果谈了40分钟。在陈金琰介绍超7方案过程中，他不断地插话。他认为改成中等后掠角带前缘襟翼的机翼好，还能翼尖挂弹；他说为了航程机内油量大一些好；还说要有超视距作战能力；飞机的价格一定要控制住；他也十分关心发动机是否打算在中国国内生产；关于雷达，他说他们已决定引进意大利的GRIFO雷达；在谈到飞机座舱布局时，他说飞行员要有好的视界，F-16座舱里有好几个固定的把手，飞机做机动有侧向过载时，又要向后看，必须有把手扶住身子，才好往后看（他边说边做示范动作）。他说我单独和刘国民先生谈过，我们政府会愿意与你们合作超7的，分一些部件由我们来生产，可以比K-8的工作量要多一些。你们这次来，搞一个文字记录，起草好了，明天早晨送给我看。4月份我要去中国北京，安排比较紧，没有机会去成都了。他说，要考虑给超7起一个名字，问我们Tiger（虎）在中国叫什么，怎么发音。最后他说你们可以去卡姆拉基地向那些技术人员介绍超7方案，他边说边拿起电话，打给卡姆拉，亲自给我们安排：25日早上10点去介绍，讨论两三个小时，中午在那边吃饭。此行这种礼遇，真使我们有熟人好办事之感。

1992年1月22日，我们三人去巴空军司令部会见萨里姆准将

　　离开了法鲁克上将的办公室，我们三个就以联系朋友的身份顺访了巴空军原"佩刀"Ⅱ项目主任，现升任助理参谋长的萨里姆准将。他十分热情地会见了我们。在交谈中，他以巴方购置F-16又被卡住为例说，亏得当时"佩刀"Ⅱ未搞成，否则飞机出来了，也会因政治原因被美方卡住的。

　　25日我们一行赴卡姆拉基地，那里的正式名称是巴基斯坦航空联合体（PAc），下边有四个厂，我是第二次去了。我们一去他们接待得十分隆重，公司总裁优素福少将，四位准将厂长，八位上校副厂长中的六位，共十一位领导全出席了。

　　25日牛新棠还和巴空军计划助理参谋长穆沙夫签署了一个文字纪要。我们满载而归地成功访巴，比预期的要好多了，使超7项目重新接上了中、巴合作的关系。

回到北京以后，我们向刘总和军机司领导做了汇报，并立即着手中、巴合作超7项目的中方建议书。

2月中，由部军机司朱荣章总工程师带队，中航技的牛新棠，成飞的沈泳沅、宋开基、邱普达副总设计师，项目办主任王月新等15人赴俄谈判发动机的技术任务书及飞机技术合作协议草案，另外还参观了俄方的航电单位。由于配装发动机绕不开米高扬设计局，所以在讨论后拟定了技术咨询和评审的项目清单，共44项，其中动力装置方面的16项，气动力设计8项，系统设计7项，颤振等17项。当然这要给他们钱，技术内容好谈钱难谈。

2月末，在新加坡航展上，王昂副部长、刘国民总经理与巴空军法鲁克参谋长等会见了一次。巴方认为合作超7的事不要太急，而飞机的水平要高一些，应是2000年后可用的飞机，目前不会派人来华谈判。

3月初，美罗卡斯公司电源分公司3人（其中一人为其顾问张维）来成飞，我和陈金琰参与会谈，他们表示有关飞机发电机产品，他们可以与我们共冒风险。

3月中，中航技汤小平副总和总助李泽蕃等人来成飞，与成飞领导层统一思想。因为双方都认为只要成飞与中航技有了一致的看法和决心，部里好下决心。大致决定：自行研制有风险，但不能全等用户；方案应为2000年前后可用的中低档飞机，必须控制住飞机单价；用于二线为主也具有一线作战的能力；发动机用РД33和RB.199两种方案，航电也可用两种方案，费用由中航技和成飞两方分担，作为经营项目，可另找人合作。

这一段时间中，在北京、成都都有争论，如认为巴方要好的，比F-16好的也可以搞，只要你巴方有钱，我可以找俄方合作设计飞机，找法国要推重比高的M88发动机。但这种说法被立即否定了，因为巴方不会有那么多钱，不现实。也有一种低档方案，即用E型改一下机头，但估计巴方更不会要，而且我们的第一用户仍是巴方。

3月底，中航技组织访俄调查引进航电事宜，成飞副总工程师黎茂述及副所长陈嘉琳等5人参加。

1992年4月成飞的谢明、杨宝树主持讨论超7时，我认为：搞超7是我公司保持轻小型战斗机生产垄断地位优势的战略措施，出口后继机只是一个方法。第一是这旗帜国内通得过；第二是中航技支持，这一因素非常重要；第三与歼7比具有一定先进性，因而有一定的生命力；第四，理所当然地有出口经济效益；第五，最终目的是出口转内销，如K-8教练机空军会搭车。必要条件是单价要控制得较低，以利于较大量的装备，在高低档搭配中占领低档位置，这一点是战略性的。我们还认为取得巴方的合作至关重要，虽然合作中会受到一定制约，但有了巴方的合作，首先能以外促内，效率会高多了，不致事事久拖不决；其次，飞机的战技要求可有人商量，巴方的看法可以代表阿拉伯世界空军，将来向世界军机市场推销有利；再次，有可能赢来巴方的合作投资，财政上得到支持，风险共担了。因而及早找巴方谈战技要求摸清他们的想法很重要，争取仍按过去巴方的说法，搞"穷人的F-16"这思路往前走，这是上策。关于发动机，我认为RB.199较好，当然都是有利有弊，但利大于弊。第一，研制中它可风险投资，在无第一用户时我们的风险大大减少；第二，技术上较先进，推重比较РД33大，寿命可靠性都比РД33好，特别是РД33的返修寿命短，电调、飞附转轴、起动系统都较落后；第三，合作上比俄罗斯好多了。缺点是：一、采购单价较贵（虽然全寿命并不贵）；二、其最大状态推力较小，起飞必须加力；三、政治风险可能稍大一些。到巴方那里去谈，关于飞机的构型，除兼具对地攻击能力外，必须配装中程导弹及相应功能的雷达，实现超视距空战能力；要有一定的隐身能力，否则无法适应未来的空战形势。

4月中，刘国民再次访巴回来，摸清了巴方意图：第一，要考虑2000年后的水平；第二，作为二线飞机，性能上是F-16的70%即可，但要有特点，价格要控制在F-16的50%；第三，配套的重点是火控航电；第四，发动机等配套装备最好将来能立足于中国国内；第五，中、巴合作超7的主要目的是为了发展巴方的航空工业。

这几条显然十分重要。

4月底，俄罗斯克里莫夫设计局总设计师萨基索夫等再次来华，他们已同意发动机的附件机匣等改到下部，这种出口型发动机定名为РД93。在北京与中航技公司谈了商务，他们与陈金琰谈了有关技术任务书中的技术问题之后来到成飞，我和成志明等与他谈了寿命、首返期以及辅助动力装置空中起动性能等问题。在杨宝树出面的晚宴上，萨基索夫说，这一次来华收获很大，不知道外面世界的情况，长期在铁幕里边包了起来，没有市场竞争意识。与此同时，米高扬设计局来人，谈定技术合作内容及商务问题。

为了回答2月份我方的"超7合作的初步建议书"，巴方于4月底向我方提交了一份"超7——巴基斯坦空军的要求"。因为最近法鲁克上将访华时在北京对刘国民说主要先把飞机概念谈清楚，5月底中航技牛新棠组织赴巴谈判，由超7项目总指挥成志明带队，总设计师陈金琰、副总师邱普达一同参加。这次去巴，巴空军相当认真，由巴空军作战副参谋长沙菲克少将亲自安排主持。经过谈判达成纪要，要点是：一、超7要突出空空超视距作战和空地夜间作战能力；二、巴方再次确认我方的机体方案，应该是一种低成本的轻型战斗机；三、尽量选用世界上先进的现实可能的航电和武器。巴空军第一副参谋长哈蒂夫中将接见时再次强调保持飞机的低价格以考虑国际市场的竞争，以及可靠性和维修性。

至此，与巴方合作搞超7的大门，再次打开了。

顺便说明，1987年由巴方出资作"佩刀"Ⅱ可行性研究付给成飞的资金，一直到1992年1月我和陈金琰赴巴这一次才用完。

1992年7月底，航空航天工业部王昂副部长在北京召集成飞、中航技及部机关有关领导开会决策。成飞总经理杨宝树、超7总设计师陈金琰、副总设计师沈泳沅、超7办王新月、工程发展中心宋文骢总师参加。会议决定：一、超7要干，但先决条件一是有用户，二是研制时有航电及发动机两个主要承制商共担风险；二、超7要出来也还要七八年时间，故近期要抓歼7Ⅲ改的方案出口。这方案是宋带到会上去的，但此事杨总经理事先不知道，但听了以后杨在会上即席表态，只要成飞生产的飞机能出口，都好，即使601所设计的飞机由成飞生产，也干，这不妨碍超7。

实际上前几年巴空军当时的副参谋长法鲁克来成飞时，我带他参观，曾主动带他去总装车间看歼7Ⅲ，他一看就说："这是苏联的МФ，这飞机我飞过，不好"，不感兴趣地看了一眼就走开了。我因他未给好的评价，所以以后没有对人说过，以免引起不必要的误解。

9月，我去参观英国范堡罗国际航展，与米高扬总设计师别里雅柯夫见面，我问他米格–29M所用的发动机，他说是РД33К型，推力为8800千克力。这事使我想起去年第一次访苏，在克里莫夫设计局初次谈РД33发动机，我们嫌它推重比小，8300千克力小了一些，孙肇卿问他们这型发动机有没有更新的改型，他们马上回答说没有。看来显然对我们隐瞒了实情，仍是过去"援助"的傲慢态度，可见我们定在8300千克力的РД33上，有些上当了。

10月，王昂副部长及军机司毛德华司长等赴巴，与巴空军和巴国防部谈超7，谈定了总原则，发动机决定用俄国的РД33，王副部长和巴国防部生产国务秘书马立克签订了一份发展超7的

"理解备忘录"(MOU)。回国后,部决定成立超7项目筹备领导小组,杨总为小组成员,下设工作小组,超7总设计师陈金琰为成员。

12月按部领导意见,成飞内部(含工程发展中心,即611所),组织了超7的评审。

接着,米高扬设计局派出4名专家来评审超7方案,建议已是中等后掠角的机翼,其前缘缝翼改为机动襟翼,垂尾及平尾也同时减小后掠角、改变展弦比以改善大迎角特性,零升阻力系数要考虑由吹风模型到实际飞机的有害因素,要适当加大系数等。稍晚米高扬设计局的总设计师别里雅柯夫也来成飞访问,谈了超7机翼大迎角稳定性非线性问题。他还说了在机头加小的涡流发生器,虽然只是很小的一片,但效果很好。在问到米格-21飞机上两个蓄压器没有用可否取消时,他说这是应急用的,发动机熄火后要紧急着陆时用,过去曾加个应急油泵,后改为蓄压器。

1993年1月,陈金琰带队与中航技的同志一起去意大利谈航电。王昂副部长则带队去俄、英、意三国摸航电的情况。

1993年2月,成飞副总王寅恭随刘国民赴巴。在会见法鲁克上将时,刘建议中、巴合作超7,巴方投资一半。法鲁克表示希望能装意大利航电,飞机单价绝对不能达到1000万美元,最好保持在850万美元。

2月中,王昂副部长来公司召集公司领导层开会,宣布航空航天工业部党组的决定。

同月,我与陈金琰、陈嘉琳赴北京,与意大利阿兰尼亚公司谈航电。此后,陈金琰随中航技去巴基斯坦谈航电方案。

1993年4月,刘国民等赴俄,与米高扬设计局签订了超7技术合作合同。

1993年5月,在北京经5轮谈判后,由中航技与俄克里莫夫设计局签订了为超7配置的РД93发动机研制批采购合同。

ПРИЛОЖЕНИЕ

Самолет Супер-7 имеет следующие основные отличия по аэродинамической компоновке от самолета F-7:

- Установлен двухконтурный турбореактивный двигатель РД-93
- Новое крыло $\lambda = 2,96$, $\chi_{п.к} = 42°$. На крыле имеется наплыв $S_{напл} = 2,25\%$, $\chi_{напл} = 84°$. Передняя кромка крыла снабжена предкрылком, выполненным по части размаха и используемым на режимах взлета-посадки и на маневре. На концах крыла установлены ракеты ближнего воздушного боя
- Изменена форма фюзеляжа: воздухозаборник выполнен нерегулируемым в боковой компоновке, носовая часть фюзеляжа имеет эллиптическую форму
- Установлены два коротких подфюзеляжных гребня. Форма и размеры горизонтального и вертикального оперения остались без изменений, изменилось их месторасположение на фюзеляже
- Увеличен внутренний объем топливной системы до 3000л

Эти изменения конфигурации самолета Супер-7 позволяют:

- обеспечить существенное увеличение тяговооруженности с одновременным снижением удельных расходов на крейсерских режимах
- существенно увеличить несущие свойства самолета как в полете, так и на режимах взлета-посадки
- поднять значение максимального аэродинамического качества до $K \approx 11,0$, а также увеличить аэродинамическое качество на режимах маневра
- значительно увеличить допустимый угол атаки $\alpha > 20°$

8月，部里正式下达文件为超7研制立项。

至此，超7飞机在巴方愿意合作的背景下，中方单独往前推进，并按米高扬设计局咨询的意见，改进气动布局等，直至1998年正式签订中、巴合作超7研制的合同。

代 后 记

超7飞机终于在2003年8月首飞了。虽然它带着两个遗憾，一是没有按照РД33K状态引进发动机，二是没有按巴方历来强调的"按费用设计"来设计飞机，但不管怎样飞起来总是修成了正果。因为首飞意味着飞机的发展进入了康庄大道，可喜可贺。首飞后"超7"这两个字已变成了历史，从今之后，中、巴双方分别给超7改名为"枭龙"和JF-17。

为了这个飞机"无中生有"，多少人为之付出了无数心血和劳动，我这里记载的不可能全了，由于许多未经亲历，不便乱写。我的原则是绝对真人真事，如实写出，作为史料，供后人研究评述，是非功过，都用事实说话，决不信口开河，哗众取宠，或添油加醋，或掩盖真相。可喜的是记载比较详尽，花些功夫能写出如此细节，恐飞机史上不多见，差劲的是缺少文采，"非求宫律高，不务文字奇"，可读性差。但文章目的不是写报告文学，只是想让人们知道一种这样的飞机，在种种干扰、困苦、非议、中伤、曲折的过程中，能杀出一条"血路"不容易，用真事写出"创业维艰"四个大字，说明世界上没有轻巧的事。这些，本来不仅是局外人甚难理解，甚至我的亲人都感到茫然，真是"知我者谓我心忧，不知我者谓我何求"。

2003年8月25日超7首飞仪式

2003年8月25日01架超7首飞

康庄大道是一块块石子、一粒粒沙子、无数水泥、钢筋……铺就的，人们为超7献出了无悔年华，默默无闻地用生命填筑了路基，不为虚名，不为私利。我记载下的和没有记载下的人们，都是真正的创业者，"衣带渐宽终不悔，为伊消得人憔悴"，只因祖国航空在他们心中，终身无愧就满足了。板桥诗云：

"明年再有新生者，十丈龙孙绕风池。"

我于首飞后为《成飞报》赋诗一首，题为《喜见超7首飞》，诗云：

> 廿载不平路，
> 今始一飞天。
> 初试钢翅硬，
> 万工支撑坚。

（2003年8月）

六年后加注

1. 不平：

意一，不平坦。

飞机发展之路不平坦，无国家投资的军用飞机发展更不平坦。20年里，历经了美国和俄罗斯等的国际合作；国内历经了历任航空部领导：莫文祥、林宗棠、朱育理、刘高倬；成飞公司领导：谢明、侯建武、杨宝树、杨廷阔、罗荣怀；技术领导：屠基达、陈金琰、成志明、桑建华、杨伟。

几上几下，一路奋斗，终于成了。

意二，不公平。

公司上级领导为了削弱成飞公司的自我发展能力，不让成都形成两支设计队伍，眼看超7真能形成气候时，决策超7设计权由公司转出（姑且不论其合理否）。公司服从上级的战略部署，无条件地把已经形成正式方案的全部资料和关键技术人员全部转出，这是照顾了大局。但是，第一，对成飞公司的长期不懈的努力和心血付出以及无私风格，从未听到过一句肯定的话，这是很不公平的。第二，对原由航空工业部任命的超7总设计师的事后处理，也极为不公平。

2. 一飞天，《史记》"此鸟不飞，一飞冲天，不鸣则已，一鸣惊人"。

3. 初试，不仅指飞机首飞，亦指翅膀初硬的年轻主事者。

4. 万工，工即工件，飞机工件上万；亦指人，工作人员。

（2009年8月加注并修改本章）

附：超7发展图

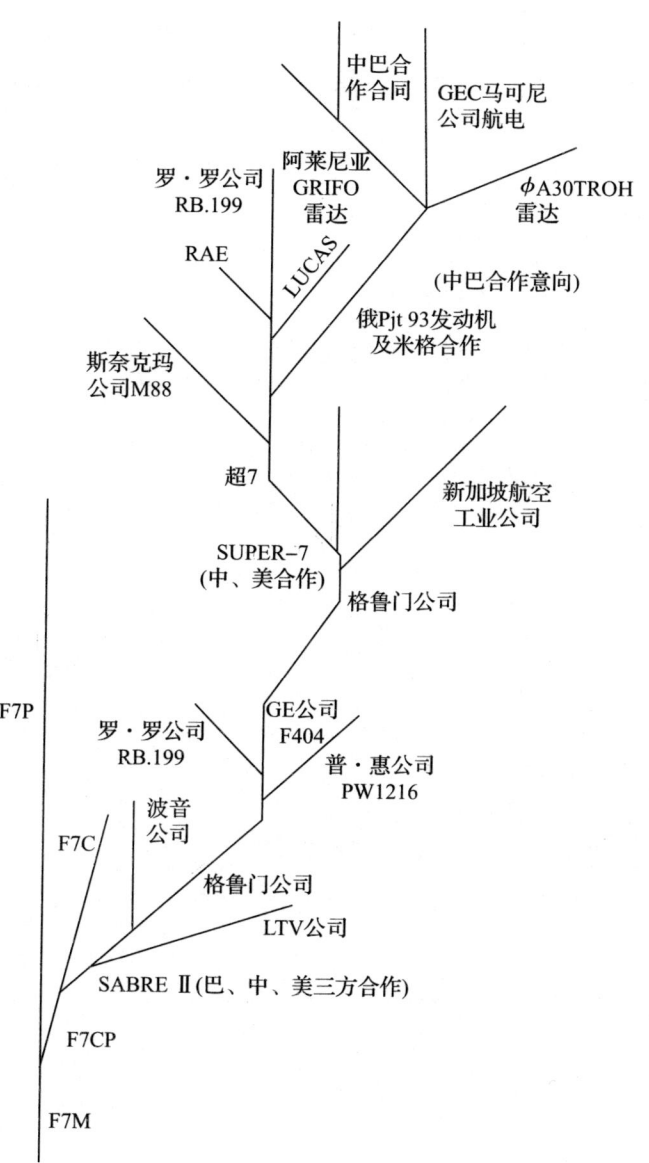

超7发展图（1993年4月）

第十二章

一生飞机情

1. 1951年8月我参加初创的航空工业。由中央重工业部分配到在沈阳的航空工业局报到，段子俊局长接见。9月局分配我至哈尔滨121厂。

2. 在121厂技术科任技术员，开始为修理雅克–18教练机做设计工作。此后，修理机型扩充为图–2俯冲轰炸机，YT6轰炸教练机。当时技术科管飞机和发动机的修理，设计、施工（工艺）、冶金、总实验室的业务全管。

3. 1952年4月，121厂分为一个飞机厂（122厂）、一个发动机厂（120厂）。我在122厂设计科任结构设计组长，负责结构修理设计，先后复制了各型飞机结构图纸，以后又主管了仿制图–2后机身、进气口等。

4. 1953年开始修理伊尔–10强击机。1954年按上级要求，改装了一部分伊尔–10的教练机，我负责设计改装后舱需要的座舱盖。

5. 1954年南昌320厂试制成功我国第一架雅克–18（初教5）飞机，年底要做全机静力试验。因是国内第一次做这类试验，四局（航空工业局）通知122厂和112厂各派1人参加（学习）。122厂我去了，112厂刘昌琼和一名苏联专家去了。320厂由设计科主办试验，我由此认识了主持试验的工程师张阿舟以及吴家粹、设计科正副科长王若松和汪珊孝等。

6. 1955年下半年，122厂开始试修代号为40号新机的喷气轰炸机（伊尔–28）。我先任代理副科长后任设计科长，主持复制了包括理论外形图在内的全机设计图纸，并开始仿制歼5副油箱、伊尔–28发动机延伸管等。

7. 1956年10月，接四局通知，122厂要开始仿制米–4（直5）直升机，同时到厂首批说明书等资料。我开始消化直升机说明书，从此也开始关注直升机。

8. 1956年12月，我奉调到四局直接管理的112厂飞机设计室，开始自行设计飞机。我任机身组组长，设计第一架自行设计两侧进气喷气式教练机歼教1飞机的机身。自己打样设计无参考样机的机头特设舱和前轮舱结构。歼教1飞机，1958年8月首飞上天。

9. 1958年2月，我在飞机设计室任又一架自行设计螺旋桨式初级教练机初教1（后改名为初教6）的主管设计师，主持全机打样设计。样机审查合格后，奉命率队去320厂合作详细设计并试制原型机，直至成功首飞。此机曾获全国质量金奖，至今仍在服役和生产。

10. 1958年10月，我在112厂飞机设计室任"东风"107超声速歼击机主管设计师，主持全机的打样设计和详细设计，直至发出全部图纸开始试制。后因方案性问题，停止试制更改方案为107A。1959年赵尔陆部长决定"东风"107为113让路下马，飞机设计室和负责"东风"113的第二设计室合并，我任合并后的产品设计室副主任，分工主管结构设计，直至签发完全套"东风"113结构图纸。

11. 1960年3月，我奉令调至成都132厂，任负责仿制飞航式岸舰海防导弹5079的第二设计科的科长。复制设计图纸、处理仿制中的设计问题，直至1961年奉命中止试制。

12. 1961年下半年，132厂第二设计科和负责仿制歼6的第一设计科合并，我任科长。奉命研制空军急需的"东风"104全天候歼击机。该机为测绘设计性质，四局任命我为该机主任设计师。1964年12月，该机国家定型后批生产。后曾荣获全国科学大会奖。

13. 1963年"东风"104（后命名为歼5甲）测绘设计完后，在吃透的基础上，我建议自行改型设计我国空军急需的喷气式歼击教练机（歼教5），得到总局和空军等上级的赞同，并被列入计划。1964年得到空军批文正式提出该机的技术要求，我主持了改型设计和参与组织试制。1966年5月首飞，年底国家定型后投产。此后连续生产24年。该机曾荣获全国科学大会奖。

14．"文革"前，航空工业部已通知132厂要复制62式（歼7）飞机，同时先承担歼7飞机飞行员头盔和导弹发射架两个部件的仿制。我为此曾出席62式技术协调大会等。

15．"文革"初期，我尚未彻底"靠边"时，曾接上级通知，要我们研制垂直起降战斗机，我组织了20多人的小班子，进行摸底，包括采用升力发动机还是用垂直风扇的论证。后此任务不了了之，队伍解散。

16．"文革"中被批斗、劳改后复出，1969年底代表工厂生产指挥部于1970年抓歼7Ⅰ型的全机静力试验，完成后，在空军机关部分当权者大肆否定歼7飞机的困难局面下，为保住132厂的改型成果而不断努力，终于不致使改型被全盘否定（要恢复原型生产），取得了三改三不改的歼7Ⅰ型重新试制于1975年国家定型后批生产的结果。

17．1973年初，经厂几位主要领导同意，借调我去上海708设计组（运10飞机）工作，担任运10技术总负责人马凤山的主要助手，分管飞机结构，马非常大方地让出他住的两间房子中的一间让我住下。在熟悉总的情况之后，审查签发了飞机第一套图纸（飞机发动机短舱图）等。后因航空工业部有关领导得悉后反对，厂领导几次电报追令返厂。我调上海回父母身边搞飞机的梦落空（十几年后，莫文祥部长告诉我可调上海时，我已年近花甲，不宜调动了。）

18．我任设计所长，主持歼7Ⅱ型和歼7Ⅲ型飞机的两个改型。为解决歼7飞机的救生不安全问题，支持研制新的弹射救生方案，在部襄樊救生会议上争得了研制权，此后又为歼7Ⅱ型争得了独立型号，指导飞机的改进工作。在各改进主要项目分别成功之后，歼7Ⅱ型飞机于1979年9月完成了鉴定定型，进入批生产，成为部队主战机型，并扩散至011基地两厂同时生产。此机型与歼7M同时获得国家科技进步一等奖。其火箭弹射救生系统保证了在国内外连续多次安全跳伞成功，获得航空工业部部长的嘉奖并获全国质量金奖。

19．主持歼 7Ⅲ型设计，1975 年上报研制方案，获得空军同意。后我随叶正大出国访问，取得米格－21МΦ 的资料和情况，改按 МΦ 设计歼 7Ⅲ型。1978 年中央军委要求大上歼 7，改由三厂一所联合研制。我时任厂副总工程师，航空工业部令我兼任歼 7 大改（歼 7Ⅲ）第二总设计师。直至 1980 年全部设计工作移交 611 所。1980 年下半年部任命我为副厂长，中组部任命我为总工程师后，我还组织了一些歼 7Ⅲ型的生产准备工作。

20．1979 年开始奉命主持从英国引进平视显示武器瞄准系统等七项电子火控设备改装空军的歼 7 飞机。装引进设备及国内配套改进的飞机称为歼 7ⅡA 型飞机。航空工业部任命我兼任总设计师。研制两架原型机后进行了成功的飞行试验，后空军决定不要这种飞机，此机研制成果全部转入歼 7M 型飞机。

21．为挽救国家不再给引进拨款要退国际合同，决定设法用出口飞机取得引进资金。适应出口而研制的飞机即歼 7M 型飞机，航空工业部任命我兼任总设计师。歼 7M 型飞机同时达到一次成功出口和挽救引进合同的目的，取得显著经济和技术效益。培养和锻炼了成飞自己的航空电子技术人才，也为此后扩大出口打下了坚实基础。歼 7M 型飞机 1985 年获国家科技进步一等奖，1989 年获国家质量金奖。

22．歼 7M 型飞机完成第一个出口合同之后，1983 年又获得南亚某国的青睐，为此后打开了国际合作的序幕。当时中央决定基层企事业领导干部原则上 55 岁退出领导岗位，1983 年我被免去总工程师职务。后改任厂所结合的航空工业部成都飞机发展中心副主任，同时仍任歼 7M 飞机总设计师。

1997 年，中、美、巴三国合作，在美国格鲁门公司进行"佩刀"Ⅱ飞机可行性论证，我带队前往。论证结果可行，但巴方不能接受美方的过多研制费用，巴方退出合作。

23．在发展中心岗位上，我感到中国航空工业的根本出路应是发展民用飞机，故与厂王寅恭副总等合作，先后找西方小飞机公司谈判合作（如比奇公司、赛斯纳公司、利尔喷气公司等）；找民航有关部门座谈；参与航空工业部支线客机方案竞争等，但均未取得成效。后得机遇切入民机转包生产。

24．1988年中、美（格鲁门公司）双方都感到国际市场对轻型歼击机有需求，经双方协商各自自费合作搞既改机身又改机翼性能更好的超7飞机（意为歼7的后继机）。1989年初开始先做9个月飞机初步设计。我带队合作。几个月后因"六四"事件，美国政府制裁，合作被迫停止。

25．本着"东方不亮西方亮"的思路，成飞与中航技合作，向俄罗斯及英国寻求超7飞机合适的发动机。在有了两种发动机数据之后，做出了新的超7飞机方案。按照航空工业总公司的意见，研制飞机要立项必须先有用户。1991年我带队再访巴基斯坦，得到巴空军参谋长的接见和要这种飞机的口头承诺，由此再次打开与巴方合作的大门。此后超7得以由航总立项，直至取得中、巴共同投资的合同。

26．在寻求采用俄罗斯发动机的过程中，1991年俄方要求必须先与飞机研制单位米高扬设计局合作。中航技认为超7飞机有米高扬设计局参与设计，有利于今后高声望推销飞机，愿意垫付合作费用。之后1992年至1994年米高扬设计局先后派出有关专家，在不仅是动力装置方面，而且在飞机的总体设计、气动力布局，改进原方案的机尾翼设计，以及结构整体油箱设计等方面进行了帮助，自此超7方案已成为一架全新飞机的方案。当然这些都是在经过谈判论证决定选取俄制发动机之后。我参与了考察、谈判、研讨的过程。

27. 曾多次宣传和建议改革军工（含军用飞机）定价采购体制、引进西方"按费用设计"的办法，从制度和体制上解决浪费严重的问题，初有收效。宣传发展无人飞机，成效不大。以顾问身份参与研讨、论证、评审、鉴定各种飞机型号，先后有十多种，努力促进发展民用飞机，均希冀以微薄之力促进航空工业的发展，其具体型号，在此就不赘述了。

（2007年7月20日）

附 录

父亲领我的人生轨迹

屠征星

出生在哈尔滨飞机厂

我的出生地是黑龙江，这个终生伴随着我的地方，在我孩童时代却没有什么印象。我的父亲屠基达1951年从上海交通大学航空系毕业后的第一个工作单位就是当时的国家重工业部航空工业局所属的122厂。1956年3月在122厂平房区的职工医院里我出生了，我母亲金娥后来告诉我，我出生的那天阳光明媚，虽然北方地区仍然感到颇有寒气，但春天正在悄悄来临，万物开始复苏。我母亲金娥1953年从燃料工业部干部学校毕业后分配到北京，在当时的国家煤炭工业总局工作，1955年来到哈尔滨，加入到航空工业队伍里。我的出生给处于激情燃烧年代中的父母亲，在工作之余增添了不少乐趣，享受着浓浓的家庭温馨。

90年代，我在中国航空技术进出口总公司主管出口哈尔滨生产的运12飞机出口项目时，有机会去过几次哈尔滨，这是我离开30多年后再次亲临其境。记得当时我陪同赞比亚的将军第一次访问工厂，工厂办公大楼仍保留着当时的风姿，俄罗斯风格清晰可见。晚宴上我问在座的工厂干部，有谁在我出生之前就在工厂？环顾一周后，当时只有厂部一位姓刘的副主任说，他在我出生之前就到了工厂。岁月流逝，初访的客人却带着30多年的故乡标记，让人感慨万千，一个出生地联起了乡情和友情，平常并不喝酒的我，在工厂同仁热情洋溢的喝彩和鼓励下，举杯饮完一杯烈酒，顿感热血沸腾，情归故里。

在工厂的历史展示厅里，我带着特殊的感情体会着父亲当时的工作，流连忘返在工厂的历史进程里。在工厂同仁的热情引导下，我专门看了我们当时在工厂住过的地方，平房区北厂272栋楼，离宿舍不远的地方是日本入侵中国时臭名昭著的731细菌部队所在地，据父亲说他们刚去的时候，工厂每年组织打老鼠，以消除可能遗留下来的鼠疫和细菌感染。几十年过去了，我曾短暂生活过的宿舍区在傍晚的霞光下，在我心中显得很神圣，带着岁月沧桑的泛黄色宿舍楼安详地拥抱我这个远方的游子。我恍惚感到，在初春的寒风中，我被父母亲抱回家，一个男孩在父母亲对蓝天的憧憬中被取名屠征星。当时苏联正在雄心勃勃地实施人造卫星工程，而父亲的期望更远大，希望他的下一代能征服星球。虽然我在人生的旅途中曾有多次改变职业生涯的机会，但不论是依依不舍，还是阴差阳错，我始终没有离开航空工业，可能还是父亲情系蓝天基因的作用吧。事过境迁，科学和工业的发展使征服星球的梦想正在变成现实，人类征服星球的愿望也不再是简单的物理跨越，不同的时代正在不断更新征服星球的含义。

我在1994年的一次运12飞机的用户座谈会上，有幸见到了时任112厂运12飞机的总设计师卢开仁，他与我谈到父亲和他们在122厂工作时的情况，并说他早在80年代就在英国见过我，当时他在英国为运12飞机取英国民用航空适航证书，我当时在英国任技术验收总代表为F7M飞机引进英国马可尼公司生产的航空电子系统。卢总说他当时就知道我，但我当时却不知道卢总是我父亲早年的同事。我从事的第一个飞机出口项目竟然是为我出生地122厂生产的运12飞机，是茫茫沧海中巧合，还是人生的迂回必然，给人留下无穷的回味。

童年记忆中的沈阳飞机厂

在我出生后的第二年，时任122厂设计科长的父亲奉命调往处于沈阳的飞机设计室，这是一次航空工业骨干设计力量历史性的集结，国家正在酝酿着航空工业战略部署，部署一场飞机设计的集团攻坚战。

因为飞机设计室依托112厂后勤支持，我对世界有记忆性的认知是从112厂开始的。我隐隐约约记得，我们家住在一栋米黄色的二层小楼里，外面冰天雪地，屋里却很暖和。后来听父母亲讲，父亲刚去沈阳时，因住房紧张，当时的设计室副主任叶正大，著名的叶挺将军之子，让出他的一间住房。后来我们家里人都去了沈阳，一间住房不够用，设计室主任徐舜寿又让出了他的两间住房。在那激情燃烧的年代，理想和使命让人们义无反顾地走到一起，同志间无微不至的关怀帮助，让后人想起来仍然感到人的精神和情感的温暖。这样，我们家在当时中国飞机设计的主战场沈阳开始步入新的生活环境。

北方的生活对仍然保持着南方生活习惯的家庭逐渐产生影响，家里慢慢学会了包饺子，家庭一起包饺子是一个大事，总要一些时间准备。我当时很惊奇的是大人将多余的饺子存放在双层玻璃窗户的中间，似乎专门给孩子留下不停的奢望想象。后来知道，在寒冷的冬季，放在双层玻璃窗户的食品可以保鲜很长时间，这是我最初的食品冷藏和冰箱的概念。

我还能记得的是别具风格的朝鲜咸菜，它不仅仅是带给我与平常不同的口味，更让我感到新奇的是拉咸菜的马车和衣着艳丽的朝鲜妇女头顶着菜坛。在一段时间里，我会悄悄地独自在门外的台阶上定时等候，等待叮叮铜铃伴随的马蹄声中隆隆而来的马车，或等待着身穿民族服饰头顶菜坛的朝鲜妇女。对外部世界充满好奇的我羡慕马的力量和英姿，同时也纳闷，人怎么能在头上顶这么重的坛子呢？

我在1958年迎来了妹妹的出生，在一个并不很冷的日子，我随父亲去医院接母亲和妹妹回家，虽然风和日丽，但脸色红润的妹妹被裹个严严实实带回了家，顿时家里吹进了一股新风，空气中时常飘扬着妹妹嘹亮的哭声，中气十足，看得出比我更有活力。父母亲给妹妹取名屠征音，寄托着父母亲征服声音，设计超声速飞机的理想。

在112厂的年代里，身体幼弱的我曾经受过我记忆中的第一次生死存亡的考验。那一年，传染性麻疹合并肺炎流行，伴随着高烧，我在112厂职工医院儿科病房里接受治疗，在短短几天的时间里，病房间常常充斥着哭泣声伴随担架匆匆而过的骚动，有时一觉醒来，会感到父母亲亲切的话语中隐藏丝丝忧虑，转眼间，我身边的病床已经轮换了几个病孩，但我自己慢慢感到精神状态在好转，更有吃东西的愿望，几天后，在医生同意我出院时，我才知道我是这段时间里几个从这间病房活下来的孩子之一。那时医疗条件有限，很多重病的情况下更是听天由命，并没有什么特殊的办法，为了不挠破皮肤，父亲用布包住我的手，避免了抓破后形成疤痕。感谢苍天保佑，可能是出生在哈尔滨飞机工厂的我命中注定要在沈阳飞机工厂得以新生。

父母亲那时很少带我出去玩，那是工作超过一切的年代。记得有一次我们家一起在沈阳北陵公园游玩，公园离工厂不远，112厂的公开厂名是"松陵机械厂"，这个平常不多的外出机会给我带来了极大的好奇心，我不停地问这问那，而父母亲也总是耐心地解释。当我们漫步到湖边时，父亲突然停下脚步，指着对面的一片厂房说，那是制造飞机的地方，我们要造飞机，你今后会慢慢知道。从此，飞机和蓝天在一个孩子的心里播下了一个好奇和幻想的种子。

成都飞机厂，我成长的摇篮

我家在沈阳的时间并不长，我父亲于1960年奉命调往132厂任第二设计科科长，我记得我父亲先去，几个月后父亲接我们全家迁往成都，从此以后我们似乎在132厂扎下了根，我父母亲再也没有离开过，在这里为航空工业奉献了他们全部的工作热情和精力。

我们来到132厂时，工厂还在建设中。当时的成都市区也不大，城区周围的老城墙经过岁月和战争的创伤仍旧执着地屹立在那里。一条碎石简易公路从老城通惠门神秘地通向一个名叫黄田坝的地方，这条9千米长的路在21世纪初已淹没在城市扩展后的建筑群中，原来的公路已经改名换姓。60年代交通和通信都不发达，加上工厂职工的保密观念很强，那时很少有外人知道在这条并不长的公路端头，一座飞机城正在形成。刚到工厂时，父亲接我们直接到宿舍区309栋一楼的一间住房里。后来我们搬了一次家，在232栋三楼有了一套住房。

我对在成都的童年记忆往往与饥饿有关，作为重点军工企业，能够保证的就是定额供应的食品。生产工人因为属于体力劳动可以每月有30多斤粮食，技术人员每月只有23斤，还要减去两斤节约粮，更关键的是没有副食。父母亲往往让我们多吃一点，但要绝对保证每天的食品总量控制，否则难以为继。那时虽然食品短缺，人们普遍营养不良，但又自动全身心地投入工作。父亲经常很晚回家，有时走上三楼都要休息两次。为了增加食品每家每户都想办法，连我们孩子也投入到寻找食品的战场上。我还记得，外婆有时带着我和妹妹去摘一种名叫棉花菜的野生植物，这种放在手中感到毛绒绒的野菜与面粉混合后蒸出来的食物带着一种特有的芳香，多少年后这种美好的感觉仍然顽强地留在我的记忆中。

在那段特殊的时间里，食品成为除工作以外最重要的生活话题，我还记得当时许多同龄孩子每天都聚集在幼儿园的食堂后门等待倒出来的煤灰，捡拾还未烧透的煤核，我在捡剩的煤灰里发现食堂丢弃的包菜头，捡回家后，父母亲把外面的硬皮削掉，做成菜又香又脆。从此，我每天定时到幼儿园守候，每天回家时灰头土脸，但收获不少。后来捡煤核的孩子发现了这个秘密，在抢煤核的同时也不放过包菜头，最后我的收获越来越少，不得不放弃了这个额外食品来源。

在食品最紧张的时候，工厂决定将机场的部分草地分给职工种植蔬菜等作物。星期日，父母亲带着我们去分给的一小块土地上耕种施肥，作为孩子，我感到很兴奋，大人们忙着做着并不内行的农活，孩子们忙着跑前跑后，时而学着大人的样子拔拔草。父母亲辛勤的劳动，终于获得了收获，除了收获一些红薯外，父亲用自行车分几次拉回油菜秆，在家里用一张小床板做临时打晒场，一时间家里所有的平面都布满了小小的油菜籽，不知深浅的我在地上摔了几个跟斗，还不知摔倒的原因。父亲用收获的油菜籽换回了两瓶菜油，一家人吃着平时少见的漂着油花的菜，其乐无穷。

虽然工厂的居住区与工作区紧紧相连，我在童年时代却并不知道父亲在做什么工作，即使是少有的几次父亲工作单位的联欢会，我随大人穿过由武装军人值守的门口，也不知工厂里在做什么。直到1965年，在槐树枝上挂满花絮的时节，我就读的职工子弟学校学生在树下集合，同学们一面分尝着香甜的槐花，等待宣布集合的目的，老师再三叮嘱要保密，不能向外人透露后，告诉同学们要去机场观看飞行表演。学生按班级列队与工厂职工一道在烈日下翘首以待"银燕"的升空，当飞机轰鸣着滑行起飞，飞越工厂上空，在人们的欢呼声中才知道工厂生产的飞机首次在工厂起飞。同学们第一次看见飞机在蓝天上飞行都很兴奋，飞机和蓝天成为一段时间的焦点话题，但是我和其他同学一样并不知道自己的父母亲在这座充满神秘感的工厂里做什么。

在我的记忆里，父亲总是忙于工作，多少年来几乎每天晚上都要去加班或开会，平常与我们在一起的时间并不多。父母亲工作忙，为了节省时间，父亲在我六岁时就训练我做饭，灶台太高，父亲还专门为我做了一个小木凳，让我站在上面，在几点几分打开蜂窝煤炉子，计量好米，加水到什么位置。常年累月下来，我逐渐在家里成了做家常菜的好手。

父亲对我的学校功课不太过问，但鼓励我和妹妹读一些课外书籍，父亲为我们买的一套《十万个为什么》的科普读物为我们儿时带来对科技世界的憧憬。书中"小无知"的公鸡水上游，小鸭喔喔叫的俏皮开场白开启了我学习知识的大门。后来"文革"来了，革命口号成为时尚，父亲从书店又给我们买回一套充满革命激情和内容的《十万个为什么》，在书籍贫乏的年代，这套书籍伴随着我度过了许多美好的时间，给了我很多科技知识，我至今仍然珍藏这套带有特定历史痕迹的科普读物。

　　父亲的飞机设计职业或多或少地影响了我学习知识的方向和内容，在当时无书可读的年代里，父亲订了《国际航空》杂志，也鼓励我去读，虽然主要是技术和工程方面的内容，我还是经常翻阅，汲取可理解的知识。记得我当时与同学争论时，说起航空母舰上的飞机是弹射起飞的，遭到同学的嘲讽，自己也没有更充分的知识去解释，只记得是从杂志里看到的。但无书可读也给我们带来了出游的机会，一次我们几个好友同学结伴搭乘工厂的卡车去峨眉山（原叫峨嵋山）游玩，我们带着工厂对外公开厂名"峨嵋机械厂"子弟学校的介绍信，在峨眉山旅游区购买门票时，售票员对我们十分热情，说前几天你们单位的领导还来过这里，都是地方的单位，你们可以免票进去，说得我们犹如云里雾里，但我们很快就明白售票员把我们误认为本地的单位子弟。那时候有些要到工厂探亲访友的人也常常误到峨眉山下来找工厂。可见当时的保密工作的确做得很好。

我与父亲的一些事

　　父亲一贯做事认真，对飞机设计和工程技术问题更是一丝不苟。记得一次父亲难得陪我去放风筝，风筝是我用厚薄不一的竹片和毛边纸做的，父亲一本正经地告诉我要先用粘贴纸条尾巴的办法调整风筝的静平衡，再按放飞的情况调整动平衡，几经周折，我的风筝翩翩升空与其他同类在蓝天上争奇斗艳。但要飞得更高更远还需要更好的材料和制作工艺。

父亲对科学技术的追求和执着在"文革"期间也带来了灾难，打倒反动技术权威和打倒中国的图波列夫的标语一度刷到了我们住家门口。记得在"文革"中期，我家里的一些亲戚来访，到了家门口看见墙壁上仍然清晰可见的标语后，不敢贸然进家，找了一个在周围玩耍的小孩将我约到外面，确认没有事后，才如释重负，放心来访。

父亲对我学校的功课不太关注，可能因为我一直学习成绩比较好，又始终是学生干部，属于乖孩子类，没有太多的担心。但父亲对我的课外活动倒是积极支持，我在小学里成为学校足球队成员，参加手旗培训，进入航模小组，把家里的一角变成了小作坊，经常将木板、工具、胶水摊了一地，父亲时常指点指点，乐在其中。记得我上小学时，一时兴起，要与同学结伴在课余时间去为奶牛场割饲料草，一斤草可卖五厘钱，征求父亲的意见，父亲没有反对，只是说这种事很辛苦，要有吃苦的准备。这样，我和另一位同学放学后背上箩筐直奔野外，第一天下来，汗流浃背，腰酸背痛，交到奶牛场，过磅后总计十二斤草，每人挣得三分钱。我的第一次挣钱活动很快被工厂武装警卫误认为是在警戒区割草的农民而告停，但是我挣到了我有生以来第一笔收入：一角七分钱。

不知不觉中我在学校高中毕业了，与成千上万的知识青年一样，我别无选择地按统一分配去了四川省旺苍县上山下乡。要离开朝夕相处十七年的家，不免有些彷徨，父亲叮嘱我，既然决心去锻炼，就要争取干好，倒是母亲恋恋不舍，多少有些放心不下。我在农村待了三年，从军工企业来的知青，总体上还是本分，农村的基层干部和乡亲对我们都很好。飞机对我们从飞机工厂来的知青倒不陌生，对农村乡亲而言却如天方夜谭，一位基层干部还给我们绘声绘色地描述他第一次看见飞越的直升机，不知何物，一头钻进灌木丛中半天不敢出来，我们在一阵朗朗的欢笑声中着实被一种叫朴实的东西所感动。

我所在的生产队地处半山腰，蓝天白云衬托着绿水青山，劳动之余，坐在山顶的岩石上望着缓缓顺流而下的木船，寄托着思念和希望。那时，通信不便，家里有事都靠书信，但有一天，山下传来话，说父亲已乘渡船过了河，我将信将疑地飞奔下山，远远看见父亲坐在山角拐弯处山民歇脚的岩石上，身边还有两三个山里的同路人，父亲的旅行袋架在这些并不相识的好心人的背兜上。这时候我才体会到平时乡亲们对着大山吆喝的神奇之处，最原始的通信方式还是准确和及时的。父亲是去部队出差后顺路来看我，在山村只住了一夜，算是体验了一下生活。父亲临走时语重心长地说，农村是艰苦，但还是要想得远些，劳动之余，学习也很重要，千万不能放弃。父亲在我对前途茫然时对我的鼓励，对我一生的影响很大。不论一个人所处的环境好坏，都是一种经历，而学习是永无休止的，在劳累一天后的夜晚，伴随着油灯火苗的跳动，我把读书作为了必需，我记得那时通读了包括《毛泽东选集》在内的一些书籍，这些对我的人生观和后来的生活、工作都有积极的激励作用。父亲的突然来访还给我带来了十个绿色的军用罐头，算是空军部队的特别心意。在食品供应有限的岁月里，虽然当地政府对知青实行保证基本口粮等特殊政策，但繁重的劳动后，知青们曾创下一气吃掉一洗脸盆面条的壮观场面，父亲带来的橄榄绿色的肉罐头让我和我的同伴着实充实了好些日子。

父亲对技术的严谨却在工程中也有例外，记得出口巴基斯坦的飞机批量交付时，我还在132厂外贸处做出口飞机装备从英国引进的航空电子设备的项目和技术管理工作，父亲那时已经不再担任工厂的领导职务，但我们还是经常谈论有关出口飞机的情况。记得在飞机总装试飞的关键时候，发现引进的火控计算机软件在进场模式中平显出现多余符号，除了误显示外还影响飞行员进场着陆时的注意力。从国外引进的航空电子设备的硬件和软件都按合同技术规范通过了验收,要正式解决问题中方需向国外成品供应商协商,并提出更改要求,但飞机出口交付期已临近,没有时间再进行复杂的跨国合同和技术协调和谈判。在飞机交付的关键时刻,我和从英国培训回来的同事们一起与英国现场服务工程师在实验室反复研究线路图,最后一致认为更改某一线路可以解决问题。问题找到了,按技术责任界面划分,飞机上的技术由飞机制造方负责,英国供应的设备只能由英方更改,而更改已交付的航空电子产品需要英国公司总部的指令,经过长时间与英方现场代表协商,能达到的折中方案是需要中方在技术单上签字才能实施更改,而飞机制造厂的设计人员不能直接在英国的技术单上签字,工厂的技术和生产流程也没有相应的规定。一方面出口飞机的交付期正在迫近,另一方面在处理程序和责任上却陷入了僵局。我和父亲谈起这件事,父亲语重心长地说出口飞机交付期要保证,工厂的程序流程一时没法轻易更改,有了解决技术问题的方案,技术部门解决不了,你们作为项目管理部门要有责任去处理。父亲一席话不但提出企业要有外贸商务合同的责任,技术责任和流程应有更多的灵活性,更提出了个人也要勇于承担责任,虽然有的工作并没有界定的责任范围。后来在工厂领导的同意下,我作为中方项目技术管理人在英方现场技术单上签字,并在蒙蒙细雨中奔波在工厂各单位之间,承担起流程以外的现场技术协调工作。经过夜以继日的几天奋战,在飞机交付日凌晨的寒风里,整个交付外场和内场灯火通明,更改后的航空电子设备都在进行最后的通电调试,望着聚光灯下一字排开整装待发的飞机,我心中的工作责任升华为中国航空人的自豪和国家的尊严。

多少年后,当我代表中国航空工业在非洲国家销售飞机时,介绍中国发展航空工业的历程和近些年来空中力量在国防中愈来愈重要的作用,营造航空产品需求市场,我的航空工业的经历和感情拉近了中国航空产品和用户之间的距离。经过多年的努力,有的非洲国家从游击队建立起来的国防军开始购买中国的飞机,并以此为基础建立起自己的空军部队。当我看见用中国飞机装备建立起来的年轻空军由小变大，当我与空军司令并排站在非洲的烈日下检阅中国制造的飞机鹰击长空，当我见证其他国家总统为中国制造的飞机首次进入国际民航领域剪彩时，在遥远的异国他乡，我为父亲和中国航空工业几代人的奋斗而感动，为中国的航空工业发展感到欣慰，为中国能为世界的共同进步做出的贡献感到骄傲。父亲把自己的一生奉献给了中国航空工业，同时父亲也将他的飞机蓝天情怀注入我们后辈的基因中，无论平凡还是辉煌，无怨无悔的是我人生航空职业的轨迹。

我童年印象中的老爸

屠征音

童年印象里，我的爸爸与别家孩子的爸爸很不一样。

爸爸的相貌首先就很奇特：1.78 米的高个子，在当时的成都地区，足足比普通人高出一个头，与之不搭配的却是只有五十几公斤超瘦的体重，露在衣服外的胳膊、腿瘦得让人吃惊。三十多岁时他的头发就大面积谢顶，高高的鼻梁上还架着一副近视眼镜。他走路飞快，看到我时总是露出亲切的笑容。

那时是 132 厂建厂初期。爸爸作为建厂时的第一代设计科主任，担当了为国家设计生产第一代战斗机的任务。创业阶段，加班加点、没日没夜地连着干是设计人员的工作常态，在我的印象中，那几年平时很少能见到爸爸，几乎没有吃过他做的晚餐。如果遇到与他相处的机会，我一定会赖着让他抱我或背我。

印象中，睡觉前我很少能看到爸爸，他也很少与家人一起过星期天，能记得的只有一次，是在 1962 年我四岁时，全家去过一次都江堰、青城山。当时还是自然灾害时期，生活物资极度匮乏，父母身体都很差，爸爸根本背不动我，是设计科的陈国强叔叔背着我上山下山的。在我整个童年和少年时期，他买票请全家看电影的事也仅有过一次，大约是在我六岁时。只是电影才看了一半，他就被人从电影院找出去，加班工作去了。

我小时听到母亲埋怨父亲最多的一句话就是"你把这个家都当成旅馆了"。其实，我感觉他还是很想抽空多陪陪我们的，只是工作在他心目中的分量也是很重的。我四岁时，一个周六的傍晚，他破天荒地说要带我到厂里的足球场看露天电影，我高兴地和他一起来到足球场，这时电影还没开始，他把我带到旁边的厂长楼下，叮嘱我："你就在楼下等一下，我到厂长家开个短会，一会儿就下来。"于是，我就站在楼下等他开完会下来。等啊等，电影都开始了，他却还没有下来。我站在原地不敢动，怕爸爸下来找不到我，而我又找不到回家的路。电影演完了，广场上的人群也散尽了，爸爸还是没有下来，此时广场周围见不到一个人，我害怕得在黑暗中小声哭泣。我虽然知道爸爸就在这栋楼的某个房间里，但不知道具体房号。我沿着楼梯往上走，走到二楼楼梯口，哭了好一会儿没人出来，就继续往三楼走，在三楼楼梯口哭了一会儿，终于听见有人开门，然后走过来一位阿姨（后来知道是孙画秋阿姨）。阿姨问我是谁家的小孩？要找谁？我告诉她我要找爸爸。"你爸爸是谁？他在哪里？"阿姨问我，我回答说："他叫屠基达，在楼上开会。"过了片刻，阿姨就把爸爸叫出来了。看到我，爸爸也很吃惊，连声说："我怎么把你给忘了！"我放声大哭起来，晋川厂长听到我的哭声也从房间里走了出来，他把我抱到开会的房间，从一个大书柜里拿出两个陶瓷的宝塔和小桥给我，我的注意力一下子被这两个漂亮的小摆设吸引住，也就不再哭泣了。爸爸他们又继续开会，不久我就在他们的讨论声中睡着了。

到了1964年，自然灾害已基本过去，国家经济开始好转，生活供应品开始丰富，但爸爸的工作仍是那么忙碌，经常出差。他每次出差回来，总会给我带回来女孩子喜欢的布娃娃和玩具。每次知道爸爸就要回来，我都特别兴奋，等得再晚也要等到他回来，他总是不会让我失望的。我边等还总在猜想"他今天会给我带一个布娃娃吗？还是积木、小玩具，或者是小人书呢？至少会是个气球吧"。我小时候不多的玩具中，基本都是爸爸给我买的。其中有一个"办家家"玩的小水壶玩具，一直保留到成为我女儿高阳的玩具。

八十华诞徐匡迪贺信

尊敬的屠基达院士：

在您八十华诞、荣获"中国工程院资深院士"称号之际，我谨代表中国工程院并以我个人的名义向您表示衷心的祝贺！向您和您的家人表示最诚挚的祝福！

您是著名的飞机设计专家，参与了我国第一架自行设计的歼教1飞机的研发工作；您作为主管设计师，成功地组织设计了初教6飞机；您建议并主持设计和研制生产的上千架歼教5飞机，为我国培养了数以万计的飞行员。飞行员们亲切地把这两种国产教练机喻为空中卫士的"云梯"。您早期成功地主持设计了全天候歼击机歼5甲飞机，之后又挑起歼7飞机改进改型的重任，使引进的米格–21飞机经过消化、吸收和创新设计，成功发展成歼7系列飞机，成为我国当时的主战飞机，并有数百架改型出口。您长期奋战在我国军用飞机研发第一线，取得了可喜的成果并多次获奖，为我国航空工业的发展和国防建设做出了杰出贡献。

您严谨求实的治学态度、勇于创新的科学精神、无私奉献的高尚品德，是我国工程科技界学习的楷模和榜样。

在此，衷心祝福您健康长寿，阖家幸福，并望为国珍摄！

全国政协副主席
中国工程院院长　徐匡迪
二〇〇七年十二月十一日